GOTT SPRACH UND SPRICHT
DURCH SIE ÜBER

DAS LEBEN NACH DEM TOD
DIE REISE DEINER SEELE

Gott sprach und spricht durch sie über

Das Leben nach dem Tod
Die Reise Deiner Seele

Universelles Leben

CIP-Titelaufnahme der Deutschen Bibliothek
**Gott sprach und spricht durch sie über das Leben nach
dem Tod - die Reise Deiner Seele** / Universelles Leben.-
2. Aufl. - Würzburg : Universelles Leben, 1990
ISBN 3-926056-00-2

Wo sucht ihr eure Toten?
Ihr pflegt Grabstätten und
trauert um eure Angehörigen.
Vielleicht sind einige unter ihnen,
die lebendiger sind als ihr!

Inhalt

VORWORT 13

EINE NOTWENDIGE EINLEITUNG 15

1. WER UNWISSENHEIT SÄT*) 21

2. DIE BLINDENFÜHRER*) 35

Seelenschaffung aus dem Nichts 38
Die Erbsündenlehre. 40
Ein Gott der Liebe?. 42
Der Schöpfungszweck 43
Die Sünde und der Tod 46
Himmel, Hölle, Jüngstes Gericht – oder umgekehrt? . 48
Die ewige Verdammnis 52
Die Auferstehung des Fleisches. 54
Leben im Jenseits 57
Reinkarnation? – Abgelehnt! 60
Liberale Bestrebungen – die Lösung?. 66
Wahrheit muß überzeugen 70

3. DIE ANDEREN 71

Ägypter, Griechen, Römer 74
Selbst die Bibel 77
Andere 80
Zwei Wissenschaftler 82

4. DIE BEWEISE? DIE BEWEISE! 85

---

*) Diese beiden Kapitel runden zwar die Thematik ab, können aber ausgelassen werden, ohne daß das nachtodliche Geschehen deshalb an Verständlichkeit verliert.

5. DIE SCHÖPFUNG UND DER FALL   99

Das Verhalten Satanas   101
Die Entstehung der außerhimmlischen Welten   103
Die Wende durch Christus   105

6. DIE SEELE   107

Der Weg in die Materie   110
Die eigene Programmierung   112
Das eigentliche Selbst   117
Der zeitweilige Austritt   122

7. DIE LIEBE UND DER TROST   127

8. DER ABSCHIED   137

Was beim Sterben geschieht   138
Mehrere Phänomene   148
Die bindende Trauer   153

9. REISEHINDERNISSE   161

Bin ich tot?   164
Unendlich wichtig: vergeben!   169
Das freiwillige Ausscheiden   172

10. DIE ASTRALBEREICHE   177

Nun endlich geht die Reise los   182
Die erste Entwicklungsstufe der Seele (Ordnung) . . .   183
Zwölf Tore   196
Die zweite Entwicklungsstufe der Seele (Wille)   197
Die dritte Entwicklungsstufe der Seele (Weisheit) . . .   201
Die vierte Entwicklungsstufe der Seele (Ernst)   205

11. DIE BEGLEITER   209

12. DIE HEIMREISE 215
Die fünfte, sechste und siebte Entwicklungsstufe der
Seele (Geduld, Liebe und Barmherzigkeit) 215

13. DIE HIMMEL 223

14. KONSEQUENZEN? 229

15. WAS WÄRE, WENN... 237

16. EIN LETZTES WORT 241

ANHANG

Literaturnachweis 243

Anmerkungen 244

BÜCHER UND CASSETTEN IM
    UNIVERSELLEN LEBEN 251

Dieses Buch ist für alle die geschrieben worden, die sich nicht damit zufriedengeben, daß es mit dem letzten Atemzug vorbei sein soll; die ein Ahnen in sich verspüren, daß Leben mehr bedeuten muß als nur eine Zeitspanne zwischen Geburt und Tod; die den oft widersprüchlichen Aussagen der Theologen skeptisch gegenüberstehen; die den Glauben an einen liebenden und lenkenden Gott nicht aufgegeben haben; die den Zweifel, aber auch die Hoffnung in sich tragen, und schließlich – und das ganz besonders – für alle diejenigen, die ängstlich oder gar verzweifelt an ihr eigenes Sterben denken, weil man ihnen einen strafenden Gott und mögliche ewige Höllenqualen vor Augen gehalten hat.

(Als Trost vorab: Gott straft weder, noch schickt Er auch nur einen einzigen Menschen oder eine einzige Seele in die ewige Verdammnis.)

Beweise allerdings werden auch in diesem Buch keine zu finden sein – wohl aber Hinweise.

Wer sucht, der wird finden.

VORWORT

Heute, in einer Zeit des geistigen Aufbruchs – am Beginn des sogenannten Wassermannzeitalters –, sind immer mehr Menschen geistig so weit gereift, daß sie vieles verstehen können, was Jesus von Nazareth vor nahezu 2000 Jahren noch nicht sagen konnte. Heute erfüllt sich Seine Verheißung:

„Noch vieles habe Ich euch zu sagen, aber ihr könnt es jetzt nicht tragen. Wenn aber jener kommt, der Geist der Wahrheit, wird Er euch in die ganze Wahrheit führen." (Joh 16, 12f.)

Über das Innere Wort der Lehrprophetin Gottes in unserer Zeit belehrt uns der Herr aus der Fülle der göttlichen Weisheit und schenkt uns ein geistiges Wissen, das alles bisherige an Tiefe und Detailliertheit übertrifft. Nicht sie selbst bezeichnet sich als Prophetin, sondern der Herr nennt sie so – und nicht der Mensch spricht in den Offenbarungen, sondern Gott spricht durch sie. Sie ist nicht Mittler, sondern Instrument Gottes, durch das Er direkt und unmittelbar zu uns spricht – sie ist gleichsam eine Posaune, in die der Geist Gottes bläst. In selbstloser Liebe dient sie Ihm und den Menschen.

Von ihrem Auftrag wußte Gabriele, Würzburg, nichts, bis sie vor einem Jahrzehnt der machtvolle Ruf Gottes ereilte, der sie auf das Prophetenamt vorbereitete. Lange hat sie sich gegen ihren Auftrag gewehrt – doch Gott setzte die Annahme des Prophetenamtes durch.

Sie hatte dabei vieles zu durchleben und zu durchleiden. Sie ging uns den steilen und direkten Pfad zu Gott voraus, den Weg der Reinigung und Läuterung, den Weg zur bewußten Einheit mit Gott. Darum kann sie uns auch in allem verstehen und uns bei unserer eigenen Entwicklung beistehen – auf unserem Weg in das Königreich des Inneren.

Aus der Fülle des schon Offenbarten schöpfend, möchten wir in diesem Buch dem aufgeschlossenen Leser einen Überblick vermitteln über das, was uns alle – wenn auch jeden auf seine Weise – nach unserem Leibestod erwartet. Möge dieses Wissen jedem Suchenden auf seinem Weg helfen und ihm ein Wegweiser sein zu den Tiefen der Wahrheit, die in uns selber ruht und darauf wartet, erschlossen zu werden.

Würzburg, im Januar 1987
Die Christusfreunde
im Universellen Leben

EINE NOTWENDIGE EINLEITUNG

*Und als ihr Kinder wart, seid ihr
an der Hand des Vaters gegangen, und er sprach mit euch, so
auch die Mutter. Sie klärten euch
über viele Dinge des Lebens auf,
sie wiesen euch den Weg ins Leben. Und Gott, euer ewig liebender Vater, soll nicht mit euch
sprechen? Er spricht nicht im Äußeren, sondern im Inneren!*

Aus einer Christusoffenbarung

*Der prophetische Geist, das sich
offenbarende Ich Bin, schwieg
nie.*

Aus einer Christusoffenbarung

An Literatur über das Thema „Leben nach dem Tod"
mangelt es nicht mehr. Das war bis vor ein oder zwei
Jahrzehnten noch anders. Heute aber wird eine Fülle von
Informationen angeboten. Sie sind so umfangreich, daß
wohl die Zeit nicht reichen würde, wollte man versuchen,
alle angebotenen Erkenntnisse zu verarbeiten.

Wer heute „auf die Suche geht", der wird also hinsichtlich
des Angebotes an Büchern nicht enttäuscht. Es bleibt dann
auch nicht aus, daß einerseits angrenzende Gebiete wie
Spiritismus, Okkultismus, Geheimwissenschaften, geistiges
Heilen, Meditation, Yoga und anderes betreten werden, daß

andererseits aber auch verschiedene Fakultäten ihre Meinungen, Vorstellungen, Erkenntnisse und Glaubensaussagen kundtun. Das gilt ganz besonders für die Bereiche der Medizin, Theologie, Philosophie, Psychologie und Parapsychologie.

Von der Theologie einmal abgesehen, sind im Laufe der Entwicklung auf fast allen anderen Gebieten ständig neue Erfahrungen gemacht worden. Das Wissen hat sich vergrößert, der Gesichtskreis erweitert, neue Auffassungen haben alte abgelöst – und dennoch blieben stets mehr Fragen offen, als Antworten gefunden wurden.

Immerhin weiß man heute mehr als noch vor wenigen Jahren. Und so haben viele den Versuch unternommen, aus ihrer Sicht Antworten zu geben. Dies geschah sehr oft in der begrüßenswerten Absicht, den Menschen die Angst zu nehmen vor dem Tod als dem großen Unbekannten. Ich denke da besonders an Dr. Elisabeth Kübler-Ross und Dr. Raymond A. Moody, die auf dem Gebiet der Sterbeforschung Bedeutendes geleistet haben.

Sie waren aber nicht die einzigen. Viele Mediziner haben ebenfalls ihre Erfahrungen niedergeschrieben oder sich sogar die Aufgabe gestellt, systematisch Sterbevorgänge zu untersuchen und statistisch zu erfassen. Solches Material kann man daher getrost – was den „Beweis" einer Existenz des Lebens über den sogenannten Tod hinaus betrifft – als ausreichend hinsichtlich seines Umfanges und seiner Aussagen bezeichnen.

Die Grenzen dieser aus medizinischer Sicht gewonnenen Einsichten lassen sich jedoch klar erkennen. Sie ergeben sich von selbst dadurch, daß die wieder ins Leben zurückgerufenen Menschen, die man zuvor als klinisch tot betrachtet hatte, meistens nur für Minuten im „Jenseits" waren. Sie konnten daher nur das berichten, was sie in dieser kurzen Zeit erlebten. Und sie konnten auch nur von den Bereichen erzählen, in denen sie sich aufgehalten haben. Daß diese Bereiche, so schön sie auch oft empfunden wurden, nicht die Himmel in ihrer für uns nicht faßbaren Vielfalt und Unendlichkeit sein konnten, ist verständlich.

So geben die Berichte der Wieder-ins-Leben-Zurückgeholten zwar Aufschluß darüber, *daß* es weitergeht. Über das *Wie* gehen die Meinungen schon auseinander. Über das *Warum* und *Wieso* herrscht Unklarheit. Über den *Evolutionsweg jeder Seele mit dem Ziel der Wiedereinswerdung mit dem göttlichen Bewußtsein* bestehen wenig Kenntnisse.

Daß sich die westlichen Religionen seit eh und je den bohrenden Fragen über das Geschehen jenseits des Sterbens ausgesetzt sehen, ist bekannt. Jeder hat diese Fragen schon selbst gestellt.

Wenn es irgendeine Gruppe oder Organisation geben sollte, die über das Leben der Seelen – also der verstorbenen Menschen – etwas aussagen könnte, so müßten das die „Seelsorger" sein! Viele, die sich an diese wandten, wurden oft bitter enttäuscht, oder sie gaben sich zufrieden mit Antworten, die eigentlich nur die Unkenntnisse oder Unzulänglichkeiten deutlich machten. Selbst die Gedanken, die als Hoffnung und Trost aus dem Gefühl des Helfenwollens und der Liebe gegeben oder niedergeschrieben wurden, blieben und bleiben bei allem Verständlich-machen und Glauben-stärken immer an der Oberfläche, was ihre sachlichen Aussagen betrifft. Das gilt in erster Linie für die christlichen Religionen. Andere Religionen bzw. Kulturen wissen da wesentlich mehr. Das Tibetanische Totenbuch z. B. enthält ein Wissen, das alle traditionellen christlichen Anschauungen und Vermutungen über das Geschehen nach dem Tod weit übertrifft.

Christliches Nichtwissen steht hier einer Fülle weitaus größerer und tieferer Einblicke gegenüber. Die Grundlage kirchenchristlicher Lehren über „die letzten Dinge" bildet die Bibel. Und gerade sie ist äußerst karg an Informationen über das Jenseits, über „Himmel und Hölle", über das Schicksal der Seelen im Jenseits, über das Leben in den feinstofflichen Welten.

Wer daher die Bibel als die letzte Offenbarung Gottes ansieht, nach dem Motto „darüberhinaus geht nichts mehr, und mehr wird nie sein", der kann, wenn er sich über das Leben nach diesem Leben äußern soll, nichts sagen, weil die Quelle seiner Weisheit darüber schweigt.

Schließlich hat sich auch die Parapsychologie auf dieses Gebiet gewagt, das jenseits des normalen Wachbewußtseins liegt. Gewiß, über Hypnotismus, Telepathie, Hellsehen, Astralwanderungen und die Erforschung anderer Phänomene kann man bestimmte Resultate erzielen. Sie sind jedoch weit entfernt davon, Zusammenhänge grundsätzlicher Art aufzudecken oder gar Einblicke in die ganze kosmische Wahrheit zu bieten!

Diese Einsichten bewegen sich am Rande einer universellen Schöpfung, die unendlich groß und vielgestaltig ist. Sie befriedigen zwar den Wissensdurst des Neugierigen, geben aber nur wenige verwertbare Hilfen.

So bleibt nun die Frage: *Wer* sagt uns wahrheitsgetreu, was wir wissen müssen, um das *Woher, Warum, Wie und Wohin* unseres Daseins erkennen zu können? „Das Himmelreich ist inwendig in euch", sagte Jesus von Nazareth. Und damit haben wir die Antwort auf unsere Frage.

Wer den Himmel in sich sucht und erschließt, der erkennt und erfährt, daß Gott in ihm ist. Und Gott selbst gibt ihm Antwort auf seine Fragen. Er offenbart sich ihm mit all Seiner Weisheit. Es ist die Stimme Gottes, die in ihm spricht, klarer und deutlicher (nicht nur im Hören, sondern auch im Verstehen), als man eine menschliche Stimme vernehmen kann. Es ist das göttliche Bewußtsein, das ihn die Geheimnisse gleichzeitig schauen läßt. Einige der uns bekannten Mystiker hatten das Göttliche in sich erschlossen.

Das mag unwahrscheinlich klingen, aber es ist so.

Gott hat zu allen Zeiten zu uns Menschen, Seinen Kindern, gesprochen. Er hat *nie* geschwiegen. Es ist eigentümlich, daß sehr viele Menschen Gott – auch wenn Er ihnen noch so abstrakt erscheint – nur die Fähigkeit und Möglichkeit zugestehen, im „Alten Bund" durch Prophetenmund gesprochen zu haben.

Wer nicht grundsätzliche christliche Vorstellungen ablehnt, glaubt an die Propheten der Bibel. Er glaubt auch noch daran, daß Gott durch Jesus von Nazareth sprach. Aber seitdem, so die landläufige Meinung, ist Gott stumm. So zu denken aber würde bedeuten, Gott vorschreiben zu wollen, wann und wo Er zu uns sprechen darf.

Und doch hat es auch in den vergangenen 2000 Jahren viele Männer und Frauen gegeben, die Gottes Stimme in sich hörten. Die meisten von ihnen wurden verfolgt und getötet.

In der heutigen Zeit, die an Gegensätzlichkeiten ihresgleichen sucht, in der Materielles alles und Geistiges kaum etwas gilt, in der sich die Menschen fremd geworden sind und in Äußerlichkeiten ihr Heil suchen, in einer Zeit, die reich ist an ungezählten Religionen und Religionsgemeinschaften und in der dennoch Gott weiter entfernt empfunden wird als je zuvor – in dieser Zeit hat Gott sich Seiner Kinder wieder erbarmt. Er hat vor einem Jahrzehnt in Deutschland ein geistiges Werk ins Leben gerufen, das Er jetzt „Universelles Leben" nennt. Hier offenbart sich Gott durch einen Menschen, der das Himmelreich in sich erschlossen hat.

Und so erhält die Menschheit heute die Antworten, die Medizin, Theologie, Philosophie, Psychologie und Parapsychologie nicht geben können. Gott hat keine Geheimnisse vor uns Menschen. Er will uns alles sagen, was wir wissen müssen. Gott ist also nicht stumm. Wir dagegen sind taub. Und blind dazu, weil wir Ihn nicht sehen können, noch nicht einmal in den unzähligen kleinen Offenbarungen Seiner Liebe im täglichen Leben. Trotz unserer Taub- und Blindheit aber läßt uns unser liebender himmlischer Vater nicht allein.

So offenbarte und offenbart Er auch über *Das Leben nach dem Tod – Die Reise Deiner Seele* alles, was wir wissen wollen und wissen sollten. Aus dieser nie versiegenden Quelle Seiner Weisheit darf jeder Mensch schöpfen. Dem Inhalt dieses Buches liegt, sofern keine ausdrücklichen Angaben zu anderen Zitaten und Aussagen gemacht werden, diese Quelle zugrunde.

Die beiden folgenden Kapitel befassen sich mit zwei Fragen: Warum herrscht so viel Unwissenheit unter den Menschen? Was wird von kirchlicher Seite aus zu Fragen des Lebens nach dem Tod zu glauben angeboten bzw. vorgeschrieben?

Wer frei ist von anerzogenen Glaubensmeinungen und die Analyse der theologischen Standpunkte nicht braucht, um ins Nachdenken zu kommen, der kann diese beiden Kapitel überspringen.

1. WER UNWISSENHEIT SÄT...

Rund 2000 Jahre sind vergangen, die Menschheit fragt immer noch: Was ist der Sinn und Zweck unseres Erdenlebens?

Aus einer Christusoffenbarung

Gott gab und gibt den Seinen nur so viel geistige Wahrheit, so viel sie verstehen können. Würde sich der Mensch auf die ewigen Wahrheiten Gottes beschränken und entsprechend dieser Weisungen leben, könnte Gott Seinem Volk immer tiefere Erkenntnisse offenbaren.

Aus einer Offenbarung des Cherubs der göttlichen Weisheit

Viele von euch befinden sich in einer Konfession, viele haften einer Sekte und einer bindenden Gemeinschaft an. Jede dieser Gruppen hat ihre Meinung, ihre Vorstellung.

Aus einer Christusoffenbarung

Wir Menschen des 20. Jahrhunderts sind in vieler Hinsicht aufgeklärter als unsere Vorfahren. So leicht lassen wir uns nicht mehr irreführen, denn wir haben gelernt, hinter die Dinge zu schauen, zumindest hinter einen Teil. Eine Wissenschaft und Technik, die noch vor Jahrzehnten für unvorstellbar gehalten wurde, gewährt uns tiefere Einblicke. Wir sind modern und selbstbewußt. Wir haben unzweifelhaft Fortschritte gemacht.

Wenn uns heute jemand sagen würde, daß die Erde eine Scheibe ist und die Sonne sich um sie dreht, daß die Welt in sechs Tagen erschaffen wurde, daß Krankheiten und Seuchen „herbeigehext" werden, daß Asien so aussieht wie auf den Karten der ersten großen Seefahrer oder daß ein Aderlaß das Heilmittel gegen alle Krankheiten ist – dann würden wir ihn nicht ernst nehmen und ihn fragen, warum er ein Wissen aus längst vergangenen Jahrhunderten darlegen will. Wir würden mit Recht darauf hinweisen, daß auf allen Gebieten Erkenntnisse gewonnen wurden, die frühere hinfällig gemacht und durch neue und erweiterte abgelöst haben.

Keiner von uns würde heute einer Wissenschaft glauben, die frühere Ergebnisse oder Anschauungen als endgültig und nicht mehr zu überbieten ansieht und sie deshalb für alle Zeit als verbindlich vor- und festschreibt. Würden wir uns mit einer solchen Denkungsart identifizieren, dann wäre zum Beispiel Amerika noch nicht entdeckt, weil unsere damalige Höhlenzeichnung Amerika noch nicht berücksichtigt.

Ja, wir sind vernunftbegabt und denken folgerichtig. Bis auf einen Punkt, eine Kleinigkeit. Eine *Kleinigkeit?* Wir haben die Theologie und ihre Lehraussagen aus unserer Logik ausgeklammert! Wenn wir auch sonst darauf bestehen, unseren gesunden Menschenverstand gebrauchen zu dürfen, so haben wir doch auf dem Gebiet, das die Theologie für sich beansprucht, vieles ohne nachzudenken geglaubt. Betrachten wir deshalb, wie sich viele im Hinblick auf Glaubenssätze, Lehrmeinungen und Dogmen verhalten.

Die Entwicklung der Menschheit geht schrittweise vor sich. Man spricht von *Evolution*. Nichts ist fertig, alles *wird* im Laufe von mehr oder weniger langen Zeiträumen. *Alles fließt,* sagt der Philosoph Heraklit. Damit stimmt die Naturwissenschaft überein, die für ihren Bereich längst nachgewiesen hat, daß nichts im ganzen Kosmos unveränderlich bleibt. Jede Entwicklung ist mit ständig neuen Phasen von Einsichten und Verständnis verbunden. Damit verändert sich das Bewußtsein, und zwar sowohl das Bewußtsein jedes einzelnen als auch das von Gruppen, Nationen, der ganzen Menschheit. Was gestern gut und richtig war, weil es auf die Möglichkeiten von gestern abgestimmt war, ist heute überholt.

Nicht die Wahrheit hinter den Erkenntnissen aber überholt sich, sie bleibt ewig die gleiche. Unsere Einblicke jedoch werden andere in dem Maße, wie wir uns vorarbeiten. In geistiger Hinsicht: wie wir *reifen.* Wir begreifen mehr als noch vor kurzem. Aber nicht die Prinzipien irdischen und geistigen Lebens ändern sich dadurch, daß wir mehr erkennen, sondern das Maß unseres Begreifens wird ein anderes. Und so haben wir begonnen, uns auf allen Gebieten Schritt für Schritt voranzutasten.

Was wäre geschehen, wenn die Medizin auf dem Niveau von vor 2000 Jahren stehengeblieben wäre? Schlimmer noch: Wenn alle Versuche, mehr zum Beispiel über die Anatomie des menschlichen Körpers zu erfahren, mit Gewalt im Keime erstickt worden wären? Wir können uns die Antworten auf diese Fragen ersparen. Aber wir können feststellen: Mit dem Erweitern des medizinischen Wissens ist nicht die Anatomie eine andere geworden. Anders geworden ist der Horizont.

Und jetzt wenden Sie das gleiche Prinzip auf die Theologie an. Die Gefahr, in die die Theologie dann aber geraten würde und auch gerät, ist von ihr klar erkannt worden. So heißt es in einem „Lehrentscheid über den katholischen Glauben", formuliert auf der Allgemeinen I. Kirchenversammlung im Vatikan (1870) und nach wie vor gültig: „Die Glaubenslehre, die Gott geoffenbart hat, wurde nicht dem menschlichen Geiste wie eine philosophische Erfindung zur Vervollkommnung vorgelegt, sondern als göttliches Gut der Braut Christi übergeben, damit sie dieselbe treu bewahre und irrtumslos erkläre. Deshalb muß auch immer jener Sinn der heiligen Glaubenswahrheiten beibehalten werden, der einmal von der heiligen Mutter Kirche dargelegt worden ist; *nie darf man von diesem Sinn unter dem Schein und Namen einer höheren Erkenntnis abweichen.*"[1] Und an anderer Stelle des gleichen Kapitels: „Daher darf kein Christgläubiger solche Ansichten, die als der Glaubenslehre widersprechend erkannt werden – besonders, wenn sie von der Kirche verworfen sind –, als echte Ergebnisse der Wissenschaft verteidigen; *er muß sie vielmehr für Irrtümer halten, die durch den Schein der Wahrheit trügen.*"[2]

Dieses Festhalten der Theologie an Standpunkten, die sich als überholt herausgestellt haben, hat dazu geführt, daß der beabsichtigte Zweck, nämlich die Glaubenslehre ohne großes Nachdenken begreifbar zu machen, verfehlt, ja sogar ins Gegenteil verkehrt wurde. Denn im Grund sind die meisten Menschen Materialisten, auch oder besonders in den christlichen Ländern. Daß viele Leute dem Namen nach irgendeiner Bekenntniskirche angehören, tut nach Prof. Dr. Hermann Oberth im Grunde nichts zur Sache:

„Tatsächlich glauben sie folgendes: Die Welt besteht aus kleinsten, leblosen Körnchen, vielleicht den Positronen und Elektronen. Durch entsprechende Aneinanderfügung derselben entstehen Atome, Moleküle, Stoffe und Körper;

darunter auch die Maschinen, Automaten und Lebewesen. Die Lebewesen sind im Grunde auch nichts anderes als besonders kunstvolle Automaten. Ihre Tätigkeit hängt durchaus von ihrem Bau und ihrem Zustand ab. Um zu funktionieren, brauchen sie keine Seele. Es gibt überhaupt keine Seelen, und wer sich seines vermeintlichen Seelenheils wegen einen greifbaren Vorteil entgehen läßt, ist ein Esel!

Dieser Glaube ist nun *nicht* etwa, wie seine Anhänger fälschlicherweise meinen, die Frucht der *naturwissenschaftlichen* Forschung, er ist vielmehr das Ergebnis des *Verhaltens der christlichen Kirchen*, die sich seit mehr als 14 Jahrhunderten oft genug aus sehr weltlichen Gründen dem gottgegebenen Forschungsdrang und Wahrheitssuchen der Menschheit entgegenstellen und neue Forschungsergebnisse unterdrücken, wenn sie nicht in ihre Lehre passen."[3]

Wie recht Oberth hat, belegen u. a. die von Pius IX. verurteilten Irrtümer (Syllabus) (1864). Demnach ist es *nicht erlaubt zu glauben:* „Die göttliche Offenbarung ist unvollständig und daher einem steten unbegrenzten Fortschritt unterworfen, der dem Fortschritt der menschlichen Vernunft entsprechen muß."[4]

Das Wissen, das den Menschen vor nahezu 2000 Jahren durch Jesus von Nazareth gegeben wurde, entsprach ihrem damaligen geistigen Aufnahmevermögen. Heute würden wir sagen: ihrem Bewußtsein. So, wie auch das Wissen über diese materielle Welt dem Stand des damaligen Bewußtseins entsprach und genügte, um angenommen zu werden. Jesus hat Seine Zuhörer nicht überfordert. Er hat ihnen nur das gesagt, was sie annehmen konnten. Seine Gleichnisse, in denen Er immer wieder sprach, sind Hinweis genug, daß göttliche Wahrheiten und Gesetzmäßigkeiten nur in dieser Form durch Ihn offenbart werden konnten. Wer von den einfachen Leuten, die Ihm zuhörten, hätte es verstanden, wenn Er über die Evolution der Seele, die göttlichen

Hierarchien, geistige Planeten, Astralebenen, Lichtmauer, Schwingungsbereiche, Aura, Lehrengel, göttliches Bewußtsein und vieles mehr gesprochen hätte?

Die Menschen der damaligen Zeit konnten dies gar nicht verstehen *(verstehen wir es heute?)*, so daß es Jesus trotz der unvergleichlichen Bildhaftigkeit, mit der Er lehrte, unterließ, detaillierte Beschreibungen von dem zu geben, was man „nicht würde ertragen können". Er versprach ihnen aber, sie über diese Dinge zu unterrichten, wenn sie dafür aufnahmefähig wären.

In aller Klarheit ist die Aussage in der Bibel, die ansonsten unzählige Übersetzungen, Andersdeutungen, Verstümmelungen und Fälschungen über sich hat ergehen lassen müssen, noch enthalten. Dort nämlich ist verheißen, daß der Geist der Wahrheit kommen und die Menschen in alle Wahrheit führen wird.

Da sind wir oft so stolz auf unser geistiges Vermögen und unseren Durchblick, und doch erfassen wir kaum die Aussagen solcher und ähnlicher Offenbarungen.

Ist es nun im Laufe der folgenden zwanzig Jahrhunderte zu dieser weiteren Einführung in die ganze Wahrheit gekommen? Ja und Nein. Ja, weil der Geist Gottes immer wieder versucht hat, durch Männer und Frauen zu reden und der unwissenden Menschheit endlich weiterführendes Wissen zu vermitteln. Und nein, weil die Theologie – im Gegensatz zu allen anderen Wissensgebieten – umfassenderes und tieferes Erkennen verhindert hat. Heute jedoch, in der großen Zeitenwende, drängt das Urwissen wieder herauf. Die Wahrheit läßt sich eben auf Dauer nicht unterdrücken.

Für einen großen Teil der Menschheit hat die ernste Auseinandersetzung mit religiösen Fragen, mit Gott oder dem Leben nach dem Tod keine oder nur eine untergeordnete Bedeutung. Das Hier und Heute zählt. Was danach kommt – falls überhaupt etwas danach kommt –, kann so wichtig nicht sein, daß es das jetzige Leben entscheidend beeinflussen könnte. Diese Feststellung gilt, mit den Ausnahmen, die die Regel bestätigen, auch für die Getauften des christlichen Abendlandes.

„Wenn man bedenkt", so schreibt Johannes Hemleben in „Jenseits", „daß sich der Geist des Abendlandes sowohl unter der Patenschaft der großen griechischen Philosophen Platon und Aristoteles wie der urchristlichen Spiritualität mit dem alttestamentlichen Hintergrund entwickelt hat, ist diese Situation schwer verständlich."[5] Die Aussage von C. G. Jung, daß alle großen Religionen das Leben nach dem Tode unmißverständlich bejaht haben, mag stimmen (obwohl man heute bei den modernen Theologen da nicht mehr ganz sicher sein kann), aber damit hat sich's auch schon.

Man weiß im Christentum der Kirchen so gut wie nichts über das Jenseits, über die Himmel, über die Möglichkeiten der Entwicklung der eigenen Seele, über ein Leben im göttlichen Bewußtsein. Die Auffassungen, die die Kirchen in ihrer Rolle als Vermittler zwischen der irdischen und der geistigen Welt ihren Gläubigen nahebringen, sind oft so widersprüchlich und nichtssagend, daß es nicht verwundert, daß sich viele Kirchenchristen überhaupt nicht oder nicht ernsthaft mit der Frage „Was kommt danach?" auseinandersetzen. Das führt dazu, daß oft der Tod voller Angst erwartet wird oder daß man ihn bis zur letzten Minute ignoriert (und sich damit der Möglichkeit beraubt, sich auf das weitaus wichtigere Leben, nämlich auf das nach diesem Leben, entsprechend vorzubereiten) oder daß man sich die wichtigen Antworten auf drängende Jenseits-Fragen anderswo holt.

In vielen Gesprächen verspürt man die Wünsche der Menschen, Antworten auf ihre unbewußten oder nicht ausgesprochenen Fragen zu bekommen. Eine heimliche Sehnsucht steckt hinter diesen Fragen, eine Trostsuche. Es kann doch nicht alles vorbei sein! Wie geht es weiter? Sehe ich meine Lieben wieder? Wird Gott mich für dieses oder jenes Vergehen mit ewigem Feuer bestrafen?

Fragen und immer wieder Fragen, die nicht beantwortet werden. Dabei heißt es doch in der Bibel: „Euch ist es gegeben, daß ihr das Geheimnis des Himmelreiches versteht ..." (Matth. 13, 11).[6] Mit anderen Worten: Gerade den Christen wäre es möglich gewesen, „Aufklärung über die Prinzipien der Dinge um uns her, über die unsichtbaren Ursachen der sichtbaren Schöpfung zu erlangen, um dadurch ihren Glauben durch Wissen zu untermauern, und dem christlichen Lehrgut neue, weil zeitgemäße Überzeugungskraft zu verleihen ... Wäre es nicht an der Zeit, die damaligen Kinderschuhe, in die sich der Mensch des 20. Jahrhunderts nur noch widerstrebend hineinzwängen läßt, abzustreifen und sich nach geeigneterem Schuhwerk umzusehen, damit endlich auch die Theologie – die ‚Wissenschaft von Gott und der göttlichen Offenbarung' – den Vorsprung anderer Wissenschaften allmählich einzuholen die Aussicht besäße?"[7]

Wenn wir ehrlich sind, müssen wir zugeben, daß eine ungeheure Unwissenheit weltweit verbreitet ist. Diese Unwissenheit ist der Grund für die katastrophale Lage auf der Welt, und zwar in allen Bereichen. Woldemar Kiefer trifft den Kern: „Sehen wir aber tiefer, so ist die eigentliche Ursache des menschlichen Fehlverhaltens in unserer Zeit die große Diskrepanz zwischen dem bis ins kleinste gehende Wissen über die materielle Welt und dem spärlichen Bild über die dominierende und letzten Endes bestimmende unsichtbare geistig-göttliche Welt."[8]

Daß uns vor menschlichem Gesetz Unwissenheit nicht vor Strafe schützt, ist bekannt. So streng sind geistige

Gesetze nicht, denn Gott straft nicht. Aber sie sind absolut gerecht, und das bedeutet, daß jeder die Konsequenzen aus seinem Tun und Lassen tragen muß. Unwissenheit schützt uns also nicht vor den Folgen unseres Handelns.

Ob wir als Atheisten göttliches Wirken hinter allem ablehnen, ob wir als Christen die Zugehörigkeit zu einer bestimmten Kirche für heilsnotwendig halten, ob wir als Moslem, Hindu, Jude oder Andersgläubiger andere, voneinander abweichende Gottesvorstellungen haben, das alles ändert nichts daran, daß wir alle den gleichen kosmischen Gesetzmäßigkeiten unterliegen. Ob wir sie nun kennen oder nicht. Und ob wir sie wahrhaben wollen oder nicht.

So ist Unwissenheit oder Ablehnung kein Garant dafür, daß wir vielleicht von dem, was da auf uns zukommt, verschont bleiben.

Wäre dieses Nicht-Wissen oder das Nicht-wissen-Wollen, weil die Antworten oft zu konfus, abstrakt und unbefriedigend sind, durch ein *Wissen,* durch die *Wahrheit* ersetzt worden, dann hätte die Menschheit um ihre wahre Aufgabe gewußt. Sterben wäre nicht mehr gleichbedeutend gewesen mit Tod. Die Angst und das Gefühl der eigenen Unvollkommenheit hätten nicht die Arbeit an sich selbst verhindert. Die Selbsterkenntnis hätte am Beginn der Änderung des eigenen Ichs und damit nach und nach der Änderung der gesamten Menschheit gestanden. Die Kenntnis des Gesetzes von Ursache und Wirkung hätte das eigene Handeln bestimmt. Das Wissen um die Reinkarnation, um die Wiederverkörperung, hätte maßgeblich dazu beigetragen, sich selbst und den anderen besser zu verstehen. Die Liebe zu Gott, unserem Vater, wäre Realität im täglichen Leben geworden, weil wir gewußt hätten, daß kein Mensch und keine Seele jemals verlorengehen, sondern *alle* einst zu Gott in die Himmel zurückkehren. Die Erde wäre zu einem Paradies geworden.

Wenn wir also *wüßten*, daß das Leben unmittelbar nach dem Tod, dem Ablegen des menschlichen Körpers, weitergeht und wenn wir erfahren würden, wie es weitergeht, wie es uns ganz persönlich ergeht, dann wäre das doch für die meisten Menschen unendlich wertvoll. Moody formuliert das in seinem Bestseller „Leben nach dem Tod" so: „Wenn Erfahrungen, wie ich sie in diesem Buch diskutiert habe, einen realen Hintergrund haben, dann hätte das eine sehr weitreichende Bedeutung im Hinblick auf das, was jeder von uns aus seinem Leben macht. Denn dann wäre erwiesen, daß wir dieses Leben nicht wirklich verstehen können, ehe wir nicht einen Schimmer bekommen von dem, was darüber hinausgeht."[9] Das Wissen würde den Menschen die Augen öffnen über ihr wahres Sein, den Sinn ihres Aufenthaltes hier auf Erden, den Zweck ihres Leidens, die Chancen der Wiedergutmachung und die Möglichkeiten der Rückkehr in ihre wahre, ursprüngliche, himmlische Heimat.

Wenn Ihnen klar würde – absolut klar –, daß dieses Erdenleben für Sie nur eine kleine Episode in Ihrer eigenen Entwicklung als unsterbliches Wesen ist, dann würden Sie doch alles daran setzen, diese Reifung hin zum göttlichen Bewußtsein so bald wie möglich zu beginnen und zu vollenden. So wie ein 9jähriges Mädchen, das ein Gespräch unter Erwachsenen über das Leben nach dem Tod mitanhörte und dann als einzige die Frage stellte: „Was muß ich tun, um so schnell wie möglich zu Gott zurückzukommen?"

Diese Welt hätte ihre Schrecken verloren. Sie wüßten, daß Sie in absehbarer Zeit in ein „neues Haus umziehen". Sie würden an Ihrem neuen Haus bereits in diesem Leben konsequent arbeiten. Das Sterben wäre ein gut vorbereiteter Übergang, ein freudig begrüßtes Ereignis, das Tor zum Leben. Das wirkliche Leben würde dann erst beginnen, und ihr abgeschlossenes Erdenleben – nicht mehr als ein Augenaufschlag in der Ewigkeit – wäre eine sinnvoll genutzte Gelegenheit gewesen, geistig und seelisch zu wachsen.

Halten Sie das für Utopie? Für unwirkliches Wunschdenken? Es ist nichts von beidem. Es sind die tatsächlichen Möglichkeiten, die der Menschheit offengestanden hätten, wenn das umfassende Wissen, das Gott uns immer wieder gegeben hat, nicht von der Institution Kirche unterdrückt worden wäre!

Die Frage nach der Unterdrückung der Wahrheit ist zu wichtig, um sie nicht zu stellen. Sterbeerlebnisse wiederzugeben, das Leben in den Astralbereichen zu schildern, die Seelenbeschaffenheit zu beschreiben und den Evolutionsweg jeder Seele zu erläutern – das ist nur die eine Seite der Hilfe, die Fragenden und Suchenden gegeben werden kann. Die andere Seite, ebenso wichtig, wenn nicht wichtiger, ist die, den Menschen bewußt zu machen, warum sie geistig ahnungslos gehalten wurden und werden, und ihnen zu verdeutlichen, was sie eigentlich daran *hindert*, neue – und doch gleichzeitig ewig alte – Erkenntnisse auf- und annehmen zu können.

Erinnern wir uns daran, was außer bei der Theologie auf allen anderen Gebieten im Laufe der letzten 2000 Jahre geschehen ist. Dort haben ständig neue Erfahrungen zu einem neuen Verständnis geführt, und zwar ohne daß sich die dahinter stehende Ordnung geändert hat.

Auch Gott und Seine Schöpfung hätten sich nicht geändert, wenn die Kirche weitere Erkenntnisse über Ihn zugelassen hätte. Über Ihn und über das, was Er uns aus Seiner unendlich großen Fülle und Weisheit hat offenbaren wollen. Geändert hätte sich das Bewußtsein der Menschen, die Angst wäre abgefallen, die Kindschaft Gottes wäre empfunden worden, eine innerliche und äußerliche Freiheit hätte sich breitgemacht, der unmittelbare Zugang zu Gott in jedem Menschen wäre möglich geworden. Und – der Einfluß der Machtorganisation Kirche, die sich zwischen Gott und den Menschen gestellt hat, wäre verlorengegangen. Entstanden wäre ein freies und furchtloses Christentum aller Völker und Rassen. Und untergegangen wäre eine Institution.

Das konnte jedoch nicht im Interesse dieser Institution sein. Deshalb wurde der sich offenbarende Geist immer wieder unterdrückt. Deshalb ist die Theologie die einzige Wissenschaft auf einem überholten Stand. Und deshalb ist großen Teilen der Menschheit geistiges Wissen über ihre wahre Herkunft und das, was sie nach dem Tode erwartet, nicht bekannt.

Und weil das so ist, muß auch diese Seite angesprochen werden.

Nehmen wir einmal an, Sie würden an die Auferstehung des Fleisches glauben, wie sie im Glaubensbekenntnis der christlichen Kirche festgehalten ist. Die Theorie, daß sich nach unvorstellbar langer Zeit nicht mehr vorhandene Materie wieder zusammensetzen soll und Sie, so wie Sie jetzt leben, plötzlich wieder da sind, würden Sie als aufgeklärter Mensch keinem Wissenschaftler abnehmen. Vertritt jedoch die Theologie diesen Standpunkt, dann sieht das auf einmal anders aus. Dann ist eine körperliche Auferstehung am Tage des Jüngsten Gerichtes nicht nur möglich oder wahrscheinlich, dann ist sie absolut sicher, verbindlich zu glauben vorgeschrieben. Sie würden, wenn Sie hier der kirchlichen Lehrmeinung folgen, der Theologie eine Unlogik zubilligen, die Sie als Mensch des 20. Jahrhunderts ansonsten nicht bereit sind, anderen oder anderswo zuzugestehen.

Oder: Nehmen wir einmal an, Sie würden nicht an die Reinkarnation, die wiederholte Einverleibung der Seele in einen menschlichen Körper, glauben, sondern statt dessen daran, daß jede Seele bei der Zeugung von Gott geschaffen wird. Daß jede Seele also nur ein einziges Mal auf der Erde die Möglichkeit hat, sich zu entwickeln. Haben Sie sich dann nie gefragt, warum Sie das glauben? Haben Sie das durch eigenes Nachdenken herausgekriegt? Oder glauben Sie das nur deshalb, weil es die Kirche so lehrt? Würden Sie – und ich halte diese Frage für sehr wichtig – etwas anderes glauben, wenn die Kirche es anders lehren würde?

Hatte Voltaire nicht recht, als er sagte: „Zweimal geboren zu sein ist nicht bemerkenswerter, als einmal geboren zu sein?" Oder Lessing: „Ist diese Hypothese darum so lächerlich, weil sie die älteste ist?"[10]

Viel zu wenig machen wir uns alle Gedanken darüber, wie sehr wir, wenn es um geistige oder religiöse Fragen geht, an Meinungen und Anschauungen anderer gebunden sind. Diese Meinungen und Anschauungen, verbunden mit der Drohung, bei abweichender Auffassung die ewige Seligkeit zu verlieren, hindern einen großen Teil der Menschen daran, aufgeschlossen gegenüber „neuen" Vorstellungen zu sein. Das „Alte", und sei es noch so unverständlich, fehlerhaft und unhaltbar, ist so fest im Bewußtsein zementiert, daß es schon einiger Anstrengungen bedarf, sich innerlich, wenigstens für eine Zeitlang, einmal davon zu trennen, und unbefangen (nicht unkritisch!) und unvoreingenommen neue Gedankenwege einzuschlagen.

Wie wäre es mit dem Versuch, vorübergehend einmal das außer acht zu lassen, was Sie im Laufe Ihres bisherigen Lebens möglicherweise an Betrachtungsweisen aus kirchlicher Sicht gelehrt bekommen haben? Der Weg zurück zur „Auferstehung des Fleisches" und der „Einmaligkeit des Erdenlebens" kann ja offenbleiben. Und auch für den Fall, daß Sie an kaum etwas glauben: Lassen Sie das doch einfach mal für einen Moment weg. Legen Sie es zur Seite. Sie können ja jederzeit darauf zurückkommen.

Dann kann Wirklichkeit werden, was Ian Currie meint: „Wir sind die 2000. Menschengeneration, die von der grundlegendsten aller Fragen heimgesucht wird, der sich der Mensch stellen kann: Warum bin ich hier? Warum lebe ich hier? Woher komme ich und was wird aus mir? Doch wir werden die letzte Generation sein, die auf diese Fragen keine Antworten hat."[11]

Die Antworten sind da. Ob sie angenommen werden, liegt an jedem einzelnen selbst.

2. DIE BLINDENFÜHRER

Es ist Zeit, daß die Wahrheit in die Welt hinausgerufen wird, denn der Irrtum schreit zum Himmel.

Aus einer Offenbarung des Cherubs des göttlichen Willens

Wer sich mit Glaubenssätzen vollstopft und sie nicht verwirklicht, ist ein Blindenführer. Er ist für jedes Schaf, das mit ihm in die Grube fällt, verantwortlich. Die Grube, von der der Herr sprach, ist nichts anderes als die totale Unwissenheit einer Seele und eines Menschen.

Aus einer Offenbarung des Cherubs der göttlichen Weisheit

Deshalb erneut Mein heiliges Wort im Ich Bin durch Menschenmund, auf daß die blind gehaltenen Schafe sehend werden.

Aus einer Christusoffenbarung

Es war während einer Straßenaktion im April 1986 in Heilbronn – wir bereiteten durch Plakate und Handzettel-Einladungen einen Vortrag mit dem Thema „Reinkarnation und christlicher Glaube" vor –, als eine Dame auf mich zukam und mich fragte, ob es wirklich ein Leben nach dem Tod gäbe. Als ich das bejahte, nahm sie das freudig an. Sie erzählte mir dann, daß ihre Mutter vor etwa einem Jahr gestorben sei und ein junger, katholischer Priester ihr bei der Beerdigung auf eine entsprechende Frage geantwortet habe, nach dem Tod sei alles aus, dann käme nichts mehr. Das könne, so die Frau, aber doch wohl nicht wahr sein.

Ein paar Tage zuvor wurde mir die Frage gestellt, ob man seine Verwandten, die schon gestorben seien, „drüben" einmal wiedersehen würde? Wie das überhaupt mit dem Sterben sei? Ob man keine Angst haben müsse? Wir kamen dann in ein Gespräch, und es war sehr schön, mit anzusehen, wie sich der Spannungszustand meines Gegenübers – einer schon älteren Dame – löste. Tränen der Freude kamen in ihre Augen, als sie erkannte, daß es keinen Tod gibt und Sterben nichts Schreckliches ist. Sie war belastet gewesen mit einem lebenslangen Unwissen, eigenen ängstlichen Gedanken und unbefriedigenden Antworten von Kirchen und Sekten. „Warum sagt einem das denn keiner, wie es wirklich weitergeht", so etwa war ihre Reaktion.

Sie war und ist nicht die einzige. Millionen von Menschen stellen diese Frage. Allen wäre geholfen, wenn man ihnen nur eine kleine, aber klare Vorstellung davon vermitteln könnte, woher sie wirklich kommen, warum sie eigentlich hier sind und was sie nach dem Verlassen dieser materiellen Welt erwartet. Immer wieder kann man beobachten, daß Antworten nicht notwendigerweise belegt werden müssen. Aber sie sollten einleuchtend und zufriedenstellend sein. Sie müssen sich einordnen lassen in ein ganz normales, durchschnittliches menschliches Denken, in eine Logik, wie wir sie auch im täglichen Leben in der Regel anwenden und wie wir sie auch von anderen erwarten. Sie müssen nicht unbedingt den „letzten und kleinsten Winkel ausleuchten", aber sie sollten nicht noch mehr verdunkeln, indem sie sich in Andeutungen und Phrasen ergehen.

Emanuel, der Cherub der göttlichen Weisheit, drückte das in einer Offenbarung sehr deutlich aus: *„Fragt jedoch ein unwissender Kirchenchrist seinen unfehlbaren, allwissenden Institutionsfürsten über Einzelheiten des Lebens nach dem Tode, so muß er schon passen, oder er greift nach der dogmatischen Formel."*[12]

Die Menschen haben ein Recht darauf, auf ihre wichtigen Fragen richtige Antworten zu bekommen. Sie haben ein Recht darauf, ihre von Gott gegebene Intelligenz auch dann und dort einzusetzen, wenn und wo es um Fragen des Sterbens und des Danach geht. Keiner darf, weil er selbst unwissend ist, den anderen mit der Begründung, daß es ausreichend sei, zu glauben, was er lehre, und Erkenntnisse darüber hinaus nur von Übel seien, ebenfalls unwissend halten.

Wir leben in einer Zeit geistigen Aufbruchs. Viele streben nach weiteren Erfahrungen. Sie wollen heraus aus dem Joch von Dogma und Vorschrift. Sie akzeptieren keine Ausreden mehr. Sie begnügen sich nicht mit einem Schulterzucken als Antwort. Sie wollen nicht immer Beweise, aber sie wollen schlüssige Antworten, mit denen sie sich ernstlich auseinandersetzen können. Und jeder, der geduldig sucht und fragt, wird früher oder später auf die richtigen Antworten stoßen.

Allerdings: Um an die Quelle zu kommen, muß man gegen den Strom schwimmen, wie es der polnische Lyriker Stanislaw Jerzy Lec einmal ausdrückte.

Um jedoch eine neue Richtung erfolgversprechend einschlagen zu können, bedarf es zuerst einer Bestimmung der bisherigen Position. Was lehrt man uns eigentlich – sofern wir kirchlich orientiert sind –, hinsichtlich Ursprung, Dasein und künftiger Existenz von Menschen und Seelen zu glauben? (Wer an keine religiöse Lehrmeinung gebunden ist, hat es vielleicht bei seiner „Suche" etwas leichter. Er muß sich nicht erst von diesen alten Vorstellungen lösen, um neue in sich wirken lassen zu können.)

Seelenschaffung aus dem Nichts

Betrachten wir zunächst einmal die Frage nach dem Woher des Menschen. In Anlehnung an den Satz im Glaubensbekenntnis von Nicaea (325 n. Chr.) „Wir glauben an den einen Gott, den allmächtigen Vater, den Schöpfer von allem Sichtbaren und Unsichtbaren ..." lehrt das IV. Laterankonzil (1215): „Wir glauben und bekennen, daß Gott ... Schöpfer aller sichtbaren und unsichtbaren Dinge, der geistigen und der körperlichen, ist, der ... beide Schöpfungen aus dem Nichts erschaffen hat, die geistige und die körperliche, die engelhafte und weltliche, und dann die menschliche, gleichsam aus Geist und Körper, zusammengesetzt hat ..."[13]

Nach diesem Dogma wurde „die Seele des ersten Menschen von Gott unmittelbar aus nichts erschaffen. Bezüglich des Leibes läßt sich die unmittelbare Bildung desselben aus organischem Stoff durch Gott nicht mit Sicherheit behaupten."[14] Die Kirche legt sich mit dem Dogma vom IV. Laterankonzil, wonach der Mensch aus Leib und Seele besteht, auf eine Zweiteilung der Wesensnatur des Menschen fest, während eine Dreiteilung in Leib, Seele und Geist sowohl bei den griechischen Kirchenvätern (z.B. Origines) als auch bei Paulus (1. Thess. 5, 23) eindeutig belegt ist, der in seinem Brief von „... euer Geist (pneuma) und eure Seele (psyche) und euer Leib (soma)" spricht.

Demnach besteht der Mensch aus einem physischen Körper als der materiellen Hülle für die Seele, in die der Geist eingeschlossen ist. Da die genaue Unterscheidung der Begriffe Geist und Seele den Verfassern der betreffenden Dogmen nicht gelungen ist, verwundert es nicht, daß hier schon der Grundstein für die Streitfrage, ob die Seele sterblich oder unsterblich sei, gelegt wurde.

Karl Rahner, ein führender, inzwischen verstorbener Theologe unserer Zeit, führte dazu aus: „Grundsätzlich wird unterstrichen, daß die Seele unmittelbar aus nichts von Gott geschaffen ist, daß sie daher *nicht* zur göttlichen Substanz gehört, auch nie ein vorkörperliches Leben führt, daß sie aber umgekehrt als solche auch keinen materiellen Ursprung hat."[15]

Christus fragt dazu in einer Offenbarung: *„Woher kommen die vielen Seelen, die in den irdischen Körpern leben?"* Und Er gibt auch indirekt die Antwort: *„Würden sie alle aus den Himmeln kommen, rein und makellos, so wie die Geistwesen dort leben, so würde die Erde erblühen."*[16] Das heißt also, sie kommen nicht (wenigstens die meisten nicht) unmittelbar aus den reinen Himmeln. Sie kommen, da sie eben nicht von Gott bei jeder Zeugung neu geschaffen werden, aus den Bereichen, in denen sie sich nach ihrem letzten irdischen Tod aufgehalten haben. Und das sind wahrlich nur in den allerwenigsten Fällen die Himmel. Zumeist sind es die jenseitigen Reinigungsebenen – die Astralbereiche –, aus denen die Seelen zur Wiederverkörperung in die Materie gehen.

Nach Lehre der Kirche wird die Seele jedoch aus dem Nichts von Gott geschaffen. Sie kommt damit aus der absoluten Reinheit selbst, aus dem ewigen Göttlichen. Und dennoch wird geglaubt, daß jedes Kind bereits sündhaft ist durch die Belastung der Erbsünde.

Die Erbsündenlehre

Dies wird wiederum mit einem Dogma lehramtlich bescheinigt, denn indem Adam der Stammvater der Menschheit ist und sündigte, sind alle Menschen automatisch sündig. Obwohl die Seele ja etwas Geistiges ist und nicht von Adam abstammt (sondern aus Gott ist), hat sie sich durch die menschliche Schuld Adams bereits belastet. So zumindest ist es allen Katholiken vorgeschrieben zu glauben, und zwar zwingend. Das dazu gehörende Dogma, festgeschrieben auf dem Konzil von Trient (1546), legt nämlich fest, daß derjenige, der erklärt, daß die Pflichtverletzung des Adam nur diesem allein und nicht dessen Nachkommen geschadet habe, ... verflucht sei.[17]

Das Dogma braucht jedoch die Glaubensstütze, daß die gesamte Menschheit auch tatsächlich im naturwissenschaftlichen Hinblick von Adam und Eva abstammt. Dazu schreibt Ludwig Ott im Grundriß der katholischen Dogmatik: „Der biblische Bericht über den Sündenfall der Stammeltern ist in der Genesis (2, 17 und 3, 1ff.) enthalten. Da die Sünde Adams die Grundlage der Dogmen von der Erbsünde und von der Erlösung ist, so ist in den wesentlichen Punkten *an der Geschichtlichkeit der Erzählung* festzuhalten. Nach einer Entscheidung der Bibelkommission im Jahre 1909 darf der *buchstäbliche, geschichtliche Sinn ...* nicht in Zweifel gezogen werden"[18], obwohl sich in der katholischen Kirche allmählich die exegetische Einsicht durchzusetzen scheint, daß die ersten

Genesis-Kapitel nicht historische Berichterstattung im modernen Sinne sein können.

Hier wird schon etwas ganz deutlich: Eine einmal gewonnene Überzeugung, die dem Vorstellungsvermögen und der Aufnahmefähigkeit der damaligen Menschheit bzw. dem ehemaligen kirchlichen Verständnis entsprach, wird – koste es, was es wolle – nicht wieder aus der Hand gegeben. Wenn es sein muß, wird der buchstäbliche, geschichtliche Sinn zu glauben vorgeschrieben. Ist damit das Problem gelöst? Nein, aber es herrscht wieder für eine Weile Ruhe. Wenn es sein muß, wird ein neues Dogma ein altes, das ins Wanken gerät, abstützen. Die Kirche kann nicht anders. Sie ist an ihre Dogmen gebunden, selbst wenn, wie im Falle Galilei, die Naturwissenschaft unter Umständen den Gegenbeweis erbringen könnte. Denn das theologische Schema ist so aufgebaut, daß jedes seiner Teile von den anderen abhängt, so daß das ganze Gebäude zusammenbricht, wenn nur irgendein Teil daraus entfernt wird.

Die logische Fortführung der Theorie der Erbsünde ist dann in einem weiteren Dogma festgelegt, das besagt: „Die Seelen jener, die in einer Todsünde oder im Stand der Erbsünde aus dem Leben scheiden, steigen dann in die Hölle hinab, um dort mit ungleichen Strafen belegt zu werden." [19]

Wenn das wahr wäre, würde es für alle Menschen gelten, also nicht nur für das Volk der Christen, sondern auch für ihre Führer. Haben diese vielleicht deshalb genausoviel Angst vor dem Sterben wie ihre falsch Belehrten? Die Offenbarung in unserer Zeit redet eine klare Sprache und sagt dazu unmißverständlich: *„Außerdem hat ein Blindenführer vor dem Tod meist ebenso Angst wie der fragende Kirchenchrist, da die dogmatische Weisheit keine Gottesweisheit ist, sondern zum größten Teil Torheit. Wer sich mit Glaubenssätzen vollstopft und sie nicht verwirklicht, ist ein*

Blindenführer. Er ist für jedes Schaf, das mit ihm in die Grube fällt, verantwortlich."[20]

Ein Gott der Liebe?

Darf man die Welt, die laut Dogma zur Verherrlichung Gottes geschaffen wurde[21], als das Werk göttlicher Weisheit (vgl. Psalm 104, 24) und als die Realisierung göttlicher Ideen bezeichnen (vgl. Gen. 1, 26), wenn man dem ewigen Schöpfer gleichzeitig eine Verhaltensweise unterstellt, die selbst dem vergleichsweise groben menschlichen Rechtsempfinden völlig widerspricht? Kann Gott, der absolute Geist, etwas Geistiges, also die Seele, neu ins Leben rufen und sie dann dadurch sündig machen, daß sie an einen materiellen Körper gebunden wird, der ihr die Sünde überträgt? Stellt man mit einer solchen Denkart nicht den Körper über die Seele, das Materielle über das Geistige? Entspricht es der Vorstellung eines Gottes der unendlichen und allumfassenden Liebe – als der Er ja eigenartigerweise gleichzeitig hingestellt wird –, dieser totalen Liebe die Ungerechtigkeit zuzumuten, eines Seiner Kinder in „der Hölle mit ungleichen Strafen zu belegen?"

Mit dieser Lehre ist jeder Mensch zur Höllenstrafe bestimmt, der stirbt, ohne eine christliche Taufe erhalten zu haben.*) Das gilt sowohl für die Säuglinge – obwohl hier die

---

*) Das entsprechende Dogma wurde auf dem Trienter Konzil (1547) klar definiert (Neuner-Roos, a.a.O., Nr. 536). Die Formulierung des 2. Vatikanischen Konzils (1964) „Wer nämlich das Evangelium Christi und seiner Kirche ohne Schuld nicht kennt, Gott aber aus ehrlichem Herzen sucht … kann das ewige Heil erlangen" versucht, die Absolutheit des Dogmas ein wenig zu entschärfen (Neuner-Roos, a.a.O., Nr. 372), was aber im Glaubenssatz Nr. 373 schon wieder aufgehoben wird, indem es dort heißt: „Darum könnten jene Menschen nicht gerettet werden, die um die katholische Kirche und ihre von Gott durch Christus gestiftete Heilsnotwendigkeit wissen, in sie aber nicht eintreten oder in ihr nicht ausharren wollten."

Theologen einen besonderen Strafort für die ohne Taufe sterbenden Kinder, die „Vorhölle der Kinder", erfunden haben, um diese gnadenlose Härte Gottes etwas abzumildern[22] – und die Kleinkinder als auch für die sogenannten „Heiden", die das Christentum nicht kennen.[23]

Wie gut nur, daß diese Lehre nicht stimmt!

Sind unsere Augen nicht jahrhundertelang gehalten gewesen – so wie die der Jünger, die ihren Herrn und Meister nach Seiner Auferstehung nicht sogleich erkannten –, daß wir solche Lehren über Gott, die Liebe selbst, nicht erkannt haben als das, was sie in Wirklichkeit sind: unsinnig, widerspruchsvoll, ja blasphemisch?

Der Schöpfungszweck

Die Frage, woher der Mensch und seine Seele, eventuell auch sein Geist, kommen, betrachten wir nach der bisherigen Darstellung vorerst einmal als „geklärt". Die nächste Frage drängt sich aber nun auf: Wozu das Ganze? Was sollen wir hier? Der Zweck der Weltschöpfung wird vom I. Vatikanischen Konzil (1870) bestimmt: „... Wer leugnet, die Welt sei zur Verherrlichung Gottes geschaffen, der sei verflucht."[24]

Den Schöpfungszweck der Welt sieht das Konzil darin, die göttlichen Vollkommenheiten zu offenbaren mit der sich daraus ergebenden Verherrlichung Gottes, und gleichzeitig Wohltaten an die Geschöpfe zu spenden, insbesondere die vernünftigen Geschöpfe zu beseligen.[25] Was immer man darunter auch verstehen mag.

Das übernatürliche Endziel des Menschen wird in der Teilnahme an der göttlichen Selbsterkenntnis beschrieben, woraus sich für Gott eine übernatürliche Verherrlichung und für den Menschen eine übernatürliche Glückseligkeit ergibt.[26] Die dazugehörige Lehrentscheidung besagt: „Gott hat den Menschen aus Seiner grenzenlosen Güte auf ein übernatürliches Endziel geschaffen zur Teilnahme an den göttlichen Gütern, die die Erkenntnis des menschlichen Geistes völlig übersteigen ...“[27]

Diese Aussagen werden aber erheblich eingeschränkt durch die Lehrentscheidungen des Trienter Konzils (1547), die nämlich bestimmen, „daß Gott durch Seinen ewigen Willensratschluß bestimmte Menschen zur ewigen Seligkeit vorherbestimmt" hat.[28] Aber nicht nur das. Ebenso hat, wenn die Lehre der Kirche in diesem Punkt stimmen sollte, Gott durch Seinen ewigen Willensratschluß bestimmte Menschen wegen ihrer vorhergesehenen Sünden zur *ewigen Verwerfung vorherbestimmt*. Beschlossen auf der Synode von Valence (855) und, falls Sie das nachprüfen möchten, im vollen Wortlaut nachzulesen bei Denzinger-Schönmetzer als Dogmensatz Nr. 628.[29] Allerdings sind dort die ganzen Sätze nur im lateinisch-griechischen Originaltext niedergeschrieben, was es einem Durchschnittsbürger nahezu unmöglich macht, das, was er im einzelnen glauben muß, auch tatsächlich zu erfahren.

Schon wieder liegen Ungereimtheiten der kirchlichen Lehre offen zutage. Denn wenn Gott die Welt zu Seiner Verherrlichung geschaffen hat und Wohltaten an Seine Geschöpfe spendet, wieso können dann Teile Seiner Schöpfung zu Seiner Verherrlichung in der ewigen Hölle sein? Ist es mit dem Wesen eines gerechten Gottes überhaupt zu vereinbaren, schon beim Beginn eines menschlichen Lebens „bestimmte Menschen" zur ewigen Seligkeit oder zur ewigen Verdammnis vorherzubestimmen? Wenn Gott die Sündhaftigkeit bestimmter Menschen vorausgesehen hat, warum hat Er in Seiner Liebe nicht auf die Erschaffung dieser Menschen verzichtet und ihnen damit ihr schreckliches Los erspart?

Wenn die Vorherbestimmung eine gültige Tatsache wäre, dann hätten gute Werke und alle Bemühungen um sittliche Vervollkommnung des Menschen keinen Sinn. Für die Guten wären sie überflüssig, für die Bösen vergeblich.

Auf diesem Standpunkt scheint auch tatsächlich ein Teil der Menschheit zu stehen. Wenn man sich vor Augen hält, was in beinahe 2000 Jahren durch die Verwirklichung der Bergpredigt hätte entstehen können und vor was für einem Scherbenhaufen wir heute wegen der Nichtverwirklichung stehen, dann muß man fast zwingend annehmen, daß solche und ähnliche Lehren und ihre Schlußfolgerungen die Grundlagen der christlichen Verhaltensweisen geworden sind.

„Wir haben deine Tat verbessert", läßt Dostojewski in seiner Legende vom Groß-Inquisitor den Kirchenmann zu Jesus sagen. Und so sehen diese Verbesserungen aus: ausgebaut, gedeutet, falsch interpretiert, verstümmelt, neu formuliert – und als Wahrheit vorgetragen. Wirklich neue, tiefere Erkenntnisse sind nicht hinzugekommen. Sie wurden nicht zugelassen. Dafür wurden die alten ab und zu aufpoliert.

Werfen wir noch einen kurzen Blick auf die Lehre von den guten und bösen Engeln, bevor wir uns dann der Lehre von den letzten Dingen zuwenden. Auch die Engellehre wurde zum Dogma erhoben und besagt, daß Gott in gleicher Weise beide Ordnungen der Schöpfung aus dem Nichts geschaffen hat, und zwar die geistige und körperliche, d.h. die Engelwelt und die irdische, und schließlich dann die Menschenwelt, die beide umfaßt, da sie aus Geist und Körper besteht. Der Teufel und die anderen bösen Geister seien von Gott ihrer Natur nach gut geschaffen worden, sie seien jedoch durch sich selbst schlecht geworden. Der Mensch aber habe auf Eingebung des Teufels gesündigt.[30]

Die Engel, so die Aussage der Kirche, wurden von Gott einer Prüfung unterzogen, die ein Teil von ihnen nicht bestand. Sie wurden in die Hölle verstoßen. Die rein gebliebenen Engel verblieben weiterhin in der himmlischen Anschauung Gottes.

Die Sünde und der Tod

Zwischen Engeln und Teufeln steht nun als neue Gattung der Mensch. Durch seine Seele ist er ein Geschöpf des Himmels, durch seinen Leib hat er aber teil an der Erbsünde von Adam und Eva, was schwerwiegende Folgen für sein irdisches Dasein hat, denn die Erbsünde ist die Ursache für die Sterblichkeit des Leibes.

Damit kommen wir zu der Frage des Sterbens und des Todes. Sterben und Tod sind Begriffe, deren unterschiedliche Sinngebung man beachten muß. Wenn Paulus lehrt, daß der Tod eine Folge der Sünde Adams ist, wie es in Röm. 5, 12 heißt: „Durch einen Menschen (Adam) ist die Sünde in die Welt gekommen, und durch die Sünde kam der Tod. Er hat alle Menschen erreicht, weil sie alle gesündigt haben …",[31] dann ist daraus zu schließen, daß jemand, den die Sünde des Adam nicht erreicht, auch den Tod nicht erleiden muß. Denn die Sünde Adams, die Erbsünde, ist ja der Grund für unseren leiblichen Tod.

Nun gibt es aber nach kirchlicher Meinung zwei Menschen, die frei von der Schuld der Erbsünde waren, nämlich Jesus und Maria. Also gab es für sie keinen Tod. Da sie dennoch gestorben sind, kann „Tod" nicht gleichbedeutend mit „Sterben" sein.

Wenn die Bibel von den „Toten" spricht, so sind damit nicht oder nur an wenigen Stellen aus dem Leben Geschiedenen gemeint. Der „Tod" beschreibt nur selten die

Trennung des Geistes vom Körper, sondern die *Trennung des Geistes von Gott*. Mit Gott vereint sein und ihm angehören, ist das „Leben". Von Gott getrennt sein, ist der „Tod".

Die Toten sind also – selbst im biblischen Sinne – nicht die Verstorbenen, sondern die Gottfernen! Das bedeutet aber doch gleichzeitig, daß es dann nach christlicher Auffassung überhaupt keinen Tod im herkömmlichen Sinne geben kann. Und zwar nach einheitlicher christlicher Auffassung, da sich alle traditionellen christlichen Kirchen auf die Bibel als die Grundlage ihrer Lehren berufen. Es dürfte also im Diesseits nur mehr oder weniger gottnahe und gottferne Menschen geben und im Jenseits nur mehr oder weniger gottnahe und gottferne Seelen.

Das Problem scheint auf einen einfachen Nenner gebracht zu sein! Aber das täuscht. Zu abweichend und zu substanzlos sind die verschiedenen Aussagen. Von der Nichtanerkennung einer Seele im Menschen überhaupt, über ein Ruhe-sanft bis zum Gericht, ein Erleben von Hölle und Paradies gleich nach dem Tod, einer vorläufigen Belohnung und Bestrafung mit anschließender ungewisser Wartezeit bis hin zur „Ganztod-Theorie" reicht das Spektrum theologischer Ansichten aus allen christlichen Lagern. Und das, obwohl sich alle auf die *eine* Bibel berufen. Daß es Hunderte von christlichen Glaubensgemeinschaften gibt, die sich in ihren einander in wesentlichen Punkten widersprechenden Lehrmeinungen ausnahmslos alle auf die Bibel stützen, beweist, daß deren Inhalt mehrdeutig ausgelegt werden kann und – wie wir sehen – auch wird.

Einigermaßen übersichtlich (deshalb aber nicht unbedingt glaubhafter) ist da die Lehre der katholischen Kirche, die ihre Auffassung eindeutig und endgültig in Dogmen festgelegt hat. Diese Ordnung und Auflistung machen die katholische Lehre überschaubarer als andere. Deshalb wird da, wo es um christliche Glaubenswahrheiten geht, der Einfachheit halber die katholische Lehre zitiert. Sie kann, von ihrem strengen, zum Glauben zwingenden Charakter einmal abgesehen, auf die meisten anderen christlichen Religionsgemeinschaften übertragen werden. Das trifft zumindest auf die Lehren zu, die zum Beispiel vor der Reformation festgelegt und von Luther übernommen wurden, wie die Schöpfung der sichtbaren und unsichtbaren Welt, die Erbsündentheorie, das unklare himmlische Ziel des Menschen, die Auferstehung des Fleisches, das Gericht, die ewige Verdammnis, die Ablehnung der Wiederverkörperung und anderes mehr.

Durch die Dogmen weiß jeder gläubige Katholik also (sofern er sie kennt; wenn nicht, vermittelt ihm die Kirche den heilsnotwendigen Grundglauben), was er glauben darf und was nicht. Ob er auch versteht, was er glaubt, das sei dahingestellt. Immerhin hat dieses System gegenüber anderen, toleranteren den Vorteil, daß jeder Theologe das gleiche lehren muß, richtiger: lehren müßte.

Himmel, Hölle, Jüngstes Gericht – oder umgekehrt?

Wie geht es nun – nach der Lehre der Kirche – nach dem leiblichen Tod weiter?

Papst Benedikt XII. schreibt dazu am 29.1.1336: „Die Seelen der Gerechten sind und werden sein im Himmel und im Paradies sofort nach ihrem Tod ... und zwar auch noch vor der Wiedervereinigung mit ihrem Leib und vor dem allgemeinen Gericht ... sie schauen die göttliche Wesenheit in unmittelbarer Schau. Ferner bestimmen Wir: Wie Gott allgemein angeordnet hat, steigen die Seelen derer, die in einer tatsächlichen schweren Sünde verscheiden, sofort in die Hölle hinab, wo sie von höllischen Qualen gepeinigt werden. Aber trotzdem werden am Tage des Gerichtes alle Menschen vor dem Richterstuhl Christi in ihrem Leib erscheinen und Rechenschaft geben über ihre eigenen Taten."[32] Im Anschluß an den Tod des Körpers erfolgt also ein besonderes Gericht mit vorläufiger Belohnung oder Bestrafung und nach einer ungewissen Wartezeit dann noch einmal (?) das allgemeine letzte Gericht am sogenannten „Jüngsten Tag".

Zwischen Himmel und Hölle gibt es dann noch einen Reinigungsort, das sogenannte Fegefeuer („Hades" im griechischen Text des Neuen Testamentes). Die Tatsache, daß das Fegefeuer als Glaubensdogma erst im Jahre 593 n. Chr. eingeführt wurde, besagt an sich schon genug. Und die Wahrscheinlichkeit, daß man in den Gemeinden der ersten Christen und später etwas anders über diese Dinge gedacht haben mag, wird wohl kaum von der Hand zu weisen sein, zumal wir heute sehr genau wissen, daß die ersten Christengemeinden auch den Tod ganz anders beurteilten, als man es heute von den Kanzeln predigt.[33]

Moderne Theologen vertreten neuerdings die sogenannte „Ganztod-Theorie", nach der der ganze Mensch mit Leib und Seele stirbt: „... seinen Charakter als Gericht behält das Sterben nur, wenn *auch* die Seele stirbt; wenn die Person das Nein Gottes als Zerbrechen ihrer gesamten Lebendigkeit erfahren muß."[34]

Da drängt es einen zu beten: „Wo ist da noch Platz für Deine Liebe, himmlischer Vater? Die Menschen, nicht nur die des Alten Testamentes, auch die des Neuen Bundes, haben einen Rachegott aus Dir gemacht! So, als ob sie es sich sehnlichst wünschen, daß eines Deiner Kinder, nur weil es Dich nicht kennt oder anerkennt, für immer aus Deiner Hand fällt. Sie irren sich, Vater. Sie irren sich! Du bist die Liebe. Du läßt keinen in seiner gesamten Lebendigkeit zerbrechen. Was haben die Menschen aus Dir gemacht?"

Hermann Bauer meint, daß, wenn die Kirche in Handlung und Lehre konsequent wäre, sie die modernen Ganztod-Theologen wie früher vor ein Inquisitionsgericht stellen und öffentlich verfluchen müßte, da diese gegen das Dogma „De fide" verstoßen hätten, in dem eindeutig festgelegt sei, daß der Mensch eine individuelle und unsterbliche Seele besitzt.[35]

Innerhalb der katholischen Kirche kann es aber auch das Gegenteil geben, wie es sich bei der Beerdigung eines 19jährigen auf einem Münchener Friedhof gezeigt hat. Der Priester sagte am Grab: „85% der Menschheit ist ungläubig, sie glauben nicht an ein Fortleben nach dem Tod. Für mich lebt der eben Verstorbene weiter, ja vielleicht ist er sogar hier. Da ich nicht annehme, daß die hier Anwesenden (es waren durchweg junge Leute, Arbeitskollegen des Toten, am Grabe) zu den 15% Gläubigen gehören, habe ich auch nichts zu sagen." Sprach's, betete das Vaterunser, drehte sich um und ging![36]

Trotz aller Dogmeneinengung bleibt, wie man sieht, ein breites Spektrum für alle Auffassungen …

Die Meinungen über das Verhältnis von Geist, Seele und Mensch sind jedoch in der evangelischen Theologie nicht geschlossener, im Gegenteil eher noch viel unterschiedlicher, weil hier ein dogmatisches Lehrgebäude fehlt.

Da gibt es die wohl verbreitetste Auffassung, daß die Toten bis zum Jüngsten Tag ruhen. Zwischen Tod und Auferstehung kommt also nichts mehr, kein Leben in jenseitigen Bereichen. Demnach gibt es überhaupt kein Geisterreich, denn zwischen Himmel und Hölle und Erde ist nichts. Liest man jedoch im 1. Petrusbrief nach, so heißt es da: „Auch Christus ist ein für allemal für unsere Sünden gestorben, ein Gerechter für Ungerechte, damit er uns den Zugang zu Gott verschaffte. Sein Leib wurde in den Tod gegeben, aber im Geist ist er lebendig gemacht und so hingegangen und hat den abgeschiedenen Geistern (den Geistern „im Gefängnis" des Totenreiches) die Frohe Botschaft verkündigt" (1. Petr. 3, 18–19). In dem Kommentar zu dieser Bibelstelle kann man lesen – und überrascht sein, wenn man will –, daß der Apostel wie selbstverständlich und gerade darum überzeugend von der Wirklichkeit der Geister spricht, die also da sind, auch nicht schlafen, sondern hören können![37]

Das sind zwei Meinungen: die des Ruhens der Toten und die des Nicht-Ruhens der Toten. Aber es kann und darf auch passieren, daß ein Theologe eine wieder andere Behauptung aufstellt: „... Wir haben längst nicht mehr unsere Sach' beieinander. Wir machen ganz gern mit: der Leib in den Boden, die Seele in den Himmel. Unsterblichkeit der Seele – heißt man das wohl. Gedankengänge, die eingeflossen sind in das Christentum aus der griechischen Philosophie. Offenbar hat uns das mehr eingeleuchtet als die Auferstehung des Leibes.

Diese Idee von der Unsterblichkeit der Seele kommt uns sehr entgegen, wenn wir nach einer Überwindung der Todesgrenze und der Todesfurcht fragen. Aber der Mensch besteht nicht aus Leib, Seele und Geist, die man voneinander trennen könnte. Eher sind das die verschiedenen Seiten, vielleicht könnte man noch besser sagen: verschiedene Funktionen des einen Wesens Mensch. Der Mensch ist einer, ein ganzer. Er hat nicht nur Leib, Seele und Geist. Er ist es. Und so stirbt er, umfassend und endgültig ..."[38]

Wo ist die Theologie gelandet? Oder besser: Wo ist sie gestrandet? Kennen die Theologen die Basis ihrer eigenen Lehren nicht mehr, die bei Mt. 10, 28 aussagt: „Und fürchtet euch nicht vor denen, die den Leib töten und die Seele nicht können töten"?[39]

Wer sich, wenn er so etwas liest, nicht auf die Suche nach der Wahrheit macht oder sie, wenn sie ihm angeboten wird, nicht prüft und erkennt, der wird auf diese Theorien und Theologien angewiesen sein. Er wird sich, samt seiner Unsterblichkeit, einer Institution anvertrauen, die, widersprüchlich in sich selbst, ihn niemals in seine ewige Heimat zurückführen kann. Ist es somit nicht angeraten, ruhig einmal so manches in Frage zu stellen und anzuzweifeln?

Die ewige Verdammnis

So zum Beispiel auch die Lehre von der Ewigkeit der Höllenstrafen, der ewigen Verdammnis? Hierzu stellt die Kirche fest: „... Jene (die in schwerer Sünde Verstorbenen) werden zusammen mit dem Teufel eine *ewige* Strafe erhalten."[40]

Inzwischen ist von vielen Kritikern dieser Aussage festgestellt worden, daß die Bibelstellen, auf die man sich bezieht, falsch übersetzt worden sind. An den Stellen, an denen unsere Bibelübersetzungen das Wort „ewig" gebrauchen, findet man im griechischen Text das Wort „aion", was gleichbedeutend ist mit unserem Begriff für einen Zeitraum von unbestimmter Dauer, einem „Äon", so wie man von Äonen spricht, wenn man große Zeiträume bezeichnet. Nach Ansicht der Römer umfaßt ein Äon die Zeitspanne von 100 Jahren. Ein Äon mit „Ewigkeit" zu übersetzen wäre unsinnig, weil es nicht mehrere Ewigkeiten (Äonen) gibt.

Über die Feststellung einer falschen Übersetzungstechnik hinaus gibt es aber noch einen ganz anderen, viel wichtigeren Grund, der gegen die Ewigkeit der Hölle spricht: Es ist nicht glaubwürdig, daß Gott etwas Gutes schafft und dann für einen Teil dieser gut Geschaffenen eine ewige, unvergängliche Höllenstrafe ansetzt. Das täte kein weltlicher Vater. Und wir sollten Gott, an den doch höhere Maßstäbe anzulegen sind, nicht für so rachsüchtig halten, daß wir Ihm ein solch unbilliges Verhalten zuschreiben.

Jeder einzelne von uns kann *absolut sicher* sein, daß Gott keine ewigen Strafen für uns Sünder bereithält. Hieronymus (340–420), Kirchenvater und Übersetzer der Bibel ins Lateinische (Vulgata), entlarvte seine eigene Kirche selbst, als er bekanntgab, daß das Dogma von der ewigen Höllenstrafe lediglich aus erzieherischen Gründen aufgestellt worden ist. Er bekennt ganz offen – was den allerwenigsten Gläubigen bekannt sein dürfte –: die Kirche habe die ewigen Höllenstrafen nur als nützliche Vorstellung bewahrt; man müsse das denen verheimlichen, welchen die Furcht nützlich sei, damit sie – die Strafe fürchtend – nicht sündigen.[41]

Wenn diese Aussage, die Rudolf Passian in „Wiedergeburt – Ein Leben oder viele?" wiedergibt, so gemacht wurde – und es gibt nach dem bisher Erkannten keine Veranlassung, so etwas nicht als wahr anzunehmen –, dann ist damit eines der größten Verschulden, wenn nicht das größte überhaupt, bewiesen, das an der gutgläubigen Christenheit begangen worden ist.

Man kann sich daher getrost dem evangelischen Bischof Schjelderups anschließen, wenn er schreibt: „Ich bin froh, daß am Jüngsten Tag nicht Theologen und Kirchenfürsten, sondern der Menschensohn uns selbst richten wird. Und ich zweifle nicht daran, daß die göttliche Liebe und Barmherzigkeit größer ist als die, die in der Lehre von der ewigen Pein in der Hölle zum Ausdruck kommt ... Für mich gehört die Lehre von der ewigen Höllenstrafe nicht in die Religion der Liebe."[42]

Wie recht er hat! Und wie gerne möchte (fast) ein jeder ihm zustimmen. Aber Vorsicht! Man begibt sich – zumindest wenn man den Glaubenssätzen der katholischen Kirche verpflichtet ist – auf ein heißes Pflaster. Abgesehen davon, daß ein Dogma von einem Getauften nicht beharrlich geleugnet oder bezweifelt werden darf – man macht sich sonst der Sünde der Häresie schuldig (CIC 751) und verfällt durch die Tat der von selbst eintretenden Exkommunikation (CIC 1364 § 1)[43] –, würde man anfangen, Teile der Lehre aus der eigenen Zustimmung auszuklammern. Man stellt in Frage. Aber kann man einen Teil in Frage stellen, schlimmer noch: nicht glauben, den Rest jedoch für wahrhaftig und heilsnotwendig ansehen? Taucht da nicht vernünftigerweise die Frage auf, ob nicht vielleicht noch mehr nicht stimmt, wenn schon hier und da – kaum, daß man tiefer gegraben hat – nachweislich vieles falsch ist?

Ein Vorschlag: Lassen wir es im Moment dabei bewenden. Nehmen Sie es einfach einmal so hin. Der Christus-Gottes-Geist offenbart heute der Menschheit tiefe Erkenntnisse, in deren Licht und Klarheit sich alle theologischen Widersprüche auflösen. Er tut dies ohne dogmatische Formeln und ohne die Androhung von Strafen und Qualen. Er gewährt die Freiheit, die Er selbst ist.

Die Auferstehung des Fleisches

Zu den Lehren von den letzten Dingen zählt auch das wichtige Thema von der „Auferstehung des Fleisches". Auch hier noch einmal eine Belegstelle für das, was die Kirche dazu sagt. Auf der Synode von Toledo/Spanien (400 n. Chr.) wurde aus der Verheißung, daß bei Christi Ankunft alle Menschen in ihren Leibern auferstehen und Rechenschaft über ihre Taten ablegen müssen, folgender Bannfluch abgeleitet: „Wenn einer sagt und/oder glaubt, daß die menschlichen Leiber nach dem Tod nicht auferstehen werden, der sei verflucht."[44] Und um ganz sicher zu gehen, daß da ja keine Mißverständnisse entstehen, erklären weitere Dogmen eindeutig: „Wir müssen am Jüngsten Tag in dem

Fleisch auferstehen, in dem wir jetzt leben." Die Dogmen, die das so klar aussagen, stammen u. a. aus den Jahren 400, 1053, 1208, 1215, 1274 und 1336 n. Chr.[45]

Vielleicht erinnern Sie sich: Das, was einmal als „wahr" erkannt worden ist, mußte mit allen Mitteln zementiert werden. Dies ist in puncto „Auferstehung" wiederholt geschehen, so, als hätte es immer wieder erneut einen Anlaß gegeben, jede andere Auffassung erst gar nicht aufkommen zu lassen. Will man dieser Lehrmeinung folgen – und wer als Christ seiner Kirche glaubt, der muß und tut das –, so verläßt man hier die Logik und folgt einer Ungereimtheit, die man keiner anderen Autorität, egal auf welchem Gebiet, zugestehen würde. Das hat die Kirche selbst erkannt. Sie weiß wohl auch um die Schwierigkeiten, die jeder nachdenkende Gläubige hat in Anbetracht des Wissens um die biologisch-chemischen Umwandlungsprozesse, die alles Materielle durchläuft.

Hat sie daraufhin etwa ihre Dogmen geändert? Natürlich nicht. Das geht gar nicht, selbst wenn es in dem einen oder anderen Fall dringend notwendig wäre, denn ein Dogma ist ein kirchlicher Glaubenssatz mit dem Anspruch unbedingter Geltung. („Es ist auch geschichtlich unrichtig zu behaupten", so heißt es in einem Schreiben der deutschen Bischöfe vom 22.9.1967, „daß sich nachträglich in solchen Dogmen der Kirche ein Irrtum herausgestellt hat.") „Die Grundlage der Dogmen ist ihre Unwandelbarkeit, was jedoch einen gewissen Fortschritt und eine gewisse Anpassung in der Auslegung nicht ausschließt."[46]

Diese „gewisse Anpassung in der Auslegung" war in diesem Fall, das heißt nach mehrmaliger Festlegung innerhalb mehr als neun Jahrhunderten und der klaren Aussage, daß „wir in dem Fleisch auferstehen, in dem wir jetzt leben", kaum noch möglich. Oder doch? – Urteilen Sie selbst.

Nachdem sich auch die katholische Theologie von dem Naturgesetz hat überzeugen lassen, daß aus „wirklich nichts mehr" auch nichts mehr wieder zur Auferstehung zusammengesetzt werden kann, gerade für diese Auferstehung des Fleisches aber anscheinend doch eine kleine Menge des ehemaligen Leibes erforderlich ist, genügt es nun zur Wahrung der Identität, „wenn ein verhältnismäßig geringer Teil der Stoffmenge des irdischen Leibes im Auferstehungsleib enthalten ist."[47]

Ich möchte das so stehen lassen. Es spricht für sich.

Die Frage, die in Diskussionen oft zu hören ist, ob es Gott denn nicht grundsätzlich möglich ist, den menschlichen Körper auch dann einfach wieder zusammenzusetzen, wenn physikalische Gesetze dagegensprechen, stellt sich in dieser Form gar nicht. Jede Gesetzmäßigkeit ist von Gott, auch die Gesetzmäßigkeit, der die Materie unterliegt. Jedes göttliche Gesetz ist absolut, das heißt, es ist so vollkommen – und in dieser Vollkommenheit ewig wirksam –, daß es niemals eine Notwendigkeit geben kann, auch nur die allerkleinste Änderung daran vornehmen zu müssen. Die Frage kann also nicht sein: Könnte Gott eines Seiner Gesetze ändern?, sondern sie müßte lauten: Warum sollte Er eines Seiner Gesetze ändern? Wenn dazu Veranlassung bestünde, dann wären Er und Seine Gesetze nicht vollkommen.

Fragen wir einmal anders herum: Wer braucht denn eine Änderung göttlicher Gesetze? Doch nur der, der aus eigener, begrenzter Sicht das kosmische Wirken in der großen Einheit nicht erkennt. Weil er die ihm eigene, egozentrische Betrachtungsweise der Dinge nicht aufgeben will und kann, kommt er in ernsthafte Schwierigkeiten, wenn sich andere, übergeordnete Prinzipien als richtig herausstellen. Und so versucht er, sie zu ignorieren.

Wenn wir die „Auferstehung des Fleisches" aus einer solchen Sicht betrachten, dann wird uns klar, was da passiert ist. Nachdem göttliche Gesetze nicht gelebt und nicht verwirklicht wurden, ging das Wissen um sie nach und nach verloren. Eine Zeitlang konnte man den niederen Wissensstand einer unaufgeklärten Menschheit nutzen, um aus der Stärke des studierten Intellekts heraus Vorschriften über Glauben und Nicht-Glauben zu erlassen und deren Einhaltung unter Ausnutzung eben dieser Unaufgeklärtheit einigermaßen abzusichern (u. a. auch durch die Androhung und Verhängung der Exkommunikation, die im Mittelalter einem Todesurteil gleichkam.)

Heute wissen wir, daß auch Materie nichts anderes als verdichtete Energie ist und daß Energie nicht vernichtet werden kann. Es findet bei einem Auflösungsprozeß lediglich eine Umwandlung in eine andere Energieform statt. Materie kann aber als „Materie" verlorengehen – und sie ist auch ganz sicher am Tag eines kirchlich gelehrten Jüngsten Gerichtes als solche nicht mehr vorhanden. Einen geringeren Teil der Stoffmenge des irdischen Leibes, der nach kirchlicher Meinung im Auferstehungsleib aber enthalten sein muß, wird es daher bei der „Auferweckung der Toten" nicht mehr geben.

So kommt man in eine Zwickmühle.

Leben im Jenseits

Ersparen können wir uns, ausführlicher darauf einzugehen, was die Kirche über das Leben in den jenseitigen Bereichen, seien es nun Himmel, Fegefeuer oder Hölle, sagt. Über den Himmel Aussagen zu machen, ist zugegebenermaßen auch nicht einfach, denn selbst, wenn das Wissen darüber durch die innere Schau da ist, so sind diese Bereiche doch von einer so einmaligen Andersartigkeit und Dimension, daß die menschliche Sprache nicht imstande ist, diese

Eindrücke in Worte zu fassen. Daß die Worte ganz fehlen (was besagt es schon, daß das „übernatürliche Endziel des Menschen in der Teilnahme an der göttlichen Selbsterkenntnis besteht, woraus ... sich für den Menschen eine übernatürliche Glückseligkeit ergibt"?)*), wenn das Wissen über den Himmel gar nicht vorhanden ist, ist nur natürlich.

Im übrigen ist es falsch, von *dem* Himmel zu sprechen. Es gibt nämlich nicht nur einen, sondern unzählig viele. So wie Luther kurzerhand Hades einfach mit „Hölle" falsch übersetzte, liegt auch beim Vater-unser-Gebet ein Übersetzungsfehler von Luther vor. Im griechischen Text heißt es nämlich nicht „... unser Vater im Himmel" oder „der Du bist im Himmel", sondern „in den *Himmeln*". „In meines Vaters Haus sind viele Wohnungen" – dieser Ausspruch Jesu entspricht einem bildhaften Gleichnis der zahlreichen Sphären und Seinsstufen, die im Jenseits vorhanden sind.[48]

Über die Hölle gibt es da schon mehr, wenn auch widersprüchliche Erkenntnisse. Ihre Existenz wird durch zahlreiche Bibelstellen begründet. Die dortigen, zum Teil sehr anschaulichen und drastischen Schilderungen der Hölle führten aber zu einer merkwürdigen Auffassung vom Wesen der Höllenstrafe. Ott schreibt: „Die Mehrzahl der Väter, die Scholastiker und die meisten neueren Theologen nehmen ein physisches Feuer an, heben aber die Verschiedenheit desselben vom gewöhnlichen Feuer hervor."[49] Für die Seelen zur Strafe ein materielles Feuer festzuschreiben, heißt das nicht, ihre Geistigkeit zu leugnen? Sie mit dem Körper auf die gleiche Stufe zu stellen?

Hier wird wiederum ein erschreckendes Nicht-Wissen über geistiges Leben erkennbar. Aktuell erreichte die theologische Unwissenheit vor ein paar Jahrzehnten einen Höhepunkt, als nämlich 1950 die Apostolische Konstitution

*) siehe Anmerkungen Nr. 27 und 26.

Papst Pius' XII. dogmatisch verkündete: „... es ist eine von Gott geoffenbarte Glaubenswahrheit, daß die unbefleckte, immer jungfräuliche Gottesmutter Maria nach Vollendung ihres irdischen Lebenslaufes mit *Leib* und Seele zur himmlischen Herrlichkeit aufgenommen worden ist."[50]

Was, um alles in der Welt, soll Maria als einzige mit ihrem materiellen Körper im Himmel, in den rein geistigen Bereichen? Aber nicht nur: was soll sie dort?, sie kann in Menschengestalt dort überhaupt nicht sein, weil nach dem geistigen Gesetz „Gleiches zieht Gleiches an" eine Vermischung von unterschiedlichen Schwingungsbereichen (und Materie ist die niedrigste Schwingung überhaupt) nicht möglich ist!

Wenn man aber um diese Dinge nicht weiß, kommen solche Dogmen zustande. Sie müssen angenommen und geglaubt werden, wenigstens von den Katholiken, da Zweifel irgendwelcher Art das Lehrgebäude der kirchlichen Autorität wanken lassen würden. Um das zu verhindern (oder es wenigstens zu versuchen), enthält das Dogma von der leiblichen Himmelfahrt Mariens noch folgenden Schlußsatz: „Wenn daher, was Gott verhüte, jemand diese Wahrheit, die von Uns definiert worden ist, zu leugnen oder bewußt in Zweifel zu ziehen wagt, so soll er wissen, daß er vollständig vom göttlichen und katholischen Glauben abgefallen ist."[51] Punkt.

So reiht sich eine Ungereimtheit an die andere. Und eine der Ungereimtheiten, die immer wieder Anlaß zu Klagen, Zweifeln, zum Abfall vom Glauben und zur Abwendung von Gott gaben, ist die scheinbare Ungerechtigkeit Gottes gegenüber Seinen Kindern, uns Menschen. Anscheinend belegt Er uns mit ungleichen Schicksalen, Krankheiten, Unglücken, Sorgen und Leid, aber auch gleichermaßen unausgeglichen mit Glück, Liebe, Freude und Harmonie. Es sieht so aus, als würde Er wahllos das Füllhorn Seiner

Güte aus dem hohen Himmel über der Erde ausleeren. Wer was mitbekommt, hat Glück, wer nicht, hat Pech gehabt. Von dieser angeblichen Ungerechtigkeit werden aber die Getauften nicht verschont, und diejenigen, die nichts mit Ihm zu tun haben wollen, führen manchmal das schönste Leben. Das macht die Sache erst recht unverständlich. Ja, man kann ins Hadern kommen mit seinem Gott ob dieses, Seines Verhaltens.

Warum tut Er das? Ist Er nicht die Liebe selbst? Tut Er es überhaupt?

Reinkarnation? – Abgelehnt!

Bei dem Gottes- und Menschenbild, das die christlichen Kirchen gezeichnet haben, ist es nicht verwunderlich, daß zufriedenstellende Antworten auf so wichtige Fragen ausbleiben. Trauernden und Verzweifelten wird Gott als das große Geheimnis hingestellt, in das einzudringen der Mensch nicht fähig ist. Die Wirkungen, die die ganze Menschheit, aber auch jeder einzelne immer wieder zu spüren bekommen, werden schließlich mangels anderer Erklärungen einem strafenden Gott zugeschrieben, etwa nach der Devise: Wen Gott liebt, den straft Er.

In der Schrift „Directorium spirituale", Herausgeber Bischöflicher Stuhl Regensburg, wird das deutlich gemacht: „... die Beziehung Gottes zu uns ist die Liebe. Der Herr züchtigt den, den er liebt ... nun ist es allerdings schwer zu fassen, wie Leid aus der Hand Gottes kommen kann, wenn doch Gott die Liebe ist. Wenn wir Menschen einen Menschen lieben, dann wollen wir doch auch das Leid aus seinem Leben fernhalten, und wenn es in sein Leben eingebrochen ist, es daraus wegnehmen. Warum nimmt Gott das Leid nicht von uns weg? Ja, warum schickt er gerade dem

Leid, den er liebt? *Wir können und dürfen hier nicht mehr weiterfragen.*"[52]

Wer aber nicht auf die rechte Art weiterfragt, bekommt auch keine Antworten. Die Theologen können daher auch gar nicht besser erläutern, als sie es tun. Lehnen sie doch die einzig richtige Erklärung ab: die Reinkarnation, die Wiedergeburt der Seele in den menschlichen Körper.

Auf den naheliegenden Gedanken, daß der Mensch dieses Leid in diesem oder in einem früheren Leben selbst verschuldet haben könnte, kommen sie erst gar nicht. Denn es ist ihnen und ihren Gläubigen aufgetragen, etwas anderes zu glauben: Daß man nämlich nur ein einziges Mal lebt, körperlich in die Welt gesetzt von den Eltern, als Seele aus dem Nichts für ein einmaliges Leben geschaffen von Gott. Danach kommt der Tod. Und was danach kommt, ist unklar. In den paar Jahren des Lebens stellt Gott den Menschen vor die Entscheidung: Für oder gegen Mich. Er macht die Entscheidung des Menschen zur Grundlage einer unumstößlichen und endgültigen Urteilsfällung über ihn, seine Seele oder seinen später auferstehenden Leib. Das heißt, daß Gott den Menschen nach *einem* Leben beurteilt und ihn anschließend, so das Urteil für den Menschen nicht gut ausfällt, in die *ewige,* also eine zeitlich unbegrenzte Verdammnis schickt.

Der Jesuit Brugger formuliert diesen Tatbestand kühn: „Das aber ist gerade die Größe des Menschen, daß er, zwischen Geburt und Tod gestellt, über eine Ewigkeit entscheiden soll."[53] Trifft da nicht Wilhelm Busch, der kein studierter Theologe war, viel eher ins Schwarze, wenn er sagt: „Und schimpfe auf die Welt, mein Sohn, nicht gar zu laut. Eh' du geboren, hast du schon mit daran gebaut."

Es lohnt sich, kurz darauf einzugehen, wie diese Lehre von der Einmaligkeit der Seele im menschlichen Körper entstanden ist. Das Wissen von der Wiedergeburt gehörte im Urchristentum und in den ersten Jahrhunderten des Christentums zum festen christlichen Gedankengut. Auch Jesus von Nazareth lehrte die Wiedergeburt, und viele Kirchenlehrer sahen die Wiedergeburt als etwas Selbstverständliches an.

Die Welt erfährt durch das Prophetische Wort auch heute, daß dieser Aspekt im göttlichen Gesetz schon immer vorhanden war. *„Jesus von Nazareth lehrte die Wiederverkörperung. Verschleiert findet ihr sie noch in euren Bibeln. Sofern man sie sinngemäß erfassen kann, die Worte der Bibel, erkennt ihr, daß die Wiederverkörperung eine Lehre des Nazareners war. Die Wiederverkörperung, auch Reinkarnation genannt, gleich, welche Worte wir verwenden, liebe Freunde, ist ein Teilaspekt im Gesetz von Ursache und Wirkung. Die Urchristen wußten davon, die Hinduisten und Buddhisten erkennen dieses Gesetz an. Deshalb ist das Gesetz nicht buddhistisch, nicht hinduistisch, es ist auch nicht urchristlich, sondern ist ein Teilaspekt im Gesetz von Ursache und Wirkung."*[54]

So lehrte auch Origines (185–253 n. Chr.), der wohl bedeutendste Theologe seiner Zeit, die wiederholte Einverleibung einer Seele in einen menschlichen Körper als einen ganz normalen, natürlichen und logischen Vorgang.

Aus Gründen, die im einzelnen darzulegen zu weit führen würde,[55] wurde die Lehre des Origines (die ja im Grunde nicht seine Lehre ist) auf der Synode der Ostkirche von Konstantinopel 543 n. Chr. verdammt. Kaiser Justinian I., der sich als Oberherr der Kirche verstand, ordnete diese Synode an, deren Einberufung und natürlich auch deren Entschlüsse stark politisch motiviert waren. Das Ergebnis war, daß unter anderem die Auffassung, die Seelen der Menschen seien zu früheren Zeiten reine Engelwesen gewesen und würden nach wiederholten Erdenleben früher oder später wieder alle in die Herrlichkeit Gottes zurückkehren, als Irrlehre verdammt wurde.

Als Lehrsatz der Kirche hört sich das so an: „Wenn einer sagt oder meint, die Seelen der Menschen seien präexistent gewesen (das heißt, vorher schon dagewesen), insofern sie früher Geistwesen und heilige Mächte gewesen seien, es habe sie aber Überdruß ergriffen an der Schau Gottes und sie hätten sich zum Schlechten gewendet, darum sei die göttliche Liebe in ihnen erkaltet, hätten davon den Namen Seelen bekommen und seien zur Strafe in Körper hinabgeschickt worden, der sei anathema (das heißt verflucht)."[56]

Und außerdem: „Wenn einer sagt oder meint, die Bestrafung der Dämonen und der gottlosen Menschen sei zeitlich und werde zu irgendeiner Zeit ein Ende haben, oder es werde eine Wiedereinbringung von Dämonen oder gottlosen Menschen geben, der sei verflucht."[57]

Zehn Jahre später, auf dem V. Allgemeinen Konzil von Konstantinopel (553) unterzeichnete Papst Vigilius die Konzilsakte und setzte damit gültiges Recht. Die Akte enthält noch einen Bannfluch, den ich Ihnen nicht vorenthalten möchte: „Wer nicht verflucht Arius ... und Origines samt ihren gottlosen Schriften und alle anderen Häretiker, welche verflucht sind von der heiligen katholischen und apostolischen Kirche und von den früher genannten vier heiligen Synoden samt denen, welche die gleiche Gesinnung hatten und haben, bis ans Ende bei ihrer Gottlosigkeit verharren, der sei anathema."[58]

Dieser Bannfluch ist bis heute nicht aufgehoben.

Abgesehen davon, daß durch diesen noch bestehenden Fluch sich alle die (Katholiken) als ausgeschlossen betrachten dürfen, die an die Reinkarnation glauben, hat sich die Kirche damit der Chance beraubt, eine einleuchtende Erklärung für das Leid und Elend in der Welt abzugeben. Mit dem Trost, „daß Gott den straft, den er liebt", geben sich aufgeschlossene und nach der Wahrheit suchende Menschen nicht mehr zufrieden. In einer Zeit, in der die Medizin und Psychologie -zigtausendfach durch Rückführungen in der Hypnose und auf andere Weise bewiesen haben, daß es sehr wohl eine Wiedergeburt gibt, wird der Standpunkt der Kirchen auch in diesem Punkt immer unhaltbarer.

Mit der Leugnung der Präexistenz der Seele und der Wiedereinbringung aller Seelen ins göttliche Bewußtsein wurde von der Kirche ein Band zerschnitten, das erst den Sinn und Zweck des Menschenlebens als logische Abfolge erscheinen läßt. Es zeichnet den Menschen als Wanderer, der freiwillig die Heimat verließ, sich jetzt in der Fremde zurechtfinden muß, bis er wieder aus Heimweh die Rückkehr anstrebt und die Heimat erreicht. Das Gleichnis vom verlorenen Sohn beschreibt diesen Prozeß wunderbar.

Bei ihrer Wanderung durch die Materie belastet sich die Seele, da sie immer wieder gegen das göttliche Liebegebot verstößt. Diese Belastungen gehen in die Seele als Karma, als Seelenschuld, ein. Sie unterliegt damit dem Gesetz von Ursache und Wirkung (was du säst, das wirst du ernten). Durch dieses von ihr selbst verschuldete Karma bleibt sie so lange an die Materie, an das Rad der Wiedergeburt, gebunden, bis sie durch den Läuterungsprozeß der Selbsterkenntnis und Verwirklichung frei wird von dem, was sie sich selbst im Laufe vieler Inkarnationen auferlegt hat. Hilfe und Kraft zur Bewältigung dieser Aufgabe, die uns allen bevorsteht, an der wir vielleicht auch schon kräftig arbeiten, kommen aus dem in jedem Menschen und in jeder Seele wohnenden Erlöserfunken, der Christuskraft.

Mit solchen Überlegungen konnte sich die kirchliche Institution nicht anfreunden. Und so wurde mit der Beseitigung des Wissens von der Präexistenz der Seele und der endgültigen Rückkehr aller Seelen zu Gott der Reinkarnation die Grundlage entzogen. Der Gedanke daran brauchte überhaupt nicht mehr in der kirchlichen Lehre zu erscheinen.

Aber es war ein theologisches Vakuum entstanden. Und das mußte gefüllt werden. Es wurde gefüllt: Schaffung der Seele aus dem Nichts, Erbsündenlehre, die scheinbar unentbehrliche Gnadenfunktion einer Amtskirche, die Auferstehung im Fleische, Jüngstes Gericht und ewige Verdammnis. Wir kennen das ja schon.

Wenn man die vielen Veröffentlichungen verfolgt, die zum Thema „Reinkarnation" überall erscheinen, so scheint die Kirche langsam aber sicher in eine bedenkliche Lage zu geraten. Lytle W. Robinson schreibt, was die Kirche als Antwort und Erklärung für menschliche Probleme anbiete, sei im allgemeinen unbestimmt, wirklichkeitsfremd und unbefriedigend. „Alles Elend und Unrecht dieser harten, grausamen Welt wird irgendwie in einem geheimnisvollen ‚Jenseits' wieder in Ordnung gebracht. Durch ein nie ganz erklärtes Wunder werden die ‚Erlösten' das ewige Leben erlangen, ob sie dessen würdig sind oder nicht. Ein solcher ‚Himmel' wäre natürlich schon längst beschmutzt von den Sünden der Welt und deshalb überhaupt kein Himmel. Die ‚Verdammten' werden für immer der Vorhölle verfallen, obwohl in der Bibel klar ausgedrückt ist: ‚Gott hat nicht gewollt, daß auch nur eine Seele verderben soll'. Noch merkwürdiger erscheint, daß die Kirche mit großem Nachdruck auf ein ewiges Leben von der Geburt *ausgehend* hinweist, aber *früheres* ewiges Leben *vor der Geburt* so fürchtet. Wenn die Kirche in ihrem orthodoxen Denken recht hätte, dann ist es nicht zu viel, wenn man rechnet, daß der Schöpfer dabei ist, 99 Prozent seiner Kinder zu verlieren – eine höchst unwahrscheinliche Folgerung. Eine Ewigkeit in der ‚Hölle' ist eine lange Zeit zur Tilgung von Missetaten, die in den wenigen kurzen Jahren dieses Lebens begangen wurden. Aber die alte Psychologie der Angst vor ewiger ‚Hölle, Feuer und Verdammnis' genügt heute nicht mehr.

Aus diesem Grunde ist man in den modernen Predigten weitgehend davon abgerückt zugunsten liberalerer, wenn auch problematischerer Ansicht."[59]

Liberale Bestrebungen – die Lösung?

Problematisch war und ist es immer dann, wenn man auf Lehrformeln und Dogmen zurückgreift, ja zurückgreifen muß (da andere Quellen nicht anerkannt werden), die zwar ehemals durchsetzbar waren, sich aber heute nach und nach als unhaltbar herausstellen.

Nicht weniger problematisch wird es aber auch immer dann, wenn man diesem Dilemma dadurch aus dem Weg zu gehen versucht, indem man „liberaler" wird. Dies ist der Weg, den im Gegensatz zur katholischen Kirche andere christliche Kirchen, besonders die evangelische, eingeschlagen haben. Da kann es dann schon mal passieren, daß man auf einer Beerdigung von der „Auferstehung des Geistleibes" hört. Aber diese Freizügigkeit im Denken, die man den dortigen Theologen gestattet, führt auch nicht aus der Sackgasse heraus. Sie wirft im Gegenteil viele neue Fragen auf, denn auf einmal sind die Aussagen nicht mehr einheitlich. Und das ist bei dem wichtigsten Thema, das die Menschheit überhaupt berühren kann, dem „Leben in der Unsterblichkeit", sehr schlimm. Es kann die katastrophale Folge haben, daß schließlich jeder was anderes und schlußendlich niemand mehr was glaubt.

Es ist wohl nicht übertrieben zu behaupten, daß man im Protestantismus die Gläubigen völlig im Unklaren läßt. Hier hat sich nach den Worten von Prof. Dr. Ernst Benz auf dem Düsseldorfer Kirchentag 1973 „die kümmerlichste aller

Jenseitsvorstellungen durchgesetzt, nämlich, daß der Mensch, wenn er stirbt, mausetot ist, und dann vielleicht am Jüngsten Tag, an den noch kaum wer glaubt, durch einen Akt der Neuschöpfung wiederauferweckt wird, um dann gerichtet zu werden". Dies sei so absurd wie nur möglich, betonte Prof. Benz treffend und verwies auf die Tatsache, daß zum persönlichen Leben die Kontinuität der Persönlichkeit und die lebendige Entwicklung gehört.[60]

Rudolf Passian zitiert den Schweizer Theologie-Professor Dr. F. Blanke, der mit seiner Ansicht richtig zu liegen scheint, wenn er meint: eine der Ursachen, weshalb sich die Pfarrer nicht mit parapsychologischen Fragen und Problemen befassen wollen, sei das Trägheitsgesetz. „Sie haben sich mit ihrem Wissen zur Ruhe gesetzt und möchten sich hierin nicht stören lassen."[61]

Die Wünsche der Menschen, hinlängliche Antworten auf ihre bohrenden und brennenden Fragen zu bekommen, bestehen seit eh und je. Die Fragen werden immer drängender und die Einstellung von kirchlicher Seite dazu immer konfuser. Dr. Elisabeth Kübler-Ross hatte nicht unrecht, als sie in dem Vorwort zu „Leben nach dem Tod" von Moody schrieb: „Dr. Moody wird sich auf eine Menge Kritik gefaßt machen müssen, die hauptsächlich von zwei Seiten erhoben werden wird. Auf der einen Seite wird es Theologen geben, die scharf gegen jeden Front machen, der die Stirn hat, auf einem Gebiet wissenschaftliche Forschungen anzustellen, das für tabu erklärt worden ist. In einigen kirchlichen Kreisen hat man derartige Vorwürfe gegen solche Untersuchungen bereits laut geäußert. Ein Priester sprach polemisch davon, hier werde ‚billiger Trost verhökert'."[62]

Daß sie mit ihrer Vermutung richtig lag, bewiesen die Reaktionen von Theologen, bei denen Moody auf Widerstand und Ablehnung stieß.[63] Einige linksorientierte waren der Meinung, daß es altmodisch sei, sich für das Leben nach dem physischen Dasein zu interessieren. Auch sei das Interesse für das Leben nach dem Tod im Schwinden, oder es sei an der Zeit, daß es verschwinde. Besonders getroffen wurde Moody wohl von der Behauptung anderer Theologen, Todesnähe-Erfahrungen seien das Werk teuflischer Mächte oder böser Dämonen. Daneben gab es noch die Gruppe der Zaghaften, die sich außerstande fühlten, irgend etwas zu diesem Thema zu sagen. „Ich versuchte, mit meinem Pfarrer darüber zu sprechen, aber er erklärte mir, ich hätte Halluzinationen gehabt. Da hielt ich dann lieber den Mund", heißt es in einem seiner Berichte.[64]

Damit der Eindruck, wie groß die Bandbreite der theologischen Glaubensvermittlung ist und wie bunt der Strauß der angebotenen Theorien von hell bis ganz dunkel schillert, deutlich wird, soll der evangelische Theologe Johann Christof Hampe noch zu Wort kommen, der sich zur Aufgabe gemacht hat, Berichte von Menschen, die die moderne Medizin aus dem Koma zurückgeholt hat, zu analysieren. In seinem Buch „Sterben ist doch ganz anders – Erfahrungen mit dem eigenen Tod" macht sich Hampe Gedanken darüber, was nach dem Sterben kommt:

„Die moderne christliche Theologie", so schreibt er, „betont die Radikalität des Todes und des Totseins des Menschen in seinem Tode. Sie hat dafür die Bibel nicht einhellig auf ihrer Seite, aber ihr ist um des Glaubens willen an diesem Argument gelegen. Wenn ich allein auf Gott die Hoffnung setze, daß er mich aus dem Tode auferweckt, so soll ich nicht gleichzeitig glauben dürfen, ein Stück von mir durch den Tod hindurchzuretten ... Die moderne christliche Theologie betont die Zäsur des Todes überscharf. Sie erweckt die Vorstellung, der Mensch liege, vernichtet an Leib und Seele, als ganzer Mensch und als Mensch ganz zerstört im Raum des Todes, der Gottesferne, bis an einen jüngsten Tag, an dem Christus den einzelnen wie die ganze Menschheit an Leib und Seele wieder zu neuem menschlichen Leben zusammensetzt ... Mich jedenfalls hat die Vorstellung, daß da mit dem Tode der ganze Mensch nicht und nichts ist ... noch nie befriedigt. Ich werde weder mit der Annahme eines Vakuums dazwischen noch mit der Annahme, daß der identische Mensch nach dem totalen Zerfall in dieser Abtrennung von seinem irdischen Vorgänger wieder plötzlich auf den Schall der Posaune neu erstehen soll, fertig."[65]

Wieder eine andere Meinung, wieder eine andere Perspektive. Da spricht nun ein Theologe, der nicht an das glaubt, was er vertreten muß. Kann man sich bei so viel Gegensätzlichkeiten nicht verlassen vorkommen? Zumindest dann, wenn man mangels anderer Gewißheiten auf das angewiesen ist, was der oder die Vertreter der Religionsgemeinschaft, der man angehört, verkünden?

Man kann, aber man muß nicht. Die Wahrheit über unseren Ursprung und unser Ziel, die Wahrheit über das, was vor unserem irdischen Leben war und was danach kommen wird, bricht mit einer Macht in diese Welt ein, die göttlicher Allmacht eigen ist. Wer sie annehmen kann, dessen Suche ist zu Ende und dessen Angst ist verschwunden. Ihm wird es nicht so ergehen wie jener unwissenden Frau, die schilderte: „Das Komische war, daß ich im Religionsunterricht immer gehört hatte, daß man sofort nach dem Todeseintritt vor diesen herrlichen Toren stehen würde, diesen Perlenpforten. Statt dessen aber schwebte ich da herum über meinem eigenen Fleisch und Blut, und sonst war da nichts! Ich war zutiefst verwundert."[66]

Wahrheit muß überzeugen

Wer aufgeschlossen ist, der erkennt, daß der Mensch sich im Laufe vieler Jahrhunderte angemaßt hat zu bestimmen, was wahr sein darf und was nicht! Daher die Ungereimtheiten und Lücken, die so viele Menschen daran hindern, die Glaubenslehren in vollem Umfang anzunehmen. Wahrheit muß als Ganzes überzeugen. Wo sie dies nicht tut, entpuppt sie sich als Unwahrheit.

Unser kleiner Ausflug in die Welt der Theologie war notwendig, um das große Dilemma deutlich zu machen, in das die Theologie sich durch eigenes Verhalten gebracht hat, in dem aber auch derjenige steckt, der von dort hilfreiche Antworten erwartet. Sie sollten daher für sich ganz allein entscheiden, wo Sie sich ihre Antworten holen, wenn es um die wichtigste Frage Ihres Daseins geht.

Versuchen wir zusammenzufassen:

Die katholische Theologie lehrt geordneter, aber nicht plausibler. Die evangelische läßt mangels Vorschrift viel Freiraum mit der Folge uneinheitlicher Aussagen. Die nicht näher beleuchtete Medizin läßt in ihrer Breite von der konservativen Schulmedizin bis hin zur Ganzheitsmethode alles zu. Das trifft im Prinzip auch auf die Naturwissenschaft zu, die Vertreter des totalen Materialismus und vor der Größe des Schöpfers sich verneigende Wissenschaftler in ihren Reihen hat.

Und dazwischen steht, unwissend und hilflos, der Mensch.

3. DIE ANDEREN

Jesus Christus, der Inspirator des Neuen Bundes, faßt jetzt die ewigen Wahrheiten zusammen, die in den verschiedenen Religionsgemeinschaften vorhanden sind, um der Menschheit ein tieferes Gesamtbild Gottes zu geben.

Aus einer Offenbarung des Cherubs der göttlichen Weisheit

Der Seelenpfad ist wie in allen Religionen derselbe, gleich welche Anschauungen die unterschiedlichen Institutionen haben. Der Seelenpfad ist für jeden Menschen und jede Seele derselbe.

Aus einer Offenbarung des Cherubs der göttlichen Weisheit

Alles ist pulsierende Kraft! Der Mensch jedoch kann diese pulsierende Kraft seines göttlichen Vaters nicht mehr verspüren, weil

er gegenüber allem, was Gott ge-
schaffen und ihm geschenkt hat,
taub wurde.

Aus einer Christusoffenbarung

Wir haben uns so daran gewöhnt, bei unseren christlichen Religionen nachzufragen, wenn es um Jenseitsfragen geht, daß wir kaum auf die Idee kommen, auch anderswo zu suchen. Viel eher scheinen wir uns lieber mit nichtssagenden und abstrakten Erklärungen zufriedenzugeben, als daß wir uns der kleinen Mühe unterziehen, dadurch Licht in das Dunkel unserer eigenen Unwissenheit zu bringen, daß wir bei anderen Religionen, Kulturen, Wissenschaften, Philosophien und Geistesgrößen – auch unserer Zeit – nachschlagen.

Wer es allerdings tut, der wird erstaunt sein, auf wieviele eindeutige Aussagen und klare Vorstellungen er trifft, die über das Leben nach dem Tode vorliegen. Dabei ist es unmöglich, sie alle zu erfassen. Man wäre zeitlebens damit beschäftigt, zu studieren und zu prüfen. (Bis heute sind nach einer Schätzung rund 27 000 Bücher einschlägigen Inhalts erschienen.)[67] Man käme schließlich – falls man sich hat überzeugen lassen – am Ende eines belesenen Lebens zu dem Ergebnis, daß es wohl, bei so viel gleichen Erkenntnissen von so vielen unterschiedlichen Seiten, ein Leben nach diesem Leben geben muß. Dann wäre es aber beinahe zu spät, denn die Erkenntnis allein hilft nicht viel weiter. Die Konsequenzen, die sich daraus erst ergeben, sind viel wichtiger. Und die Schritte, die man als Schlußfolgerung daraus schließlich tun sollte, sind viel entscheidender.

Man muß auch nicht bis ans Lebensende suchen, lesen und prüfen. Begnadete Menschen suchen und studieren die

Vielfalt des angebotenen Wissens kaum oder gar nicht. Sie müssen nicht überzeugt werden. Sie *wissen*. Bei jungen Menschen erlebt man das überraschend oft. Man muß nur die Bereitschaft mitbringen, sich anzuhören, was andere, nicht weniger Dumme, zu sagen haben. Zum Beispiel:

„Wenn eines Menschen Zeit kommt, diese Erde zu verlassen, sollte er zu Gischelemukaong gehen, dann wird er sich wohl fühlen. Wir müssen unsere Gedanken auf dieses Treffen richten ... Denkt an nichts Böses; seid stets bestrebt, an das Gute zu denken, das er uns gegeben hat ... Wenn wir ankommen, werden wir dort unsere Väter, Mütter, Kinder und Schwestern sehen. Wenn wir uns *vorbereitet haben,* dorthin gehen zu können, wo unsere Ahnen und Kinder sind, dann fühlen wir uns glücklich. Alles erscheint dort schöner als hier, alles sieht neu aus, und lieblich sind die Gewässer und Früchte und alles andere. Die Sonne scheint dort nicht, aber ein Licht, das glänzender ist als die Sonne. Der Schöpfer läßt es durch seine Macht erglänzen."[68]

Oder ein anderes Zitat: „Die Menschen sterben, doch leben sie erneut in der wirklichen Welt von Wakan-Tanka, wo nichts ist als die Geister aller Dinge; und dieses wahre Leben können wir hier auf Erden kennenlernen, wenn wir unseren *Körper* und unseren *Geist reinigen,* so daß wir Wakan-Tanka näherkommen, der die All-Reinheit ist."[69]

Das sind „nur" Indianer-Weisheiten. Aber ihr Erkennen kommt von innen. Man kann es sich nicht durch ein Studium aneignen. Wenn das nämlich so wäre, dann hätte Gott hier eine Ungerechtigkeit geschaffen. Dann wären die Ihm näher und hätten die die größeren Chancen, zur Seligkeit zu gelangen, die das Glück gehabt hätten, Ihn jahrelang zu studieren. Nein, man kann die Wahrheit nur erkennen, indem man sie lebt.

Weise Männer und Frauen, Dichter und Denker, Mahner und Mystiker aller Zeitepochen und Generationen haben das gewußt, was Johannes Hemleben so ausdrückt: „Zu allen Zeiten hat es Menschen auf der Erde gegeben, welchen die übersinnliche Welt nicht verschlossen war. Aus eigener Erfahrung haben sie ihre Erkenntnisse allen mitgeteilt, die zur Aufnahme bereit waren. Man nannte sie die ,Eingeweihten'. Die großen Religionsstifter sind ihnen zuzurechnen. Für sie und ihre Anhänger, für die Inder, Ägypter, Griechen, Juden und Christen war das Leben nach dem Tode unbezweifelbare Wirklichkeit."[70]

Bringt uns das nicht zum Nachdenken, daß es lange vor unserer heutigen „aufgeklärten" Gesellschaft ein Wissen gegeben hat, das wir uns jetzt erst wieder mühsam erarbeiten? Und daß wir dabei den Früchten dieser, unserer Arbeit oft selbst nicht trauen? Ja, daß in den Augen derer, die es eigentlich besser wissen müßten, „billiger Trost verhökert" wird?

Bei den alten Völkern scheint man sich über den Tod mehr Gedanken gemacht zu haben als heute bei uns. Nach den Lehren der indischen Sankhya-Schule z.B., die den Ansichten des christlichen Spiritualismus sehr verwandt scheinen, ist der Tod die Trennung der Seele vom Leib, ihre Befreiung vom irdischen Joch bzw. die Ablösung vom materiellen Organismus.

Ägypter, Griechen, Römer

Auch die Ägypter, deren Vorstellungen in dem klassischen Dokument der Totenkunde, dem Ägyptischen Totenbuch, verzeichnet sind, wußten es bereits besser als wir. Dort liest man:

> „Hier beginnen die Sprüche,
> Die vom Hinausgang der Seele berichten
> Zum vollen Licht des Tages,

Berichten von ihrer Auferstehung im Geiste,
Dem Eintritt in die Bereiche des Jenseits,
Von ihren Reisen darin."[71]

Ebenso kannten sich die Griechen, was den Zugang zum Jenseits, zum Hades, zur Unterwelt, betraf, aus, wie es im Herakles-Mythos beschrieben ist. Zu den klassischen Dokumenten griechischer Totenkunde gehört auch Homers Odyssee. „Die ‚Eingeweihten' der Griechen wußten, daß die einseitige Hinwendung zur Schönheit und zum Reichtum der Welt von Raum und Zeit mit dem Verlust an Ewigkeitserfahrung bezahlt werden mußte. Wer seine Seele zu sehr an diese Welt bindet, erfährt sich im nachtodlichen Leben nur noch als Schatten seiner selbst. Er erlebt den Reichtum der Sinnenfreude im Diesseits und dementsprechend seelische Armut im Jenseits."[72]

Pythagoras (ca. 540–500 v.Chr.), eher bekannt durch seinen geometrischen Lehrsatz über das rechtwinkelige Dreieck als durch seine religiös-philosophischen Anschauungen, lehrte seine Schüler die alte, indische, von Buddha erneuerte Lehre, daß jeder Mensch nicht nur einmal zwischen Geburt und Tod lebt, sondern nach einem bestimmten Zeitraum von neuem geboren wird. Später wurde diese Lehre, wie wir bereits gesehen haben, zwar von der sich etablierenden Institution Kirche verworfen, doch von dem größten Teil der Menschheit – vor allem in östlichen Religionen – wird sie seit Jahrtausenden als Wahrheit anerkannt.[73]

Was bei Pythagoras noch nicht voll ausgebaut vorhanden war, wird später bei Platon (427–347 v.Chr.) in aller Ausführlichkeit und unmißverständlichen Klarheit ausgesprochen. Der „Phaidon" ist jener Dialog Platons, der die klassische Beschreibung des Todes des Sokrates und zugleich die Lehre von der Unsterblichkeit der menschlichen Seele enthält. Die letzten Stunden seines irdischen

Lebens verbringt Sokrates mit seinen Schülern im Gespräch über das Wesen der Seele, über Unsterblichkeit, Leben und Tod. Sokrates sagt: „Seit langem lebt ja unter den Menschen die Vorstellung, daß die Seelen von der Erde in die Unterwelt kommen und wieder zurückkehren und von neuem aus den Toten geboren werden. Und wenn es wahr ist, daß die Lebenden aus den Toten entstehen, so müssen wohl unsere Seelen dort in der Unterwelt verweilen. Ich meine, die Seelen könnten doch sonst nicht wiedergeboren werden, wenn sie nicht in der Unterwelt weilten …"[74]

Allein in diesen wenigen Sätzen ist annähernd alles enthalten: Das Weiterleben der Seele, ihr Eintritt in die Unterwelt, ihr dortiges Verweilen bis zu dem Zeitpunkt, da sie wieder in einen menschlichen Körper hineingeboren wird. Das, was Sokrates als „Unterwelt" bezeichnet, als „Hades", wie es im Griechischen heißt (im Hebräischen: „Scheol"), trifft genau auf die Astralbereiche zu. Im griechischen Text des Neuen Testamentes findet sich das Wort „Hades" als Kennzeichnung eines Übergangszustandes und Ortes der Abgeschiedenen, eines Ortes und Zustandes der Reinigung von irdischen Lastern und unguten Neigungen. Hades und Scheol wurden aber in verschiedene Gradstufen eingeteilt. Die höchste war ein Zustand der Ruhe und des Friedens, die niedrigste war ein Zustand der geistigen Niedrigkeit und der Qual.

Für Vergil, den römischen Dichter (70–19 v.Chr.), waren Auffassungen wie die einer Existenz der Seele über den körperlichen Tod hinaus und ein Wiedergeboren-Werden in ein neues Leben selbstverständlich. In seinem Epos „Aeneis" beschreibt er die Zustände in den Seelenbereichen, die Aeneas mit Hilfe der Sybille erleben darf.

„… Bis sich endlich der Tag im Laufe der Zeiten erfüllt
Und eingefreßne Verderbnisse tilgt, die ätherische Seele
Und den reinen Geist geläutert vom Feuer zurückläßt.

Wenn dann das Rad der Zeiten an tausend Jahre gelaufen,
Ruft sie in mächtigen Scharen ein Gott zum Strome der Lethe,
Daß sie *erinnerungslos* aufs neu das Gewölbe des Himmels
Schaun und *wieder zurück in Körper zu wandern beginnen.*"[75]

Für den Römer Vergil war Wiederverkörperung eine unbezweifelbare Tatsache. Sie setzt ein Weiterleben nach dem Tod voraus.

Selbst die Bibel

Über das, was aus den Urtexten der Bibel in fast 2000 Jahren durch Veränderungen vielfacher Art gemacht worden ist, sind schon viele Abhandlungen geschrieben worden. Fest steht, daß immer wieder die Bibel dem Verhalten der Kirche angepaßt wurde. Selten oder nie war es umgekehrt. So ist es unglaubwürdig, daß Jesus von Nazareth während der Jahre, da Er das Volk belehrte, nicht auch darüber gesprochen haben soll, was uns nach dem physischen Tod erwartet, warum uns das erwartet und was wir uns selbst auferlegen, wenn wir das Gesetz der Gottes- und Nächstenliebe nicht erfüllen. Aus den heutigen Offenbarungen wissen wir, daß Er die Menschen damals auch darüber belehrte, wenn auch nicht in den Einzelheiten und so umfassend, wie Er es als Christus heute tut.

Wer aufgeschlossen ist, dem leuchtet ein, daß mit der Veränderung der Heilsbotschaft in den ersten Jahrhunderten auch die Grundlage dieser Botschaft, die Bibel, geändert werden mußte, um zu verhindern, daß Suchende oder Zweifelnde über diesen Kanal eventuell doch noch die Wahrheit herausfinden konnten. Dies wurde zusätzlich auch dadurch erreicht, daß es jahrhundertelang unter

Androhung von Strafen verboten war, die Bibel zu lesen. Dem einfachen Volk wäre dies zu Zeiten, da es nur lateinische Übersetzungen gab, ohnehin nicht möglich gewesen (erinnern wir uns: auch heute sind die Lehraussagen der katholischen Kirche in vollem Umfang nur im lateinisch-griechischen Text zu lesen). Dieses Herausnehmen (beinahe) all dessen, was auf ein Wiedergeborenwerden hinausläuft, war über viele Jahrhunderte hinweg erfolgreich. Man konnte damals ja auch noch nicht ahnen, daß spätere Forschung, philosophisches Denken und Einflüsse anderer Religionen in christliche Breitengrade die Reinkarnationsfrage so stark ins Spiel bringen würden, wie das geschehen ist und geschieht.

Und so wurden vergleichsweise harmlose Passagen keiner Korrektur unterworfen, da man nicht vermutete oder erkannte, daß sie sich später einmal als Stolpersteine erweisen würden. Gerade diese Restbestände von Hinweisen sind aber Beweis dafür, daß noch mehr darin gewesen sein muß. Ist es doch undenkbar – und wie wir heute wissen, auch nicht richtig –, daß Jesus dieses überaus wichtige Thema Seinen Zuhörern nicht immer wieder nahegebracht hat.

So kann man denn sogar noch in der Bibel Stellen finden, die eindeutig und unmißverständlich auf die Wiedergeburt hinweisen. Man muß sie nur in Zusammenhang bringen. Damit wird die Bibel – losgelöst von selbständigen Lehrmeinungen und Dogmen – selbst zur Beweisgrundlage der Reinkarnation. Johannes Hemleben hat in „Jenseits" den Zusammenhang der einzelnen Verse herausgearbeitet.

Das Alte Testament schließt mit dem Buch des Maleachi, und dort heißt es: „Siehe, ich will euch senden den Propheten Elia, ehe denn da komme der große und schreckliche Tag des Herrn" (Mal. 3, 23).[76] Das heißt mit anderen Worten: Im Volk Israel wird sich eines Tages der Messias verkörpern (lateinisch: inkarnieren; daher re-inkarnieren = wiederverkörpern); zuvor jedoch wird sich der Prophet Elia verkörpern: als Vorläufer, als Wegbereiter des Messias. Im Matthäus-Evangelium ist nachzulesen, daß Petrus auf die Frage Jesu, „was meint denn ihr von mir (wer ich sei)?", antwortete: „Du bist der Christus, der Sohn Gottes, des Lebendigen" (Matth. 16, 15–16).[77] Damit war Klarheit geschaffen. Die Jünger wußten nun, daß ihr Herr und Meister kein Vorläufer, sondern der Erfüller der Messiaserwartung war. Danach erfolgte die Verklärung Jesu auf einem hohen Berg, und Petrus, Jakobus und Johannes sahen während der Verklärung an Jesu Seite Mose und Elia. Die Jünger konnten nun nicht begreifen, daß sie Elia gesehen hatten, der doch nach Aussagen der Schrift vor Jesus als Wegbereiter hätte kommen müssen. Wenn Jesus der erwartete Christus war, mußte Elia da sein oder da gewesen sein. Auf ihre entsprechende Frage antwortete Jesus: „Elia ist schon gekommen, aber sie haben ihn nicht erkannt, sondern haben mit ihm nach ihrer Laune gehandelt. So wird auch des Menschen Sohn durch sie leiden müssen." Da verstanden die Jünger, daß Er von Johannes dem Täufer zu ihnen redete (Matth. 17, 12–13).[78]

Gibt es noch eine klarere Aussage zur Wiederverkörperung? Ja, und zwar in dem Gespräch, das Jesus schon einmal mit Seinen Jüngern über den Täufer, der noch im Gefängnis des Herodes saß, geführt hatte. Und in dieser Antwort Jesu brauchten die Jünger noch nicht einmal „zu verstehen", daß Johannes der Täufer damit gemeint war. Sie erfuhren es direkt: „Und wenn ihr es annehmen wollt: er ist Elia, der kommen soll. Wer Ohren hat, der höre" (Matth. 11, 14–15).[79] Kurz darauf wurde Johannes der Täufer enthauptet. Sein Geistleib ging in die Himmel, und diesen Leib erlebten die Jünger „in der Gestalt des Elia". Jetzt konnten sie erkennen und unterscheiden zwischen Jesus, dem Messias, und dem wiederverkörperten Elia in Johannes dem Täufer, dem Wegbereiter.

Ist es nicht schade, daß die Christenheit diesen Tatbestand der Wiedergeburt, der doch so eindeutig anhand des Evangeliums belegt wird, verloren hat? Hemleben meint, daß das seinen Grund in der Einseitigkeit des Christentums hat, die dieses im Laufe seiner Entwicklung genommen hat.

So wird also sogar die Bibel selbst zum Gegenbeweis der Darstellung der Kirchen.

Andere

Die Ungläubigen, die Heiden, hatten ebenfalls oftmals ihre klaren Vorstellungen über das Jenseits, was Philipp Melanchthon (1497–1560), ein Zeitgenosse und Weggefährte Luthers, so ausdrückt: „Die heidnischen Autoren sagen ausdrücklich, sie fänden sich zu dem Glauben an eine Fortdauer der Seele nach dem Tode bewogen, weil es ganz unzweifelhaft sei, daß viele Abgeschiedene umgingen, oft gehört und gesehen würden, auch mit den Menschen sprächen. Ich selbst habe Verstorbene leibhaftig vor mir gesehen und kenne viele glaubwürdige Männer, welche behaupten, sie hätten nicht nur solche gesehen, sondern auch lange Gespräche mit ihnen geführt."[80]

Mit 15 Jahren trat Giordano Bruno (1548–1600) in den Dominikanerorden ein. Er hatte außergewöhnliche wissenschaftliche Begabung. Auf Grund seiner Erkenntnisse erwuchsen ihm Zweifel an den kirchlichen Dogmen, deren Äußerungen die Anklage wegen Ketzerei und seine Flucht zur Folge hatte. 1592 in Venedig schließlich vor ein Inquisitionsgericht der röm.-kath. Kirche gestellt, fragte man ihn, ob er daran glaube, daß die Seelen unsterblich seien und von einem Körper in einen anderen übergehen, wie er das behaupte. Der Schluß seiner Antwort lautete: „... ich habe philosophisch die Lehre behandelt und auch verteidigt, daß, da die Seele ohne den Körper bestehen und in einem Körper existieren kann, sie in derselben Weise, wie sie in einem Körper sein kann, auch in einem anderen Körper sein kann, was, wenn es nicht wahr ist, doch wenigstens wahrscheinlich ist nach der Meinung des Pythagoras."[81] Als er trotz siebenjähriger Kerkerhaft seine Auffassung nicht widerrufen wollte, wurde er in Rom am 17.2.1600 verbrannt.

Der „Geisterseher des Nordens", Emanuel Swedenborg (1688–1772), verblüffte seine Zeit mit detaillierten Beschreibungen der geistigen Welt. Je nach Neigung, Gewohnheit und Charakter, wie die Menschen bei Lebzeiten auf Erden in Erscheinung getreten waren, fänden sie sich auch drüben zusammen. Das jenseitige Leben ist nach Swedenborg die unmittelbare Fortsetzung des diesseitigen, so daß die Seelen es schwer haben, sich überhaupt bewußt zu werden, daß sie gestorben sind. Jeder fühlt sich dorthin gezogen, wo er weiter seinen Neigungen leben kann, seien es gute oder schlechte.[82]

In seiner Schrift „Die Erziehung des Menschengeschlechtes" kämpfte Gotthold Ephraim Lessing (1729–1781) im Sinne der Aufklärung für den Gebrauch der kritischen Vernunft und einer unvoreingenommenen Toleranz zwischen den Menschen und Religionen. Diese Schrift „ist ein einziges, wohldurchdachtes Bekenntnis zu dem Gedanken, daß der Mensch nicht nur einmal auf Erden lebt, sondern von Leben zu Leben seinen Weg über die Erde nimmt und so langsam zu einer gewissen Vollkommenheit heranreift. Es ist das klassische Dokument für die Reinkarnationslehre ..."[83]

Johann Wolfgang von Goethe (1749–1832) hat viel gesagt und geschrieben über die Unsterblichkeit der Seele. Lassen wir es bei einer Aussage Goethes an Eckermann bewenden:

„Wenn einer 75 Jahre alt ist, kann er nicht fehlen, daß er mitunter an den Tod denke. Mich läßt dieser Gedanke in völliger Ruhe, denn ich habe die feste Überzeugung, daß unser Geist ein Wesen ist ganz unzerstörbarer Natur; es ist ein Fortwirkendes von Ewigkeit zu Ewigkeit. Es ist der Sonne ähnlich, die selbst unsern irdischen Augen unterzugehen scheint, die aber eigentlich nie untergeht, sondern unaufhörlich fortleuchtet."[84]

Für Justinus Kerner, Friedrich den Großen, Johann Gottfried Herder, Friedrich von Schiller, Friedrich Hölderlin, Johann G. Fichte, Novalis, Hans Christian Andersen, Friedrich Hebbel, Peter Rosegger, Wilhelm Busch, Christian Morgenstern, Rudolf Steiner und viele, viele andere waren der Tod und das Leben danach etwas ganz Natürliches. Die Aufzählung großer Namen, die sich nicht mit dem endgültigen „Aus" zufriedengaben, ließe sich beliebig verlängern. Aber es ist nicht meine Absicht, durch eine lange Aufstellung eine Art Beweis zu erbringen. Es sollte nur verdeutlicht werden, daß es nicht die kleinsten Geister waren, die sich über kirchliche Dogmenvorschriften hinwegsetzten und kirchlicher Unwissenheit neue, und doch ewig alte Erkenntnisse entgegensetzten.

Zwei Wissenschaftler

Doch die Dichter und Denker der Geisteswissenschaften waren nicht die einzigen, die zur Überzeugung kamen, daß mehr hinter den Dingen stecken muß, als diese vorzugeben scheinen. Die Naturwissenschaft steht da nicht zurück. Auch hier verzichte ich auf eine Übersicht mit vielen Zitaten berühmter Männer. Das würde uns nicht weiterhelfen. Aber zwei sollen doch zumindest stellvertretend für all die anderen erwähnt werden.

Der eine ist Max Planck mit folgendem Zitat, in dem es zwar nicht direkt um Fragen des Lebens nach dem Tod oder um die Reinkarnation geht, wohl aber um die grundsätzliche Auseinandersetzung mit Gott als dem Schöpfer allen Seins: „Als Physiker, als Mann, der sein ganzes Leben der nüchternen Wissenschaft der Erforschung der Materie dient, bin ich sicher von dem Verdacht frei, für einen Schwarmgeist gehalten zu werden. Und so sage ich nach meinen Erfahrungen des Atoms folgendes: Es gibt keine Materie an sich, alle Materie entsteht und besteht nur durch eine Kraft, welche die Atomteilchen in Schwingung bringt und sie zu dem winzigen Sonnensystem des Atoms zusammenhält. Da es im ganzen Weltall weder eine intelligente noch ewige abstrakte Kraft gibt – es ist der Menschheit nie gelungen, das heiß ersehnte Perpetuum mobile zu finden – so müssen wir hinter dieser Kraft bewußten, intelligenten Geist annehmen.

Dieser Geist ist der Urgrund der Materie, nicht die sichtbare, aber vergängliche Materie ist das Reale, Wahre, Wirkliche, denn diese Materie bestünde, wie wir es gesehen haben, ohne diesen Geist überhaupt nicht, sondern der unsichtbare, unsterbliche Geist ist das Wahre.

Da es aber Geist an sich nicht geben kann, und jeder Geist einem Wesen zugehört, so müssen wir zwingend Geist-Wesen annehmen. Da aber auch Geist-Wesen nicht aus sich selbst sein können, sondern geschaffen sein müssen, so scheue ich mich nicht, diesen geheimnisvollen Schöpfer ebenso zu nennen, wie ihn alle alten Kulturvölker der Erde früherer Jahrtausende genannt haben, ‚GOTT'."[85]

Das andere Zitat ist von Wernher von Braun: „Die Wissenschaft hat festgestellt, daß nichts spurlos verschwinden kann. Die Natur kennt keine Vernichtung, nur Verwandlung. Alles, was Wissenschaft mich lehrte und noch lehrt, stärkt meinen Glauben an ein Fortdauern unserer geistigen Existenz über den Tod hinaus."[86]

Zwei Stimmen aus vielen. Zwei, die nicht stehengeblieben sind bei Erkenntnissen, die 2000 Jahre alt sind. Die dennoch, oder gerade deswegen, zu der Überzeugung kommen:

– es gibt keine Materie an sich,
– alles ist Energie,
– Energie kann nicht verlorengehen,
– sie wird umgewandelt in eine andere Daseinsform,
– sie überlebt damit den körperlichen Tod,
– die große Quelle, aus der sie ist, heißt Gott.

Unterschiedlichste Kulturen und Religionen, Geistesrichtungen und Wissenschaften kommen, wenn sie tief und tiefer gehen, alle auf den gleichen Urgrund und damit zu gleichen (oder ähnlichen, weil kulturelle und individuelle Unterschiede da sind) Erfahrungen. Wer nicht aufhört zu fragen, wer sich nicht mit der ersten Antwort zufriedengibt, wer sucht und weitersucht, auch nachdem er die ersten, vielleicht überraschenden Erkenntnisse gesammelt hat, wer nicht glaubt, schon allein mit dem Trost der Unsterblichkeit am Ziel zu sein – der wird, ja er *muß* zur Wahrheit finden.

Wer weiß, vielleicht sind Sie schon länger auf der Suche, als Sie ahnen.

4. DIE BEWEISE? DIE BEWEISE!

Ein wahrer Christ sucht nicht,
ein wahrer Christ weiß.

Aus einer Christusoffenbarung

Was wollt ihr? Den Beweis, daß
es ein Leben nach diesem Leben
gibt? O erkennt, der Beweis liegt
einzig und allein in euch.

Aus einer Christusoffenbarung

Wie lange braucht ihr noch äu-
ßere Zeichen?

Aus einer Christusoffenbarung

Wer von der Wahrheit im Inneren erfaßt wird, der hört auf zu glauben. Er *weiß*. Im Überschwang seiner ersten Freude und voller Dankbarkeit wird er fast immer versuchen, diese neuen Einblicke möglichst vielen Menschen mitzuteilen, oft ohne Rücksicht darauf, ob sie das hören wollen oder nicht. Vielfach fehlt im Stadium einer frühen Begeisterung das Gefühl dafür, daß nicht alle Menschen an diesem Wissen interessiert, geschweige denn davon entzückt sind.

Da kann es dann schon mal passieren, daß man Zuhörer um sich versammelt hat, die nach einem kaum enden wollenden Redeschwall anfangen, einen eigenartig anzuschauen. Da die gewünschte Resonanz fehlt – man merkt das aber oft nicht gleich, weil das Herz voll ist und der Mund überläuft – greift man zu Argumenten. Wenn die ersten nicht überzeugen, holt man weiter aus. Man diskutiert. Schließlich müssen Beweise auf den Tisch, und es fällt einem viel zu spät auf, daß die hundertprozentigen Beweise gar nicht hundertprozentig wirken. Dann fängt man an zu ahnen, daß man etwas falsch gemacht hat.

Es ist wohl ein Zug im menschlichen Charakter, daß man versucht ist, anderen gegenüber die Richtigkeit der eigenen Meinung zu beweisen. Es fällt nicht leicht, belächelt oder gar abgelehnt zu werden. Und so verläßt man die Pseudo-Sicherheit der eigenen Überzeugung und begibt sich auf das Glatteis der Beweisführung.

Bei einem Thema wie dem Leben nach dem Tod kann das nie gut gehen, denn die Beweisführung kann gegenüber einem Skeptiker nie gelingen. (Bei Suchenden bedarf es keiner Beweisführung, und bei denen, die noch schwanken, ist sie auf Grund des noch fehlenden Bewußtseins unwirksam.)

Als Köder für des Satans leichte Beute
sind manche Redensarten jetzt in Mode:
„Man lebt nur einmal" sagen viele Leute,
und „Keiner kam zurück nach seinem Tode!"

So beschreibt es ein kleiner Vierzeiler, und so ist es in der Tat. Auf diese Einstellung trifft man immer wieder. Ist es nun angebracht, alle Register der Überredungskunst zu ziehen und mit schließlich doch nicht akzeptierten „Beweisen" solche Zweifler überzeugen zu wollen? Fragen wir einmal andersherum: Wie verhielt sich Jesus von Nazareth? Bewies Er den Menschen, daß sie unsterbliche Wesen sind? Bewies Er ihnen, daß Er als der inkarnierte Christus-Geist die Vollmacht hatte, so über diese Dinge zu reden, wie Er es tat?

Wir wissen, daß Er nicht zum Mittel des Beweises griff. Auch ein Beweis hätte die Leugner nicht zur Umkehr im Denken veranlaßt. Dies brachte Jesus deutlich zum Ausdruck im Gleichnis vom reichen Mann und kranken Lazarus. Abraham lehnte es ab, Lazarus in das Haus des reichen, in der Hölle leidenden Mannes zu schicken, um die dort noch lebenden Brüder zu warnen, damit sie nicht auch an den Ort der Qual kämen. Wenn einer von den Toten zu ihnen kommen und sie belehren würde, so die Vorstellung des Reichen, dann würden seine Brüder sich bekehren. Abraham gab zurück: „Wenn sie nicht auf Mose und die Propheten hören, werden sie auch nicht überzeugt, wenn einer von den Toten auferstünde" (Luk. 16, 31).[87]

Das ist der eine Grund, keine Beweise zu bringen. Es gibt noch einen zweiten.

Wer nur glaubt um des Beweises willen, der glaubt in Wirklichkeit nicht. Er hat ein Reifestadium seiner Seele übersprungen. Sein Wissen entstand nicht in ihm durch die Annahme und Verwirklichung der göttlichen Gesetze. Sein Wissen wurde ihm durch den Beweis geschenkt. Damit fehlt ihm etwas: das Erlernen der Hingabe und des Vertrauens in die Liebe Gottes. Er hat im Äußeren den Beweis, aber er kann darauf nicht aufbauen, weil die selbsterarbeitete Grundlage dazu fehlt. So nützt der Beweis nichts, er kann sogar im Gegenteil die seelische Entwicklung – auf die es ankommt – hemmen.

Und noch einen weiteren Grund gibt es. Silvia Wallimann hat ihn während einer Fernsehdiskussion einmal sinngemäß so formuliert: „Die Zeit ist zu kostbar für Beweise".[88] Entwickeln wir uns lieber, anstatt die Zeit mit Beweisenwollen zu verbringen. Wir selbst und unsere Mitmenschen haben mehr davon.

„Ich glaube", so schreibt Moody, „es liegt im Bereich des Möglichen, daß ... fast jeder schließlich auch ohne endgültigen Beweis dahin kommt, verstandesmäßig zu akzeptieren, daß es eine andere Seinsdimension gibt, in welche die Seele nach dem Tode hinüberwechselt. Wir dürfen nicht vergessen, daß es unsere eigene Angst vor der Endgültigkeit des Todes ist, die bei uns durchschimmert, wenn wir von einem Menschen, der ein Sterbeerlebnis gehabt hat, verlangen, er solle *beweisen,* daß es ein Leben nach dem Tod gibt."[89]

Moody berührt *den* Punkt. Warum werden Beweise verlangt? Weil man Angst hat! Wer Angst vor etwas hat, den läßt das Thema nicht kalt. Er ist damit gar nicht so ungläubig, wie er tut. Er verlangt von anderen, die es bereits erfahren haben und daher wissen, daß sie ihn mit hieb- und stichfesten Belegen überzeugen. Das erspart ihm die Arbeit des eigenen Sich-Durchringens. Warum aber sollte jemand, der weiß, beweisen müssen? Sich selbst gegenüber ist es nicht erforderlich, und anderen gegenüber ist es ein wenig erfolgversprechendes Unterfangen.

Unsere Verantwortung Gott und unserem Nächsten gegenüber spricht nicht davon, unsere Mitmenschen „durch Beweise zum Glauben führen" zu müssen. Unsere Verpflichtung ist eine ganz andere, viel größere: Vorzuleben, daß die Liebe Gottes alles durchdringt, sie in jeder Situation des täglichen Lebens in unserem Verhalten zum Ausdruck kommen zu lassen und damit zu zeigen, daß Gottes Liebe *jedem* hilfreich zur Verfügung steht (sie muß nur angenommen werden). Wer diese Gewißheit des Nicht-aus-der-Hand-Gottes-fallen-Könnens durch eigene Verwirklichung im Alltag anderen Menschen vermitteln kann und dadurch diese zum Nachdenken, Fragen, Glauben und Wissen bringt, hat weitaus Größeres geleistet als der eifrigste Beweiserbringer. Vorleben und dieses Wissen anbieten *immer,* überzeugen und beweisen wollen *nie.*

So empfindet es auch Elisabeth Kübler-Ross, wenn sie

meint, daß sie ihre Arbeit hauptsächlich darin sähe, das Erforschte weiterzugeben. „Jene, die dafür bereit sind, werden mir Glauben schenken. Und jene, die es nicht sind, werden mit den unglaublichsten Vernünfteleien und Besserwissereien argumentieren wollen."[90]

Das, was für ein Überleben nach dem Tod spricht, liegt – im Gegensatz zu dem, was dagegenspricht – in einer Vielzahl nicht mehr überschaubarer Erfahrungen, Berichte, Eindrücke und Niederschriften vor. Der Umfang dieses Materials umfaßt Phänomene wie Erscheinungen, Spuk, Out-of-the-body-Erlebnisse (außerkörperliche Erlebnisse), Visionen auf dem Sterbebett, Erlebnisse Wiederbelebter und Besessener, Erinnerungen an frühere Leben und mediale Einsprachen.

Allein das Material über die direkten Kommunikationen, also die Zwiegespräche zwischen den ‚Toten' und medial veranlagten Menschen, das während der letzten hundert Jahre zustande gekommen ist, füllt Archive solchen Umfangs, daß selbst ein hundertköpfiges Arbeitsteam sie nicht alle auswerten könnte.[91] (Ich erwähne diese medialen Kontakte an dieser Stelle nicht, weil ich sie gutheiße – auf diesen Punkt wird später noch eingegangen –, sondern weil sie die Existenz nicht-materieller Bereiche be- und die Auffassung eines nachtodlichen Vakuums widerlegen.)

Kübler-Ross meint, daß viele Forscher, Ärzte, Psychologen und solche, die sich mit parapsychologischen Phänomenen befassen, in den letzten zehn Jahren weltweit über fünfundzwanzigtausend Fälle zusammengetragen haben.[92] In ihrer Sammlung befinden sich todesnahe Erlebnisse von Menschen verschiedenster kultureller und religiöser Herkunft, wie zum Beispiel solche von Eskimos, von Urbewohnern Hawaiis und Australiens, von Hindus, Buddhisten, Protestanten, Katholiken, Juden, weiterhin auch von solchen, die keiner Religion zugehören, eingerechnet jenen, die sich als Agnostiker oder Atheisten bezeichnen. „Im Verlauf unserer Nachforschungen konnten wir nachweisen, daß dieses todesnahe Erlebnis nicht auf irgendeinen Menschenkreis beschränkt bleibt, und daß es auch nichts mit alten Religionen und anderem zu tun hat. Ebenso bleibt dieses Erlebnis unbeeinflußt davon, ob ihm ein Unfall, Mord, Selbstmord oder ein schleichender Tod vorausging."[93]

Und obwohl auch sie davon spricht, daß es nicht darum geht, Zweifler zu überzeugen, spürt man doch die (verständliche) Genugtuung, daß es einen einfachen Beleg für die Tatsache gibt, daß es sich bei todesnahen Erlebnissen nicht um Halluzinationen und Wunschdenken gehandelt haben kann. „Wir baten sie (die Blinden), ihre todesnahen Erlebnisse mit uns zu teilen. Wenn es sich bei ihren Erlebnissen nur um Wunschgedankenprojektionen gehandelt hätte, wären sie nicht in der Lage, uns die Pulloverfarbe, die Schlipsbemusterung oder aufs Genaueste die Muster, Farben und Zuschnitte der einzelnen Kleidungsstücke wiederzugeben, welche die Anwesenden zu jenem Zeitpunkt getragen hatten. Wir haben eine ganze Reihe von völlig Erblindeten nach ihren todesnahen Erlebnissen gefragt. Sie waren also nicht nur fähig, uns zu sagen, wer das Zimmer zuerst betreten oder wer die Wiederbelebung durchgeführt hatte, sondern sie konnten uns mit aller Genauigkeit das Aussehen und die Kleidungsstücke aller Anwesenden beschreiben, eine Fähigkeit also, über die völlig Blinde auf keinen Fall verfügen."[94]

Seitdem es möglich und modern geworden ist, durch Rückführung, Regression genannt, in Hypnose an das in der Seele verborgene Wissen über frühere Leben heranzukommen, haben sich viele Ärzte, Psychologen, Psychotherapeuten und andere Spezialisten daran gemacht, auf diesem Wege Menschen in ihre Vorleben zurückzuversetzen. Auch wenn dies in der Absicht geschah und geschieht, auf diese Weise die Ursachen von Krankheiten und Verhaltensweisen zum Zwecke der Heilung zu finden, so tat und tut man hier doch etwas, das nicht im göttlichen Willen ist. Lassen wir diesen Aspekt für den Moment außer acht, so können wir doch feststellen, daß es durchaus möglich ist, mit dieser Methode Einzelheiten aus Vorleben zu erfahren. In Deutschland bekannt geworden ist Thorwald Dethlefsen, in Amerika vor allem Arnall Bloxham und Dr. Helen Wambach. Bloxham hat durch Regression über 400 zurückliegende Leben auf Band aufgenommen, Wambach kam auf 1100 Leben bei 1000 Personen.[95] Die Untersuchungen der Angaben wurden oftmals peinlich genau durchgeführt, denn es ging ja nicht nur darum, interessante Details von früher zu erfahren, sondern nach Möglichkeit auch den „Beweis" in die Hand zu bekommen, daß frühere Leben keine reine Erfindungen waren. Und, wenn sie das nicht waren, hatte man damit natürlich auch als weiterer „Beweis" ein Leben *nach* dem Tode.

Wer die Resultate anerkennt, kommt nicht umhin zuzugeben: *Wir haben alle schon einmal gelebt!*

Skeptiker werden sich aber weder mit Jenseitskontakten noch Hypnoseantworten, mit Bildern, die Sterbende sehen, oder mit Erzählungen von „Zurückgeholten" zufriedengeben. Speziell, wenn es um das geht, was Reanimierte berichten, kommt das klassische Argument, daß diese Wiederbelebten im eigentlichen Sinne ja gar nicht „tot" gewesen wären. Zwar hätte man sie für klinisch tot erklärt, das Herz hätte aufgehört zu schlagen und die Lunge zu atmen, der Blutdruck sei so stark gesunken, daß man ihn nicht mehr hätte messen können, die Pupillen seien erweitert gewesen und die Körpertemperatur gesunken – aber so ganz *richtig* tot seien eben diese Menschen noch nicht gewesen.

In diesem Punkt muß man den Skeptikern recht geben.

Wenn sie aber daraus schließen, die Berichte der Wiederbelebten könnten darum nichts über ein Fortbestehen der Persönlichkeit über den Tod hinaus aussagen, dann haben sie unrecht.

Der Mensch hat sich im Laufe seiner langen Entwicklung dadurch selbst begrenzt, daß er sich immer mehr nach außen wandte, seine Erfüllung in der Befriedigung seiner materiellen Wünsche suchte und glaubte, nur durch die immer größer werdenden technischen Möglichkeiten in das Geheimnis der Schöpfung eindringen zu können. Der Philosoph Michael Polanyi hat als Achtzigjähriger, am Ende seines universalen Studien gewidmeten Lebens, gesagt: „Die mechanistische Wissenschaft hat vor gut einem Jahrhundert einen kapitalen Fehler begangen. Man könnte es auf die einfache Formel bringen, sie wollte das Pferd am Schwanz aufzäumen. Die Wissenschaft ging davon aus, daß die Natur zunächst im Kleinen und dann erst im Großen zu ergründen sei. So ist alles Kleine bis hin zum Atomkern analysiert worden in der Hoffnung, dabei hinter die letzten Geheimnisse der Natur zu kommen. Nur Enttäuschungen waren die Folge … Wir müssen unser körperliches Wesen durch Einfühlung und geistige Ausdehnung subtilere und heute noch nicht faßliche Daseinsbereiche erschließen lassen."[96]

Wir haben nur unseren fünf Sinnen getraut und tun das auch heute noch, obwohl wir längst wissen, daß unsere Ohren nicht alles hören, unsere Augen nicht alles sehen und unsere Nerven nicht alles fühlen können – und leiten daraus unseren Eindruck des Universums ab.

Wir tun das, weil wir vergessen haben, daß wir Kinder Gottes sind, geistige Wesen, deren Aufgabe es ist, hinauszuwachsen aus der selbstgeschaffenen Begrenzung. Christus erinnert uns heute daran, daß wir im eingeengten Bewußtsein leben, in der Welt unserer fünf Sinne, und daß es uns deshalb nicht möglich ist, die geistigen Welten zu schauen.

„Ich, der Geist von Ewigkeit zu Ewigkeit, sage euch, auch ihr könnt eure Toten schauen, sofern ihr die Seelensprache erlernt, auf daß sich auch das geistige Auge erschließen kann, das sodann die feinstofflichen Strukturen erkennt ... Wo sind unsere Toten?, so fragt die Menschheit, obwohl der Geist des Lebens im Zentrum allen Seins ist. Liebeimpulse senden die Schutzgeister, Strahlströme versucht der Geist Gottes durch die Seele zu senden, doch leider ist nur das äußere Ohr für die Materie offen, das innere ist verschlossen."[97]*

Von verschwindend wenigen Ausnahmen abgesehen – den „Hellsichtigen", die oft bedauernd belächelt werden –, sind wir alle nicht in der Lage, diejenigen zu schauen, die diese Welt vor uns verlassen haben. Und doch sind sie da, um uns, mitten unter uns. *„Wahrlich, wahrlich, Ich sage euch, unter euch sind tausende und abertausende Seelen* (während der Offenbarung). *Sie leben in einem anderen Schwingungsgrad, den das materielle Auge nicht schauen kann."*[98]

Die feinstofflichen Körper der Seelen und auch der reinen Geistwesen können nicht mit den physischen, sondern nur mit den geistigen Augen wahrgenommen werden. Weil bei den meisten Menschen jedoch die Seele stark belastet ist, können die feinstofflichen Strukturen nicht erkannt werden. Daraus zu schließen, daß es keine feinstofflichen Bereiche gibt, bedeutet, die Erkenntnisbreite unserer fünf Sinne zugrunde zu legen. Auf diesem Weg aber werden wir nie erkennen können. Wir bleiben Gefangene unserer eigenen materiellen Anschauung.

Wenn der Mensch jedoch sanftmütig und demütig wird, erkennt er letzten Endes, daß es nur einen Weg zur Erkenntnis gibt: den Weg zum *inneren* Königreich Gottes in uns. Dann dehnt sich unsere Seelenmasse aus, sie vergrößert sich und hüllt den Menschen ein. Durch diese Einhüllung erlebt der Mensch die innere Kraft Gottes und wird, sofern sich die Seelenorgane weitestgehend geöffnet haben, die inneren Himmel schauen. Ein solcher Mensch wird nicht mehr fragen: Wo sollen denn die Toten sein? Er hat den Beweis *in sich* gefunden. Der *wahre* Christ weiß um dieses innere Leben.

„*O sehet, unwissende, begrenzte Menschen diskutieren über das Leben nach dem Tode. Der Wissende, der Erleuchtete, wird nicht diskutieren. Er weiß es und steht wie der Fels des Lebens, wenn ihn auch die Brandung berührt. Er spricht: ‚Ich bin eins mit meinem Vater im Himmel, denn ich weiß, es gibt ein herrliches Leben nach diesem sogenannten Erdentod.‘ Für ihn ist der Tod zum paradiesischen Tor geworden, weil er in sich die Himmel schaute und schaut.*"[99]

Christi Aussagen sind eindeutig: Wer die Gesetze des Lebens erfüllt, wird nicht mehr nach Beweisen fragen. Er wird nicht mehr die Schultern heben und sagen: ‚Ich kann nicht beurteilen, was stimmt.‘ Er erkennt nämlich die Wahrheit in sich. Denn dort allein liegt der *Beweis*.

Das haben im übrigen auch die „primitiven" Indianer gewußt (von einem Comanchen ist der Ausspruch übermittelt: Der Weiße Mann spricht *über* Jesus – wir sprechen *mit* ihm[100]), die erkannten: „Die Anweisungen des Schöpfers sind niedergeschrieben in unseren Herzen und Gedanken, in den heiligen Schriften der Natur, die jeder für sich selbst lesen kann – tagtäglich in den kleinen Geschöpfen, in den Gräsern und Bäumen, in den wachsenden Dingen, in Wind und Donner und Regen, in den Meeren, Seen und Flüssen, in Gebirgen, Felsen und Sand, in der gewaltigen Kraft der Sonne, dem Zauber von Großmutter Mond, in den Geheimnissen der Sterne. All diese spirituellen Wesen sind unsere Lehrer. Auch wir haben spirituelle Wesen in uns, und sie können uns etwas von der Weisheit unseres Herzens lehren. Der Schöpfer hat uns das Wissen von Schönheit und Liebe und Frieden in unsere Herzen gegeben, damit sie uns lehren und uns den wahren Pfad des Lebens führen."[101]

Wenige, zu wenige erst, erkennen die Wahrheit in sich. Die meisten tun unverständliche und ihnen unheimliche Dinge oft vorschnell damit ab, daß es sich um Halluzinationen handle. So versuchte auch Dr. Karlis Osis, nach Ian Currie „ein starrköpfiger, illusionsloser Wissenschaftler", die ihm unverständlichen Visionen Sterbender und Wiederbelebter als bloße Hirngespinste hinzustellen, was ihm aber nicht gelang. Seit 1960 hat er den Tod von 100 000 Menschen untersucht und die Ergebnisse in zwei Büchern offengelegt.[102] Dr. Osis versuchte alles, um zu beweisen, daß das, was da geschildert wurde, bloße Halluzination sei. Er bemühte sich, jeder nur denkbaren Ursache für Sinnestäuschungen bei Sterbenden nachzuspüren, und überprüfte jeden Fall anhand seiner Unterlagen. Er wurde von seiner Ungläubigkeit geheilt, denn wo immer er auch den Hebel ansetzte, um seine eigene Theorie bestätigt zu finden – er kam mit seiner Überzeugung nicht zum Zug und gab sie schließlich auf. Alles war ihm entglitten: kein Sauerstoffmangel, kein Streß, keine Angst, keine Wunschvorstellung, keine Frage der Bildung, kultureller Umwelt oder unterschiedlicher religiöser Überzeugung – nichts konnte verantwortlich gemacht werden für die Erlebnisse sterbender und wiederbelebter Menschen.

Das bewog ihn, sich zu bekehren. Seine neu gewonnene Einstellung läßt nicht mehr erkennen, daß er alle seine Untersuchungen nur angestellt hatte, um zu beweisen, daß es *kein* Weiterleben nach dem Tod gibt. Er verleiht seinem neuen Glauben in dem Epilog seines Buches „Der Tod – ein neuer Anfang" Ausdruck. Dort läßt er einen fiktiven Lazarus zu den Menschen sprechen:

„‚Wenn dein Herz stillsteht und die Todesstunde kommt,

wirst du nicht wie das Eis in den Stromschnellen zerbrechen und zertrümmert werden. Statt dessen wird es wie das Eintauchen in eine neue Form der Wirklichkeit sein. Du wirst dich auf eine ganz besondere Art wohlfühlen und glücklich sein – der ‚Friede, der jenseits allen Verstehens liegt‘. Kummer, Schmerzen und Traurigkeit werden zusammen mit den Leinentüchern auf dem Krankenbett zurückbleiben. Du wirst von innen heraus erstrahlen, und dann wirst du jemanden sehen, der liebevoll und besorgt darauf wartet, dich zu empfangen. Wenn deine eigenen nahen Verwandten der Aufgabe entsprechen können und du ihnen entsprichst, dann wird einer davon wie lebendig ‚vorbeikommen‘, so voller Liebe wie damals, als du ihn zum letzten Mal gesehen hast. Es wird ihn jedoch ein seltsamer Hauch von Heiterkeit umwehen. Wenn die Situation fachmännische Hilfe verlangt, wird eine religiöse Figur in strahlendem Licht erscheinen. Wer immer sie sind: die Besucher werden dich ‚verwandeln‘. Etwas unsäglich Mildes aber Mächtiges wird dich einhüllen. Du wirst dich wie in den schönsten Augenblicken deines Lebens fühlen – wie auf einem Berggipfel, in einer Kirche, in einem Tempel – und noch viel besser. Es mag sein, daß dir dann die Worte dafür fehlen – *Heiligkeit, Licht, Liebe.* Nein, keines kann es wirklich beschreiben, aber du wirst es zutiefst zu deinem Wesen fühlen ...‘ Bei den Zuhörern werden einige Hände in die Höhe gehen. ‚Was sind die nächsten Stufen des Lebens nach dem Tod?‘ Der moderne „Lazarus“ ... wird zögern: ‚Was kommt dann? Nun, das kann dir jetzt nicht erklärt werden. Jeder von euch hat einen persönlichen Ausweis, der es ihm eventuell möglich machen wird, das zu erleben, aber das Wissen darüber ist für dieses Stadium der Existenz bislang noch nicht freigegeben.‘“[103]

Dieses Wissen ist, um bei der Formulierung von Karlis Osis zu bleiben, inzwischen „freigegeben“. Es ist das Wissen des allmächtigen Gottes, das Er uns in Seiner Liebe geoffenbart hat und offenbart und das allen Menschen zur Verfügung steht.

5. DIE SCHÖPFUNG
UND DER FALL

Die Seele, die wider Gott handelte, strömte gegensätzliche Empfindungen aus. Dadurch ummantelte sich ihr Wesen. Diese Ummantelung nennen wir die starre Form. Es ist der Mensch und all jene Formen, welche die Fallkinder durch niedriges Denken geschaffen haben.

Aus einer Christusoffenbarung

Das Kind hat den Urgrund allen Seins verlassen und sich in die Materie begeben, um dort sein Heil zu suchen. Der Christus Gottes, euer Erlöser und Wegbereiter, kann deshalb nicht schweigen, denn euer Erlöserpfad ist Mein Pfad, Ich habe ihn für euch erschlossen.

Aus einer Christusoffenbarung

Du bist Mein Kind. Ich Bin dein Herr, Gott und Vater.

Aus einer Offenbarung Gott-Vaters

Um die Vorgänge um das Sterben und das, was die Seele anschließend erfährt, richtig verstehen zu können, bedarf es der Erkenntnisse über die Zusammenhänge der Schöpfung. Denn schon allein die Tatsache, daß der Mensch eine Seele hat und diese Seele einen Wesenskern, den göttlichen „Funken", setzt ja voraus, daß hier irgendwann einmal etwas geschaffen worden sein muß. Deshalb wenden wir uns jetzt erst einmal dem Ursprung der Erde und des Menschen zu und betrachten dann das, was auf Golgatha geschehen ist.[104]

Der Herr des Lebens ist der Schöpfer aller Dinge. Der Allmächtige schuf himmlische Welten, das sind sieben Grundkräfte des Lebens, aus denen sieben Grundhimmel hervorgegangen sind: Ordnung, Wille, Weisheit, Ernst, Geduld, Liebe und Barmherzigkeit. In jeder Grundkraft, in jedem Grundhimmel, sind alle anderen Grundkräfte enthalten. Das heißt: Es wirken in der gesamten Unendlichkeit sieben mal sieben Kräfte. Sie sind das Gesetz Gottes. Gott berührte Sein ureigenes Wesen, aus dem Seine Ebenbilder hervorgingen, die himmlischen Geistwesen.

Die Allkraft, der ewig fließende Äther, ohne den nichts bestehen kann, ist der Lebensodem Gottes, Seine alles durchströmende Liebe. Alle Formen, sowohl die geistigen als auch die materiellen, werden von dieser Ätherkraft (Prana, sagen die Inder; Od-Kraft die Esoteriker) erhalten.

Die materiellen Formen, also auch die Menschen, überhaupt die gesamte Materie, sind durch die Abkehr von Gott entstanden. Streng genommen hat Gott also unser materielles Universum einschließlich der Erde *so* nicht geschaffen (zumindest lag es nicht in Seiner ursprünglichen Absicht), aber Er hat die Bildung der Materie zugelassen und den abgefallenen Geistwesen damit die Möglichkeit einer Existenz in einer anderen Daseinsform gegeben.

Die Schöpfung blieb durch den sogenannten Fall – auch Engelsturz genannt – nicht in ihrer Gesamtheit in Harmonie mit Gott. Der Abfall von der Einheit, der den Sturz „in die Tiefe" auslöste, glich einer Lichtlawine, die durch den gesamten geistigen Kosmos rollte und große Teile desselben mit sich riß. Wie war es dazu gekommen?

So, wie in unserer materiellen Welt alles das Zeichen der Dualität trägt (das männliche und das weibliche Prinzip, Positiv und Negativ, Plus und Minus), so gilt dieses Prinzip auch für die geistige Schöpfung. Das Wort „Schöpfer" ist der für unser Verständnis faßbare Begriff für die göttliche All- oder Urkraft, die aus positiver und negativer Energie besteht, ewig in sich selbst in Harmonie. Aus dieser Harmonie schuf Gott-Vater das erste weibliche Geistwesen: Sein göttliches Dual, im wesentlichen entnommen aus der negativen Urkraft. Die Welt nennt dieses Wesen „Satana".

Das Verhalten Satanas

Da der Vater einen Teil der positiven Urkraft und der Allgegenwart nach den ewigen Gesetzmäßigkeiten nicht ihr, sondern Seinem erstgeschauten Sohn, für uns Christus, als Erbe übertrug – anders war und ist es im Gesetz Gottes nicht vorgesehen –, erwachte in Satana der Neid, der sich verstärkte, als Christus Sein Erbe als Mitregent antrat. Sie wollte sein wie Gott! (Siehe unsere Bibeln.)

In ihr stiegen gegensätzliche Empfindungen auf. Sie, die nach ihrer Manifestation nicht mehr in der Allgegenwart Gottes war und somit nicht mehr am Schöpfen und Schaffen unmittelbar mitwirkte, lehnte sich gegen den Allmächtigen auf. In ihr entstand der Plan zu einer geteilten Schöpfung. Für die Gründung ihres geistigen Reiches wollte sie ihre Kenntnisse vom Schöpfungsprinzip einsetzen. Für dieses Vorhaben gewann sie viele Geistwesen, die sie durch Versprechungen überredete.

Satana und ihr Anhang bemühten sich, ungesetzmäßig göttliche Ätherkräfte für die Gestaltung ihrer Sonnen und Welten zu benutzen. Das sich im gesamten Bereich der reinen Himmel anbahnende Geschehen blieb Gott-Vater in Seiner Allgegenwart nicht verborgen. Seine Liebe versuchte, Satana in Geduld die Folgen ihrer Handlungsweise aufzuzeigen. Vergebens. Alle Geschöpfe, so natürlich auch die, die Seine Gesetze mißachten, haben ihren freien Willen, der von Gott nicht angetastet wird. Wer den freien Willen hat, ist aber gleichzeitig an die Folgen seines Handelns gebunden.

So waren auch Satana und ihr Gefolge an die Konsequenzen ihres Tuns gebunden, und ein Entfernen aus dem göttlichen Gesetz der Liebe bringt immer negative Folgen mit sich. Das Vorhaben der Bildung eines eigenen Reiches in den göttlichen Sphären schlug fehl. Die von Satana veränderten Bereiche mit ihren Welten und Sonnen wurden abgesprengt und formierten sich außerhalb der reinen Himmel. Aus diesen Vorgängen zogen Satana und ihre Anhängerschaft den falschen Schluß, daß sie nun außerhalb der reinen Welten eine zweite Schöpfung aufbauen könnten. Da sich infolge ihres gesetzwidrigen Handelns auch ihre Ätherkörper immer mehr verdunkelten, griff Michael, der Cherub des göttlichen Willens, ein. Er geleitete die Fallwesen, die von den reinen Kräften nicht mehr gehalten werden konnten, aus den himmlischen Welten.

Der Urgeist zog daraufhin, zum Ausgleich der Kräfte, die reinen Himmel näher an sich; gleichzeitig bildete sich um diese Himmel eine Lichtmauer, die die Fallwesen nicht zu durchdringen vermochten. Diese himmlische, absolute Gesetzesmauer kann auf dem Rückweg zur ewigen Heimat nur von jenen Wesen passiert werden, die selbst zum absoluten Gesetz geworden sind. Oder, wie es Christus ausdrückt: *„Wer in den Himmel eingehen möchte, der muß den inneren Himmel mitbringen."*[105]

Damit war der „Fall" besiegelt. Und in die Schöpfung zog ein, was niemals im göttlichen Willen gewesen war: Trauer, Neid, Tod und alles Gegensätzliche.

Die Entstehung der außerhimmlischen Welten

Durch die weiterhin ständige Abwendung der ehemals reinen Wesen (die nichts dazugelernt hatten) von Gott, entstanden nach und nach Welten unterschiedlichster Verdichtungsgrade bis hin zu ihrer verdichtetsten Struktur, der Materie, auf und in der wir leben. Diese Bereiche werden „die Fallwelten" genannt. Sie gliedern sich in sieben Grundbereiche mit ihren jeweiligen Unterbereichen. Wir Menschen auf der untersten Stufe nehmen durch unsere fünf Sinne und die Instrumente unserer Wissenschaftler nur die Materie wahr. Die meisten Menschen meinen deshalb, der Kosmos würde nur aus dieser Materie bestehen, denn schon die nicht so stark verdichteten, die teilmateriellen Bereiche sind für uns unsichtbar.

Der Vorgang der Verdichtung, der zur Bildung der materiellen Atome führte, vollzog sich in einem unvorstellbar langen Zeitraum. Auch die vormals reinen Ätherkörper der Fallwesen zogen sich immer mehr zusammen, immer dichtere Hüllen umgaben sie. Je weiter sich die Fallwesen durch ihre nach wie vor gegebene Uneinsichtigkeit von Gott und damit aus dem Strom ewiger Liebe entfernten, um so weniger waren sie in der Lage, die Ätherkräfte aufzunehmen. Das führte schließlich zur Bildung der letzten Hülle, des menschlichen Körpers. In ihm eingeschlossen sind die sieben Seelenhüllen, die schwingungsmäßig mit den sieben Fallbereichen identisch sind, außerdem der Wesenskern der Seele, unsere unbelastbare, nicht vernichtbare, ewig existierende Göttlichkeit.

Jeder Mensch hat eine Seele, aber nicht alle Seelen stammen aus der Gefolgschaft Satanas. Immer wieder kommen reine Geistwesen aus den Himmeln, um die Wesen in den Fallwelten und auch die Menschen auf der Erde zu belehren oder ihnen zu dienen.

Hier, das heißt mit diesem Wissen über die selbstgeschaffenen Belastungen des Menschen, läßt sich nun die „Erbsünde" einordnen. Wer im kirchlichen Sinne davon frei ist, der gehört nicht zu den „Kindern des Falls". Er ist von oben, nicht von unten, wie die Bibel sagt. Was nicht heißt, daß nicht auch er sich durch die Einflüsse der Finsternis in der Materie verstricken kann und damit dann am Rad der Wiedergeburt haftet, bis er sich wieder davon durch die Hinwendung zu Gott gelöst hat. So, wie dies jeder Seele aufgetragen ist, ob sie aus dem Fall ist oder aus den reinen himmlischen Welten kommt.

Doch zurück zur Entwicklung der Menschheit. Wenn die Schilderung der lange zurückliegenden Ereignisse auf den ersten Blick vielleicht auch nicht zum „Leben nach dem Tod" zu passen scheint, so erleichtert doch das Wissen um diese Hintergründe das Verständnis des nachtodlichen Geschehens, zumal die Auswirkungen des Falles uns alle auch jetzt noch – und sicher noch eine ganze Weile – unmittelbar berühren.

Als er, Luzifer (wie sich Satana nach dem Fall nannte), erkannte, daß die Gotteskraft den Fallwelten und den Fallwesen keinen Einhalt gebot, glaubte er, in Gott eine Schwäche zu sehen. Er nahm deshalb an, es müsse ihm möglich sein, die gesamte Schöpfung, die grobstoffliche wie auch die feinstoffliche, auflösen zu können, um eine neue Schöpfung nach seinen eigenen Vorstellungen hervorbringen zu können. Wäre dies gelungen, hätte Luzifer-Satana sein Ziel erreicht.

Der Allgeist kennt jedoch keine Schwäche, da Er absolut und vollkommen ist. Er ließ Seine Kinder, die ja den freien Willen hatten, nur gewähren. Als sich als Folge der ständigen Zuwiderhandlungen gegen das göttliche Gesetz das Fehlen der Ätherkräfte in den Seelen und Menschen immer mehr bemerkbar machte und die Gefahr einer weiteren Deformation aller Wesen und Formen bestand bis hin zu deren Auflösung in der Ursubstanz, im fließenden Äther – das *Nirwana* in der buddhistischen Vorstellung –, da griff nach vorgegebenem Gesetz der Geist ein.

Die Wende durch Christus

Christus, Sein Sohn und unser aller Bruder, verließ die reinen Himmel und inkarnierte sich in den Menschen Jesus von Nazareth. Er wurde Mensch, um die Menschheit das wahre Gesetz Gottes zu lehren und es vorzuleben und uns allen damit den Weg zurück ins Vaterhaus zu zeigen. Jesus überwand die geballten negativen Kräfte, die die Finsternis Ihm entgegenstellte, indem Er auf Haß, Neid und Feindschaft mit Liebe und Barmherzigkeit antwortete.

Und so ließ Er sich auf Golgatha töten, wissend um alle Geheimnisse Gottes („Der Vater und Ich sind eins"), und bewies so bis zum Schluß, daß es möglich ist, der Dunkelheit auch bis zur letzten Konsequenz Licht entgegenzusetzen. Denn das Licht siegte auf Golgatha. Dort nämlich spielte sich bei Jesu Tod ein gewaltiges Geschehen ab, das auf der Materie nicht sichtbar war, dessen Folgen aber die gesamten Fallbereiche erschütterten: Christus übertrug sein göttliches Erbteil, ein Teil der positiven Urkraft, den Seelen aller gefallenen Wesen in den Fallwelten (die Zwischenreiche, Hades, Scheol, Unterwelt, satanische Hierarchien –

wie auch immer) und den Seelen der Menschen auf der Erde.

Diese zusätzliche geistige Kraft, die als Erlöserfunke seitdem in jeder Seele wirkt, verhinderte den Auflösungsprozeß. Der Fall war gestoppt. Die satanischen Hierarchien, aus denen es zuvor so gut wie kein Entkommen gab, wurden zu Reinigungsebenen („Fegefeuer", wie die Kirche sie nennt), und jeder Seele war es von diesem Zeitpunkt an wieder möglich, den Rückweg in die Himmel durch Läuterung bis hin zur Vollkommenheit anzutreten. Wir waren erlöst.

Das ist der wahre Sinn des Erlösungsgeschehens durch Jesus Christus, kundgetan in vielen Offenbarungen durch Ihn selbst.

Er hat uns die Tür in das Reich der Himmel wieder geöffnet. Hindurchgehen müssen wir selbst.

6. DIE SEELE

*Wahrlich, Ich sage euch, sogar
die Gaumenlüste registriert die
Seele.*

*Aus einer Offenbarung des Cherubs
der göttlichen Weisheit*

*O sehet, um die Seele wird so
viel gesprochen. Die Seele ist
nichts anderes als ein feinstofflicher Körper, der sich verkleiner-
te, weil das Wesen gegensätzlich
dachte und wirkte.*

Aus einer Christusoffenbarung

Tagtäglich wird von vielen Millionen Christen das „Vaterunser" gebetet. Geht man davon aus, daß ein betender
Mensch eine Zwiesprache mit einer höheren Macht hält, so
muß einen die Tatsache verwundern, daß ein sehr großer
Teil dieser betenden Menschen Angst vor dem Tod hat. Ist
doch die Macht, die da angebetet wird, die Allmacht Gottes, jene Kraft und Liebe, die in ihrer Größe jedes menschliche Vorstellungsvermögen übersteigt und die nichts jemals
überbieten kann. Furchtsame Beter aber können nicht
erkennen, daß allein in den ersten zwei Worten – „Vater
unser" – der Beweis für ein Leben nach dem Tode liegt.
Wir haben als menschliche Wesen alle einen menschlichen

Vater, der unseren Körper gezeugt hat. Das ist die eine Seite. Mit den Worten „Vater unser" sprechen wir aber ein anderes Wesen als Vater an: unseren himmlischen Vater. Da Er aber nicht unseren menschlichen Körper geschaffen hat, muß Er daher der Schöpfer eines anderen Teils unserer Persönlichkeit sein: unserer *Seele*. Das ist die andere Seite.

Damit ist für die Christen und alle, die an einen Gott glauben, klargestellt, daß wir eine Seele haben.

Wenn wir aber eine Macht anbeten und sie als unseren Vater ansehen, die größer ist als unser kleines Bewußtsein und von der wir annehmen, daß sie das Universum geschaffen hat, dann könnten wir dieser Macht doch eigentlich auch zutrauen, daß sie das von ihr Geschaffene einschließlich der Materie unter Kontrolle hat. Und nicht nur das, sondern daß der in allem lebendige Geist Seine Kinder auch wirklich liebt, wie Er uns das immer wieder sagt und sichtbar macht. Wenn aber Gott, der Geist, Seine Geschöpfe liebt, wird Er sie, da Er die Macht dazu hat, nicht verlorengehen lassen. Das würden wir als weltlicher Vater oder Mutter mit unseren leiblichen Kindern auch nicht tun. Wenn Er uns aber nicht verlorengehen läßt, wird Er uns erhalten. Das aber bedeutet, daß nicht alles mit dem Tod vorbei ist. Und das wiederum, daß es ein Weiterleben nach dem Tode gibt!

So einfach kann das sein.

Wer einmal, eingekehrt in sich selbst und stille geworden, aus seinem Inneren das Wort „Vater" emporsteigen und die damit verbundenen Empfindungen in sich wirken läßt, der kann ein kleines Wunder erleben. Versuchen Sie es, wenn Sie möchten. Es kann der Anfang der eigenen Erfahrung werden, daß wir nicht nur aus Fleisch und Blut bestehen, sondern daß etwas viel Wesentlicheres in uns vorhanden ist: ewig existierender Geist. Dann stoßen Sie auf den Beweis, der in jedem von uns liegt.

Es ist nun an der Zeit, den Begriff der „Seele" näher zu betrachten, da dies für das Verständnis des Erlebens nach dem Sterben wichtig ist.

„Mensch, erkenne was du bist
und was du nicht bist.
Du bist Geist und
kein vergängliches Wesen.
Du lebst, ob du willst
oder nicht – ewig!"

Diese Aussage trifft zu, obwohl (oder richtiger *weil*) hier der Begriff „Geist" verwendet wird.

Im vorigen Kapitel war davon die Rede, daß wir einst als reine Geistwesen geschaffen worden sind. Dabei wurden uns die vier Wesenheitseigenschaften Ordnung, Wille, Weisheit und Ernst und die drei Kindschaftseigenschaften Gottes Geduld, Liebe und Barmherzigkeit übertragen. Durch diese sieben Eigenschaften sind wir göttlich, Kinder des einen himmlischen Vaters. Die Form eines reinen Geistwesens ist der Menschenform ähnlich, doch ist sie schwerelos, ebenmäßig und schön. In unserem vollkommenen Zustand waren wir das Gesetz Gottes selbst und werden es auch wieder sein. Wir waren Geistwesen, auch Engel genannt, und hatten einen Ätherkörper.

Ob wir nun durch unseren Eigenwillen und die damit verbundene Veränderung unserer Strahlung die Himmel verlassen mußten oder ob wir, eine Aufgabe übernehmend, freiwillig die Himmel verließen – immer muß die eigene Schwingung der Schwingung der Ebene der außerhimmlischen Bereiche, die man anstrebt, angeglichen sein. (Das mit der Schwingung kann man sich am ehesten verdeutlichen, wenn man sich vor Augen hält, daß alles nur Energie ist, und Energieformen unterschiedlicher Schwingung oder Dichte nicht zusammenkommen können. So wie Nebel sich nicht mit Wasser verbinden kann, es sei denn, er verringert seine „Schwingung", verändert damit seine Form und wird selbst zu Wasser. So in etwa kann man sich das vorstellen.)

Der Weg in die Materie

Auf dem Weg von den Himmeln zur Erde durchläuft nun jedes Geistwesen die sieben Grundbereiche samt Unterstufen, die sich, durch den Fall bedingt, außerhalb der Himmel gebildet haben. Der tiefste Punkt, praktisch außer- oder unterhalb des untersten Bereiches, ist das materielle Universum und darin auch unsere Erde.

Bei seinem Abstieg hinunter zur Materie verdichtet sich der Ätherleib von Stufe zu Stufe. Das geistige Gebilde verkleinert sich, weil es aus der Unendlichkeit nicht mehr so hohe Energiegaben erhält. Der Ätherleib faltet sich zusammen, oder besser: er schachtelt sich ein. Um den göttlichen „Funken" in uns, den Wesenskern der Seele, legen sich nun nach und nach die sogenannten Seelenhüllen, und zwar analog zu den Bereichen der Schwingungsebenen, die das Geistwesen nach und nach durchschreitet. Auf diese Weise bilden sich um den Wesenskern sieben Seelenhüllen. Die Gesamtheit dieser Hüllen einschließlich des Wesenskerns nennen wir Seele.

Wenn wir einen Vergleich aus der Natur nehmen, indem wir an eine Raupe denken, die sich verpuppt, so kommen wir im übertragenen Sinne ziemlich nahe an das heran, was mit einer Seele geschieht.

Im Gesetz von Ursache und Wirkung ist das Gesetz der Anpassung enthalten. Es besagt: Schon bei der Zeugung geht ein entsprechender geistiger Strahl in die Seelenbereiche und findet dort eine Seele, deren Schwingungszustand in erster Linie dem der werdenden Mutter entspricht. Auch karmische Bindungen spielen dabei eine große Rolle, indem die Seelen in Eltern und Kindern zusammengeführt werden, die miteinander noch etwas abzutragen haben.

Sobald sich die inkarnationswillige Seele dem Embryo im Mutterleib nähert, richtet sie ihre Strahlung zuerst auf die Gene, die Erbanlagen, ihres zukünftigen Körpers. Dieser erste Strahlungskontakt vollzieht sich über Seelenschwingungen, die von der inkarnationsbereiten Seele ausströmen. Sie selbst befindet sich eventuell noch in einer der Reinigungsebenen, von wo aus sie die erste Fühlung aufnimmt. Die Ausstrahlung der Seele, ihre „Fühler", die Seelenschwingungen, entsprechen der Art und Intensität ihrer Belastungen. Auch hier lautet das Gesetz: Gleiches zieht Gleiches an.

Die sich bildenden Erbanlagen des Embryos gleichen den Belastungen der Seele. So kann also schon der werdende Körper im Mutterleib von der ausfließenden Seelenschuld gezeichnet werden. Je mehr der Embryo wächst, um so näher kommt die Seele der Mutter und dem Kind, ihrem neuen, werdenden Körper. Unsichtbar geht das alles vor sich, da alles auf Strahlung beruht.

Eine lichte Seele ist sich des Sinnes ihrer Einverleibung, ihrer Inkarnation, voll bewußt. In dem neuen Erdenleben möchte sie möglichst viel von dem abtragen, was sie bisher gehindert hat, in die ewige Heimat zurückzukehren. Jede Seele, die zur Einverleibung geht, wird über ihre Planetenkonstellation gelenkt.

Inkarniert eine Seele schließlich – beim ersten Schrei des Neugeborenen tritt die Seele nach und nach in den Säugling ein –, dann ist sie außer in ihre sieben Seelenhüllen in eine weitere Hülle, den leiblichen Körper, eingeschlossen. Der Wesenskern der Seele, das reine Geistwesen, ist nun ummantelt. Es muß alle Hüllen auf dem Weg zur Vollendung wieder ablegen.

Auch Theresia von Avila, die spanische Mystikerin der katholischen Kirche aus dem 16. Jahrhundert, wußte um diese sieben Seelenumhüllungen, was sie in ihrer Schrift „Die innere Burg" (oder „Seelenburg") zum Ausdruck brachte.

Ganz untergegangen war dieses Wissen nie. Aber es wurde nicht nur nicht verbreitet, sondern mit ziemlichem Erfolg sogar unterdrückt – erinnern wir uns nur an Giordano Bruno, der wegen dieser Erkenntnisse verbrannt wurde –, so daß wir heute kaum Genaueres darüber wüßten, wenn sich nicht wieder Gott durch das Prophetische Wort offenbaren würde.

So erfahren wir, daß die Seele beim Eintritt in den Körper meist sehr klein ist, oftmals nur faustgroß. Die Grundsubstanz der Seele, der Wesenskern, hat ihren Sitz in der Nähe der Hirnanhangdrüse und ist mit dem Menschen, mit seinen Gehirnströmen, durch das Odband (auch Silberschnur genannt) verbunden. Über den Wesenskern und die sieben Bewußtseinszentren – denken wir an die sieben durchlaufenen Bereiche – nimmt die Seele Ätherkräfte auf. Die Bewußtseinszentren strahlen über die Wirbelsäule in die Lebensnerven des Menschen ein. (Diese geistigen Zentren im Körper sind für viele Hellsichtige wahrnehmbar.)

Die eigene Programmierung

Die Seele ist, wie die gesamte geistige Schöpfung, in der Partikelstruktur aufgebaut, d.h. sie besteht aus Trillionen und Abertrillionen geistiger Partikel, die sich wie ein Schuppengebilde aneinanderreihen. Diese Seelenpartikel nehmen das auf, was wir im Laufe vieler Leben im Diesseits und im Jenseits in sie durch unser Empfinden, Denken, Reden und Tun einspeichern.

Je mehr nun ein Mensch an positiven, selbstlosen, guten Dingen tut – und damit seine Seele entsprechend programmiert –, um so höher wird, vereinfacht ausgedrückt, die Schwingung seiner Seele. Damit fließen vermehrt Ätherkräfte in die Seele und von dort in den Körper ein. Je stärker sich ein Mensch negativen Einflüssen aussetzt, seine niedere Triebhaftigkeit auslebt und böse Dinge tut, um so weniger fließen die ätherischen Kräfte in Seele und Körper ein, da der Mensch durch sein Verhalten die Schwingungen seiner Seele verringert und damit ihre Aufnahmefähigkeit für die ewig strömenden göttlichen Kräfte mindert.

Die aufgenommenen Lichtimpulse – die „Belichtung" der Seele durch Gedanken, Worte und Taten –, die von der Seele auf die Bewußtseinszentren übertragen werden, durchdringen den Menschen. Sie bilden die Aura, die Strahlung der Seele. Auch die Aura ist für viele hellsichtige Menschen ohne weiteres erkennbar.

Die göttliche Ätherkraft, die alles durchströmt und alles erhält, ist die Liebe Gottes. In dem Moment, da der Mensch sich Gott zuwendet und beginnt, das Gesetz der Liebe im täglichen Leben zu verwirklichen, bringt er seine Seele in eine höhere Schwingung, und die Liebe, die er dann selbstlos gibt, strömt ihm mehrfach als Kraft wieder zu. Denn er hat sich aufnahmefähig gemacht dafür, so wie er durch gegensätzliches Verhalten ein stärkeres Einfließen der lebenserhaltenden Energie in sich selbst verhindert.

Dem ganzen menschlichen Schicksal, seinem Werden, Leben und Sterben, liegt dieses Prinzip zugrunde, das in seiner Einfachheit und gleichzeitig in seiner Genialität nur dem einen Ursprung, Gott, entstammen kann.

„Das ewige Gesetz des Herrn beruht auf fließendem, ewig geistig-göttlichem Äther. Der göttliche Äther ist zugleich Heil- und Lebenskraft. Er speist sowohl die reinen Wesen als auch die Seelen und Menschen und insbesondere jene, die sich Gott, ihrem Herrn und Vater in Jesus Christus, ihrem Erlöser, zuwenden." (Emanuel, der Cherub der göttlichen

Weisheit, in „Erkenne und heile dich selbst durch die Kraft des Geistes".)[106]

So werden die Worte Jesu verständlich, der gelehrt, gemahnt, gebeten und gebettelt hat, der Mensch möge doch die Liebe leben. Denn die Liebe, die alles erhält, kann nur dann in Seele und Mensch verstärkt strömen, wenn dieser sich entsprechend den Gesetzen Gottes verhält. Was geschieht, wenn er das nicht tut, darüber klärt Christus heute auf:

„Handelt der Mensch wider das Gebot des Heiligen Geistes, so belastet er die Partikelstruktur der Seele. In die geistigen Partikel dringen niedere Schwingungen ein, die von der vibrierenden magnetischen Seele festgehalten werden. In die Partikelstruktur dringen die Ursachen ein. Wiederum über die Seele vollzieht sich die Wirkung."[107]

Im Laufe eines Lebens nun wirkt der Mensch ununterbrochen durch sein Verhalten auf die Seele ein, so daß sich am Ende des Lebens die Seele in einem ganz bestimmten, individuellen Zustand befindet. *„Das, o Menschenkind, wird alles in das Buch des Lebens geschrieben, das in dir ist, es ist deine Seele! Im Reich der Entwicklung wird es dann aufgeblättert, d.h. in deinen verschatteten Seelenpartikeln siehst du dann deine Belastung, sie bildet dein geistiges Kleid."*[108]

Der Zustand dieses geistigen Kleides ist ausschlaggebend für das, was nach dem Tod passiert. In jedem Fall verläßt die Seele den Körper, um dann in feinstofflicheren Bereichen weiterzuleben. Diese Gewißheit des Weiterlebens kann für viele allein schon ein Trost sein, aber es ist ja erst der Beginn, eigentlich der erneute Beginn einer Wanderung. Wenn die Tatsache des Nicht-sterben-Könnens an sich auch schon erfreulich genug sein mag, so hat sich damit im Prinzip noch nichts geändert. Denn ob wir drüben leben oder hier – das bringt uns, solange wir uns über den Sinn und Zweck des Lebens und unser Ziel nicht klar geworden sind, nicht weiter.

Irgendwann einmal fangen wir jedoch an zu fragen und beginnen schließlich, „unsere Koffer zu packen" für die große Heimreise. Daß dies möglichst bald möglichst viele, ja alle Seelen und Menschen begreifen und in die Tat umsetzen, ist der Wunsch unseres Vaters, dessen Sehnsucht nach uns ungebrochen groß ist. Wenn wir dann die Reise nach Hause angetreten haben, werden wir erkennen, wie wir Schritt für Schritt zurückgeführt werden, und zwar durch alle die Bereiche hindurch, die wir auf unserem Hinweg passiert haben. Und genauso, wie wir unser wahres Leben, die Geistigkeit unseres Ätherleibes, nach und nach eingehüllt haben, werden wir nach und nach die sieben Gewänder der Seele wieder ablegen.

Mit jedem Bereich, den wir bewältigt und durchschritten haben, lichtet sich unsere Seele. In dem Maße, wie wir durch die Verwirklichung der Liebe und unser Streben nach Gott unsere Seele entlasten und sie dadurch lichter und reiner wird, werden wir von entsprechend helleren, klareren Welten angezogen. Auch hier gilt: Gleiches zieht Gleiches an. Wenn wir auf diese Weise die Astralbereiche hinter uns gelassen haben, sieht unsere geistige Gestalt schon wesentlich schöner aus. Die Seelenhüllen haben sich weitgehend aufgelöst, und wir sind dadurch, daß sich unsere Seelenschwingung erhöht hat, aus dem Anziehungsbereich der Materie heraus und frei vom Rad der Wiedergeburt. Damit sind wir zwar noch nicht wieder in den reinen Himmeln, aber ein großes Stück des Weges ist geschafft. Wir dürfen uns dann „Halbengel" nennen (ob wir es tun, sei dahingestellt) und werden nun mit der immer stärker in uns wirksam werdenden göttlichen Kraft auch noch die restlichen drei Vorbereitungsebenen bewältigen, um schließlich, frei von jeglicher Belastung und von allen einengenden Seelenhüllen, unsere ewige Heimat wieder zu betreten. Dann sind wir wieder die reinen Geistwesen, die wir einmal waren, und die Zeit, in der wir „Seelen" waren, ist endgültig und für immer vorbei.

Weil durch die Auflösung der Seelenhüllen auch deren Gesamtheit, die Seele, dann nicht mehr existiert, ist es nicht ganz korrekt, von der unsterblichen Seele zu sprechen. Unsterblich in uns ist der göttliche Funke, der Geist. Wir sind daher Geist. Wir sind nicht Seele, aber wir haben eine Seele, die so lange so heißt und uns so lange begleitet, bis wir ihre Hüllen durch die Kraft der selbstlosen Liebe abgelegt haben.

Um jedoch in einem einheitlichen Sprachgebrauch zu bleiben und das Verständnis nicht zu erschweren, bleiben wir bei dem Ausdruck der unsterblichen Seele, zumal dieser ja in jedem Fall Gültigkeit für die Materie und die sich ihr anschließenden Astralbereiche hat. Und um die geht es uns in erster Linie. Da müssen wir heraus.

Die Gnade Gottes hat die Bildung der Materie zugelassen. Dadurch haben die Seelen nun die Möglichkeit, aus den angrenzenden Astralbereichen in das „Fleisch" zu gehen. Während es im Jenseits Raum und Zeit nicht gibt, erleben wir hier sehr wohl, was diese Zustände bedeuten. Für die inkarnierte Seele hat dieser irdische Umstand den Vorteil, daß sie ihren Lern- und Reifeprozeß wesentlich beschleunigen kann. Die Erde ist somit die Schule der Seelen oder sollte das wenigstens sein. Leider nur erkennen die wenigsten sie als solche.

Wenn wir daher unsere Zeit sinnvoll nützen, werden wir unsere Reisezeit stark abkürzen können. Wir werden nicht mühsam, oft unter seelischen Qualen und annähernd einem Stillstand gleich, in den Reinigungsbereichen der Astralwelten lernen und gegen uns selbst „kämpfen" müssen, wir können, ja wir sollen schon hier konsequent damit beginnen, unsere Seele zu reinigen. Mit jedem Sieg über die Eigenschaften unseres menschlichen Ichs durchlichten wir unsere Seele mehr und mehr, und die Seelenhüllen beginnen sich aufzulösen. Dieser Prozeß ist körperlich fühlbar („das Wehen des Heiligen Geistes", von dem die Bibel spricht).

Die innere Kraft, die wir für diesen Läuterungsverlauf brauchen, tragen wir seit der Erlösung durch Jesus Christus in uns. Es ist die zusätzliche, stabilisierende Energie in unserem vierten Bewußtseinszentrum, die es uns – wenn wir den Willen dazu haben – möglich macht, schon zu Lebzeiten aus dem Bann der Materie und der Astralbereiche herauszukommen. Dann haben wir unsere Seelenhüllen oder einen Teil davon bereits auf Erden abgelegt, wir unterliegen schon als Menschen nicht mehr dem Gesetz von Ursache und Wirkung und sind frei geworden von den wiederkehrenden Inkarnationen.

Wenn eine Schuldtilgung in diesem Erdenleben nicht erreicht wird, ist ein neuer Versuch nötig, mit der gestellten Aufgabe fertig zu werden, noch nicht gesühnte Schuld zu tilgen, Vergehen wieder gutzumachen und die All-Liebe zu lernen. Das Gnadengeschenk Gottes, eine neue Inkarnation, gibt uns dazu die Möglichkeit.

Das eigentliche Selbst

Was über den Aufbau der Seele und ihren Weg von und zu Gott aus der geistigen Welt geoffenbart wird, scheint für viele auf den ersten Blick oft kaum glaubhaft zu sein. Wer weiß schon um einen feinstofflichen zweiten Körper im Menschen? Es gibt Fälle, in denen Personen sich bewußt sind, in bestimmten Situationen und zu bestimmten Zeiten aus ihrem Körper ausgetreten zu sein. Sie identifizieren sich sodann mit diesem ausgetretenen Gebilde – es ist ihre Seele, also tatsächlich sie selbst. Das Bewußtsein, meint Ian Currie, daß wir in Wirklichkeit „zwei" sind, nämlich Körper und Seele, sei eines der am besten belegten Geheimnisse der modernen Zeit.[109]

Menschen, die sich, warum auch immer, aus ihrem materiellen Körper lösen, stellen fest, daß dieser „andere" Körper, in dem sie sich dann aufgehalten haben, dem physischen Körper in Form, Größe und allgemeinem Aussehen stark ähnelt. Er wird meistens als durchsichtig, sehr viel leichter und weniger körperhaft als die materielle Hülle empfunden. Daraus, daß die Personen später wieder in ihren richtigen Körper zurückkehren, folgern sie, daß sich der „andere" Körper im ersteren befinden muß. „Der Teil von mir, der sich außerhalb meines Körpers befand, war mein eigentliches Selbst, so wie ich es kannte, das, was sieht, denkt und fühlt ... Meine Persönlichkeit und mein Bewußtsein waren genau wie immer ... Ich hatte ganz das Gefühl, ich selbst zu sein."[110]

„Mein Denken und Bewußtsein waren absolut dasselbe wie im Leben, aber ich konnte mir das Ganze einfach nicht erklären."[111]

Da stehen wir staunend und fragend vor etwas Neuem: Der zweite Körper in uns, unsere Seele, ist nicht irgend etwas Abstraktes, Nebelhaftes, Unwirkliches, nein, er ist so sichtbare, fühlbare und erlebbare Wirklichkeit, wie man sich das nur vorstellen kann! Und noch viel wirklicher!

Das Schönste – wie man es nimmt – kommt erst noch: In diesem Seelenkörper ist nicht nur ein irgendwie geartetes Leben, sondern darin sind wir mit allen unseren individuellen Merkmalen, mit unseren Charaktereigenschaften, mit unseren Stärken und Schwächen, kurzum – mit unserer gesamten Persönlichkeitsstruktur. Was wir denken, woran wir unseren Geist arbeiten lassen, womit unser Verstand lebt, was unser Geist für Nahrung bekommt, womit wir fertigwerden müssen – alles das wird zu unserem Seelenkörper.

Wenn davon geredet wird, daß „man" nach dem Tode vielleicht weiterlebt, dann muß dieses „man" ja etwas beschreiben, das nicht dem Verfall der Materie unterliegt. „Man" muß also mehr sein als Mann. Oder Frau. Kann mit diesem Man eventuell die nicht körperliche Gesamtheit unseres Ichs gemeint sein? Sie ist es, und Sie bekommen eine einigermaßen klare Vorstellung von dem, was Ihren physischen Leib überdauert, wenn Sie folgendes tun:

Schließen Sie die Augen und empfinden Sie sich als das, was Sie sind, als ein lebender Mensch. Denken Sie an Ihre Erwartungen und Ziele, an das, was Sie bereits bewältigt haben und an das, was Sie meinen, noch unbedingt haben und tun zu müssen. Vergegenwärtigen Sie sich Ihre Liebe und Ihre Selbstlosigkeit gegenüber anderen, berücksichtigen Sie aber auch Ihre kleinen oder großen Fehler und Schwächen. So entsteht ein Bild Ihrer selbst. Sie empfinden sich als etwas, das aus mehr zusammengesetzt ist als aus Haut, Knochen, Fett, Wasser, Muskeln, Sehnen und anderem mehr. Sie *sind*. Und jetzt denken Sie sich das Äußere, d. h. Haut, Knochen usw. einfach weg. Bleibt was übrig? O ja, das *Innere,* das, was Ihr eigentliches Leben darstellt. Das, was Ihren eigenen Tod überdauert – eingehüllt in einen feinstofflichen Körper, den man Seele nennt.

So in etwa, nur viel unverhüllter, gesteigerter, um ein Vielfaches empfindsamer würden Sie heute leben, wenn Sie gestern gestorben wären.

Der Grund, warum das so ist, ist ebenso einfach wie einleuchtend. Wir wissen, daß die Seele aus unzähligen Partikeln aufgebaut und über die Gehirnströme und über die Bewußtseinszentren mit dem Menschen verbunden ist. Sie nimmt während eines Lebens das auf, was der Mensch empfindet, denkt, redet und tut. Man kann die Seele, wenn man so will, als „magnetisch" bezeichnen. Sie nimmt alle Einzelheiten des menschlichen Lebens wahr. Damit ist sie zu unserer Registratur oder besser noch zu unserer Registrierkasse geworden, denn sie sammelt und behält nicht nur, sie gibt auch wieder zurück. Verlorengehen kann in dieser seelischen Registratur nichts. Wo sollte es auch hin? Alles ist Schwingung, alles ist Energie. Und Energie kann nicht verlorengehen (man kann jedoch negative Energie in positive umwandeln).

Daher ist am Ende eines irdischen Lebens noch alles da. Wir selber haben es in diese Registratur hineingetan. Dabei spielt es überhaupt keine Rolle, wie lange das her ist. Das kann vor kurzem oder aber vor Tausenden von Jahren gewesen sein. Zeit existiert im Jenseits nicht, und wenn wir nicht selber durch eigene Erkenntnisse, Reue und Wiedergutmachung das aufgelöst haben, was wir eingegeben haben, dürfen wir absolut sicher sein, daß es noch da ist. „Aber die schreckliche Erkenntnis, daß ich durch meinen Wunsch, mich hervorzutun, den Tod zweier geliebter Pferde verursacht hatte, beschämte mich in einem Maße, das ich in meinem gegenwärtigen Leben nicht gekannt habe. Es gab keine Möglichkeit, mich von diesem Vorfall zu lösen: Daß er sich vor 2000 Jahren ereignet hatte, war vollkommen unerheblich. Ich war derjenige, der es getan hatte; und es geschah *jetzt*", berichtete ein britischer Psychiater, als er während der Hypnose einen Vorfall aus einem seiner früheren Leben schilderte.[112]

Unwahrscheinlich, möchte man meinen, wenn man so etwas liest. Und dennoch heißt es in einer göttlichen Offenbarung: *„Allerdings nimmt die Seele ihre menschliche Denk- und Handlungsweise mit hinüber, ihren aufgestauten Haß, ihre Aggressionen, denn tausend Jahre sind für sie oft nur wie ein Tag."*[113]

Immer wieder schildern Menschen, daß sie im Augenblick der Todesnähe ihr Leben wie in einem Film ablaufen sehen. Dieser Film zeigte ihnen – und später uns allen –, wer sie wirklich waren. Sind wir die, die wir zu sein vorgeben? Wir unterstreichen unsere Männlichkeit oder Weiblichkeit. Wir verschönern unser Aussehen durch feine Kleider und mehr. Wir verbergen einen großen Teil unserer Gedanken und bestimmte Handlungen, damit sie von anderen nicht erkannt oder mitangesehen werden. „Doch in der Stunde des Todes", so Moody, „müssen alle diese Masken fallen. Plötzlich begegnet dem Menschen alles, was er jemals gedacht oder getan hat, bildhaft versammelt in einem dreidimensionalen, farbigen Panorama."[114]

„Nichts von seinem gelebten Leben ist verlorengegangen. Längst Vergessenes ist erhalten geblieben und erscheint jetzt aufbewahrt in dem lückenlosen Lebensbild."[115]

So darf man getrost die Seele als das Buch des Lebens bezeichnen, in dem unbestechlich unsere Empfindungen und ihre Folgen ihren Niederschlag finden. Den Vorgang des Eindringens jeder Schwingung in die Seele im einzelnen zu erläutern, würde zu weit führen. Nur soviel: Jeder Gedanke wird zunächst in der Aura festgehalten. Während einer gewissen Karenzzeit, bevor dann die Schuld als negative Kraft in die Seele eindringt, wird dem Menschen Gelegenheit zur Wiedergutmachung gegeben. Wird diese Gelegenheit nicht wahrgenommen, fließt die Schuld als Belastung in die Seelenpartikel ein. Die Seele „verschattet" sich, mit der Folge, daß die Geistkraft zurückgeht und die Seele in eine niedere Schwingung fällt.

Diese schwindende Kraft der Seele macht sich auch innerhalb des Körpers in seiner Zellstruktur bemerkbar, d. h. der Körper ist nicht mehr voll belastbar, wird krank und verfällt. Die Seele versucht nämlich, das, was sie in sich trägt, „zur Offenbarung" zu bringen, indem sie es nach ehernen göttlichen Gesetzen nach und nach in den Körper einfließen läßt. Dann zeigen sich Krankheiten, Nöte, Schicksalsschläge und vieles mehr. Man kann diesen Prozeß zwar vorübergehend durch Kuren, Bäder, Sport, Medikamente, ärztliche Behandlung, gesunde Ernährung usw. aufhalten, der Zustand der Seele – und damit des wichtigeren Teils von uns – wird dadurch nicht verbessert (es sei denn durch eine Ganzheits-Therapie, die Leib *und* Seele einschließt). Er tritt spätestens nach dem letzten Atemzug zutage.

Die Annahme, eine noch nicht bereute und nicht gesühnte Schuld würde dann mit dem toten Körper zusammen begraben, ist also nicht richtig. Die Seele hat sie in sich aufgenommen.

Genauso aber, wie man seine Seelenschwingung reduzieren kann, besteht die Möglichkeit, ja die Bitte, der Wunsch und der Wille Gottes, sie durch ein entsprechendes Leben auf ein höheres und hohes Niveau zu bringen. Auch das hat Auswirkungen auf uns und unsere Umwelt. *„Je höher eine Seele schwingt, desto lichter und weiter ausstrahlend ist die Aura. Um so geschützter, geistig freudiger, reger und auch körperlich gesünder ist der Mensch.“*[116] Wir tun also auch etwas für uns selbst, wir dürfen die guten Früchte unseres eigenen Tuns ernten. Oder, wie mal einer sagte: Ich bin so egoistisch und werde selbstlos!

Der zeitweilige Austritt

Als ich vor Jahren las, daß es durch die Anwendung gewisser Techniken möglich ist, in seinem Seelenkörper seinen physischen Leib während des Schlafes zu verlassen und dabei das Wachbewußtsein aufrechtzuerhalten, war ich fasziniert davon und wollte es selbst ausprobieren. „Irgend etwas“ hinderte mich jedoch daran, denn den dafür erforderlichen Fleiß und das Durchhaltevermögen brachte ich nicht auf. Es waren halbherzige Versuche, die nicht gelangen. Heute wissen wir, daß zwar die Seele während des Schlafes sehr oft den Körper verläßt, daß es aber nicht gesetzmäßig im Sinne Gottes ist, diesen Zustand durch entsprechende Methoden selbst herbeizuführen, denn es kann zu einer Blockierung des Lebens- oder Od-Bandes zwischen Seele und Mensch kommen.

Außerdem wäre das Motiv Neugier und damit ziemlich niederer Art. Und Neugier, selbst wenn wir dadurch ein paar außerkörperliche Erfahrungen machten, ist kein guter Lehrmeister für die Veredelung unserer Seele. Bei einem Seelenaustritt, der bewußt herbeigeführt wird, werden der Seele und dem Körper Kräfte entzogen. Mit diesen mißbrauchten Kräften geht dann die Seele auf eine Seelenreise, die auch Astralreise genannt wird, da eine solche Seele sich nur in den Astralbereichen und nicht in höheren Regionen aufhalten kann.

Das, was die Seele dort erlebt, mag der Mensch für außerordentlich interessant und schön halten. Wirklich lichte Zonen in ihrer unvorstellbaren Unendlichkeit und Schönheit erreicht seine Seele auf diese Weise nie. Und die Himmel sind das, was er da erlebt, erst recht nicht, auch wenn er sie womöglich dafür hält.

Die Seele tritt während des Schlafes (und auch während einer Bewußtlosigkeit) jedoch regelmäßig aus dem Körper aus. Ihr werden schon zu Lebzeiten viele Möglichkeiten gegeben, sich mit den Lebensverhältnissen im Jenseits vertraut zu machen. Dabei bleibt der Kontakt über die Silberschnur zum Menschen bestehen. Zugleich ist die Seele aber auch mit ihrem Schutzgeist, der im Volksmund Schutzengel heißt, verbunden. Der Schutzgeist bleibt während unserer nächtlichen Reise an unserer Seite. Er übt u. a. mit uns unsere Standfestigkeit ein, die wir brauchen, um uns nach unserem vollkommenen Seelenaustritt, dem „Tod", möglichst gut und schnell zurechtzufinden.

Wohin wir während unserer Reise gehen, das bestimmen wir selbst. Je größer das Licht unserer Seele ist, desto „höher" werden wir steigen. *„Die erwachte Seele wird die innere Heimat schauen und wird des Nachts, wenn der Körper tief schläft, dorthin wandeln. Und sie wird mit all jenen zusammentreffen und verbunden sein, die im Geiste zu ihr gehören. Doch der Weltverhaftete, der wird seine Seele festhalten. Sie wird, wenn er schläft, nur das Zeitliche betrachten, sich auf der Erde tummeln oder in den angrenzenden Reinigungsbereichen. Doch vom inneren Licht und von der Existenz ewiger Heimat nimmt sie wenig, ja gar nichts mit ins Diesseits."*[117]

Sobald der physische Leib erwacht, gibt der Schutzgeist ein Zeichen an die Seele, und mit einer unvorstellbaren Schnelligkeit tritt sie wieder in den Körper ein. Sie schachtelt sich, nachdem sie sich zuvor entfaltet hatte, wieder auf ihre „Körpergröße" ein.

Ein gottverbundener Mensch fühlt sich glücklich schon beim Erwachen. Er fühlt, ja er weiß, daß seine Seele an lichteren Orten war. Er nimmt dankbar die Kraft an, die ihm nicht nur durch den körperlichen Schlaf geschenkt wurde.

Das alles ist unsere Seele, das alles kann sie, und das alles geschieht in ihr. Und noch viel mehr, das jetzt noch nicht zu beschreiben ist. Sie ist das „Haus", in dem wir lange Zeit leben, viel länger als in unserem jetzigen „Haus". Und dennoch tun die meisten Menschen so, als gäbe es dieses Haus von und für drüben nicht. Sie bauen fleißig an dem diesseitigen, obwohl wir alle wissen, daß wir es einmal verlassen. Dann ziehen wir in unser neues-altes jenseitiges Haus um. Ein Leben lang hätten wir Zeit gehabt, an diesem unsterblichen Haus zu bauen. Dafür waren wir hier.

Haben wir es getan? Wenn ja, fällt uns der Abschied nicht schwer. Wenn er uns doch schwer fällt, weil Angst uns beherrscht, was haben wir dann falsch gemacht?

7. DIE LIEBE UND DER TROST

Immer und immer wieder ver-
suchte Ich, den Meinen die
Furcht vor dem Tod zu nehmen.
Ja, schon Meine Auferstehung
zeigte den Menschen, es gibt
nicht das Grab, es gibt nicht den
Tod, sondern für alle, die in sich
das Leben bewußt entwickelt
haben, die Auferstehung und das
Leben.

Aus einer Christusoffenbarung

Gott ist absolut ewig gebende
Liebe. Gott straft, verdammt
und züchtigt nicht.

Aus einer Offenbarung des Cherubs
der göttlichen Weisheit

Der Vater, zu dem so viele jeden Tag beten, spricht heute zu uns Menschen: *„Mein Kind, Ich liebe dich. Mein Kind, groß ist die Liebe zu Meinen Kindern. Kein Mensch kann Meine Liebe nur erahnen, der nicht mit seinen Geistesaugen das Universum schaut in seinem Glanz und in der mannigfachen Vielfalt Meines Lebens."*[118]

Wir reden so oft davon, daß Gott die Liebe ist. Allerlei Ergänzungen versuchen, die Ausdruckskraft des Wortes Liebe zu steigern: die ewige, absolute, vollkommene, alles umfassende, allgegenwärtige und mehr. Es können noch so viele Ausschmückungen gefunden werden – wenn sie uns nicht in der Tiefe unserer Seele erkennen lassen, was Gottes Liebe für uns bedeutet, sind alle diese Worte Schall und Rauch.

Für unsere Einstellung zum Sterben hat es entscheidende Bedeutung, ob wir die Liebe Gottes erfaßt und damit erfahren haben. Wer um die Liebe Gottes weiß, stirbt ohne Furcht.

Da so viele Menschen voller Angst und Ungewißheit sterben, läßt das den Schluß zu, daß sie von Seiner Liebe zwar gesprochen, sie aber als Realität nicht akzeptiert haben. Was empfinden wir, wenn wir von Liebe reden? Meinen wir alle diese unbeschreibliche Geborgenheit, die jedes menschliche Begriffsvermögen übersteigt?

„... Währenddessen fühlte ich mich die ganze Zeit in überwältigende Liebe und Barmherzigkeit eingehüllt."[119]

Ein anderer beschreibt sein Erleben so: „... Von dem Augenblick an, in dem das Licht mit mir zu sprechen begann, (habe ich) mich unendlich ... geborgen und geliebt (gefühlt). Die Liebe, die es ausströmte, ist einfach unvorstellbar, überhaupt nicht zu beschreiben."[120]

Es gibt viele solcher Aussagen. Immer wieder wird ein Zustand der Vertrautheit und des uneingeschränkten Verstehens, der Liebe, beschrieben. Gott ist bedingungslose Liebe, schreibt Elisabeth Kübler-Ross, und bei der „Revision" unseres Lebens würden wir nicht ihm die Schuld an unserem Schicksal zuschieben, sondern wir würden erkennen, daß jeder von uns sein eigener schlimmster Feind war, da wir uns jetzt vorwerfen müßten, so viele Gelegenheiten zum Wachsen ungenützt gelassen zu haben. Dann wüßten wir, daß es sich bei all unseren Schicksalsschlägen um unzählige Möglichkeiten zum Wachsen gehandelt hätte, zum Wachsen an Verständnis, zum Wachsen an den Dingen, die wir noch lernen mußten, zum Wachsen an Liebe.[121]

Wer selber einmal die Erfahrung göttlicher Liebe gemacht hat, der kann sagen: „Diese Begegnung bescherte mich mit meiner unglaublich schönsten und unvergeßlichsten Erfahrung, welche man das Innesein des kosmischen Bewußtseins nennt. In der Gegenwart dieses Lichtes, das von den meisten Wissenden in unserer westlichen Kultur als Christus, Gott, Liebe oder einfach als Licht bezeichnet wird, sind wir von totaler und absoluter Liebe, von höchstem Verstehen und tiefstem Mitempfinden umgeben. ... Es ist darüber hinaus völlig unmöglich, in jener Lichtfülle ... verurteilt zu werden ..."[122]

Die strafende Gewalt, die Menschen aus dieser Liebe gemacht haben, paßt nicht hinein in einen Kosmos, der bis ins letzte Atom von einer – Seiner – aufbauenden Kraft erhalten wird. Das Bild paßt nicht nur nicht hinein, es ist falsch.

Völker, deren innere Kultur unserer äußeren weit überlegen war, haben das lange vor uns erkannt. Sie waren bereits überzeugt von dem, was wir uns erst mühsam erarbeiten:

„Der Geist bindet uns an den Heiligen Pfad, bestehend aus Liebe, die einen Bezug von jedem zu jedem schafft ... Mein Volk, könnt ihr nicht das heilige Licht sehen? Könnt ihr die Bäume im Wind sich wiegen sehen? Das ist Liebe – sie ist jenseits von uns, ist von eigener Existenz ... Was wir als Liebe kennen und fühlen, ist unsere Beteiligung am Geist. Durch Liebe gewinnen wir Lebendigkeit, weil wir zum Ursprung des Lebens zurückkehren ...

Selbst einige Christen haben es gewußt: Gott ist Liebe ... Liebe deine Feinde – in der Schöpfung gibt es keinen Interessenskonflikt, denn die Schöpfung ist eine Einheit.

Wenn wir jene lieben, die die Schöpfung verletzen, dann arbeiten wir daran, daß sie eines Tages wieder Teil des Lebens sein werden."[123]

Wer mag und kann, der darf sich ein wenig beschämt vorkommen vor der Größe und Weisheit dieses Roten Mannes.

„... daß sie eines Tages wieder Teil des Lebens sein werden" – das ist das Ziel aller Seelen und Menschen. Wenn es aber das Ziel *aller* ist, dann ist eine grundsätzliche Angst sinnlos. Vielleicht bleibt ein Rest übrig vor dem Unbekannten, aber mit der Anerkennung einer Kraft, die nichts verlorengehen läßt, stirbt die Angst und macht einem sich langsam, aber stetig entwickelnden Vertrauen Platz. Daher ist eine der schönsten Gaben, die einem geschenkt werden können, die Lösung von der Todesfurcht. Wenn wir in diesem Vertrauen „wie die kleinen Kinder werden", wozu Christus ständig ermahnt, kann nichts mehr unsere Angst halten.

Kein Verstand kann die Wahrheit erfassen. Wir lesen sie zwar mit unseren Augen und hören sie mit unseren Ohren; wenn wir sie aber nicht kindlich tief in unser Herz fallen lassen, dann wird sie nicht in uns wirksam werden können, und unsere Angst bleibt bestehen. Gott achtet nicht auf unseren äußeren Bildungsgrad, sondern auf unsere Herzensbildung. *„Deshalb lautet das Gesetz Meines Vaters – Seelenweisheit vor Verstandeswissen, Herzenswärme vor Intellekt!"*[124]

Wer dies erkennt und sich daran macht, sein Herz zu fragen und mit der ihm verliehenen Intelligenz (ohne sie in intellektuellen Spielereien zu mißbrauchen) zu prüfen, nachzudenken und zu entscheiden, der wird zu dem Schluß kommen, daß Gott, unser Vater, niemals züchtigt oder straft. Seine Barmherzigkeit läßt keine Seele fallen.

In den Glaubenslehren der Kirche, die das Gesetz von Ursache und Wirkung ablehnt und damit Gott als Richter und Veranlasser unserer Schicksalsschläge ansieht, liegt daher die Ursache für die große Angst vor dem Tod, die beinahe überall verbreitet ist.

Wenn man als Christ am Ende seines Lebens eine Rückschau hält und an die erreichte eigene Entwicklung den Maßstab des Wortes Jesu „... der folge Mir nach" anlegt, dann kann man möglicherweise schon zu dem Schluß kommen, daß da nicht so ganz viel war mit Nachfolge. Diese Entwicklung nachzuholen in ein paar Tagen oder Wochen, ist nicht möglich. Bleibt der Glaube an die Wirksamkeit der Sterbesakramente und die anschließenden Gebete des Pfarrers und der Angehörigen. Wo Zweifel an deren Wirksamkeit bestehen (und selbst dort, wo sie nicht bestehen) oder gar die Erkenntnis der eigenen Schuldhaftigkeit übergroß wird, macht sich oft die Angst breit. Es ist nicht so sehr die Angst vor dem Sterben als vielmehr die Angst vor dem Unbekannten, das da auf einen zukommt und dem man als Sünder, als unvollkommener Mensch, nicht gewachsen ist, vor dem man unmöglich bestehen kann. Der drohende Gott und eine schreckliche Höllenpein mit ewigem Feuer scheinen, wenn auch nur unklar, Wirklichkeit zu werden.

Gerade in unserem christlichen Kulturkreis gibt es sehr viele Menschen, die auch in hohem Alter und selbst wenn sie den Tod als einen natürlichen Vorgang empfinden, von Todesangst befallen werden.

Diese Todesangst ist überwiegend auf das Konto christlicher (paulinischer) Glaubenslehren zurückzuführen. Sie konnte zum einen dadurch entstehen, weil große Teile des paulinischen Schrifttums – auf dem ja die kirchliche Theologie beruht – von dem christlichen Gott vor allem als von einem Zornesgott sprechen, und zum anderen durch die Ablehnung der Reinkarnation.

Folgendes stammt aus einem Buch mit evangelischen Predigten: „Wenn du tot bist, wird deine Seele Blut schwitzen und dein Körper vergehen in unsagbaren Ängsten. In einem Feuer, das genauso wie ein irdisches Feuer ist, wird dein Leib in alle Ewigkeit brennen, aber ohne zugrunde zu gehen ...“[125] und so weiter und so fort. Ich erspare Ihnen den Rest. Können Menschen, die solchen „Visionen" ausgesetzt werden, einem Leben im Jenseits mit irgend etwas anderem als Grauen entgegensehen?

Pius XII. in einer Ansprache vom März 1949: „Als wichtiges Mittel gegen die Entkirchlichung der Massen müssen die Priester mehr denn je die Schrecken der Hölle predigen, um den Menschen Gott wieder näher zu bringen."[126]

Wenn sie von einer Hölle predigen würden, die man in sich tragen kann, so hätten sie recht. Eine Hölle aber als Ort, zudem eine ewige, gibt es im ganzen Universum nicht. Und eine Hölle, die nach katholischer Lehre für die Seelen, die nur mit der Erbsünde behaftet waren, im Verlust der Anschauung Gottes, und für die Seelen mit persönlichen Sünden zusätzlich in ewigen Höllenqualen besteht[127] – einen solchen Ort gibt es schon zweimal nicht.

Gott offenbart uns die Geheimnisse unseres Lebens in einer solchen Tiefe und Klarheit, daß sie jeder willige Mensch verstehen kann. Jedem steht es frei, zu glauben oder nicht zu glauben, was er mag. Aber berührt Er nicht unser Herz und unseren Verstand, wenn Er uns sagt: *„Würde eine Seele zerstört werden, wäre ein Kind in der ewigen Verdammnis, so wäre Meine Schöpferkraft nicht vollkommen und Meine ewig bestehende Liebe wäre ein Trugbild."*[128]

Das ist der Trost, nach dem wir alle – bewußt oder unbewußt – gesucht haben.

Beenden wir doch den Alptraum, in dem sich viele von uns befinden! Es ist nur ein kleiner Schritt hin zur Anerkennung eines unzerstörbaren Lichtes in uns. Dieser kleine Schritt kann unsere Gegenwart und unsere Zukunft verändern. Wenn wir ihn tun, macht er uns frei. Wenn die Erkenntnis und das Vertrauen den Zweifel und die Furcht verdrängen, ziehen Friede und Gelassenheit in uns ein. Tod, wo ist dein Stachel? Lächeln wir ihm entgegen! Tod, du bist für mich das Tor zum Leben. Ich bin ein Kind der Liebe, und wo immer ich mich auch selbst hingestellt habe, es gibt immer ein Zurück zur Quelle der Liebe. Immer!

Stellen wir uns, so gut oder so schlecht uns das auch gelingen mag, die Unendlichkeit des Kosmos vor, nicht nur des materiellen Universums, sondern die Unendlichkeit der Schöpfung überhaupt. Da alles von Gott ist und Er in allem und damit überall ist, gibt es *nirgendwo* einen Ort, an dem Er nicht ist. Es gibt keinen Bereich, und seien es die tiefsten und finstersten Welten der Dämonen, der außerhalb Seiner Schöpfung liegt. Keine Seele könnte also, selbst wenn sie wollte, herausfallen aus diesem Prinzip der Ordnung und Liebe. Es gibt kein Außerhalb, es gibt nur die eine göttliche Unendlichkeit. Damit haben wir, wo immer wir auch sind, stets die Möglichkeit zur Heimkehr. Von dem einen Punkt aus wird es etwas länger dauern als von dem anderen – heim aber findet jeder.

Haben wir also keine Furcht. Furcht vermindert die Schwingung unserer Seele und unserer Körperzellen. Nach dem Gesetz, daß Gleiches wiederum Gleiches anzieht, würde uns genau das passieren, vor dem wir uns ängstigen. „Niemand kann sagen, was der Tod bedeutet und ob er nicht für den Menschen das allergrößte Glück ist", erklärte Sokrates, „aber man fürchtet ihn, als wüßte man genau, daß er das größte Unglück ist."

Es ist gar nicht so schwer, eine solche innere Freiheit zu gewinnen. Die Hinwendung zur Freiheit allein löst schon die ersten Fesseln unserer Angst. Und wer einmal erlebt hat, wie schön das Gefühl einer solchen Freiheit ist, für den haben ein für allemal die Schrecken des Sterbens aufgehört.

Aus einem Bericht: „Ich kann kaum Worte dafür finden – das schönste Erlebnis meines Lebens. Es war das friedvollste, beglückendste Gefühl – ich wünsche mir, es gäbe mehr Worte, es zu beschreiben ... Was den Tod angeht, kann ich ihn jedem empfehlen."[129] Oder aus einem anderen: „Ich fürchte mich nicht vor dem ... Tod. Nachdem ich einmal seine Schönheit und das Entzücken, das er auslöst, erlebt habe, ist die Angst vor dem Tod ein für allemal gewichen."[130] Oder aus einem letzten: „Nie werde ich das köstliche Gefühl der Freiheit und der Leichtigkeit vergessen, das ich empfand, als ich in meinem Astralleib lebte. Warum sich sorgen, wenn das der ‚Tod' ist?"[131]

So wird verständlich, wenn eine Ärztin schreibt, daß sich viele von den Wiederbelebten gegen die ärztlichen Versuche, ins Leben zurückgeholt zu werden, wehren, weil sie sich doch an einem weit wunderbareren, viel schöneren und vollkommeneren Ort befanden.[132]

Aus all diesen Aussagen geht hervor: Wer einmal ein Sterbeerlebnis hatte, hegt keinerlei Zweifel mehr an einem Weiterleben nach dem leiblichen Tod. Wem dies noch nicht vergönnt war, der wird ganz sicher auch eines haben, sein ganz persönliches nach Ablauf seines jetzigen Erdenlebens, und zwar sofort oder später, je nach dem Zustand seiner Seele. Ob er daran glaubt, spielt ebensowenig eine Rolle wie die Tatsache, ob er einer Konfession angehört oder nicht. Göttliche Gesetzmäßigkeiten gelten für alle.

Passian bemerkt hierzu treffend, „daß alles Tun und Lassen auf eine Vorsorge hinausläuft, auf Absicherung gegenüber der unberechenbaren Zukunft", und fragt, ob dann nicht eine Art ‚Jenseitsvorsorge' ebenso klug wie überlegenswert wäre, indem man sich einfach der Mühe eines ehrbaren Lebens unterziehen würde. „Wenn es nun aber – so werden Skeptiker mit leichter Ironie fragen – trotz aller angeblichen Wahrscheinlichkeit kein Jenseits und kein Weiterleben geben sollte, was dann? Nun, dann bleibt einem rückblickend immer noch die tröstliche Feststellung, daß man ein anständiger Mensch war – und das ist wohl auch etwas wert!"[133]

8. DER ABSCHIED

*Wo sucht ihr eure Toten? Ihr
pflegt die Grabstätten und trauert um eure Angehörigen. Vielleicht sind einige unter ihnen, die
lebendiger sind als ihr!*

Aus einer Christusoffenbarung

*Erkenne, daß Tränen die Seele
binden. Erkenne, daß Weh und
Klagen die Seele binden.*

Aus einer Christusoffenbarung

*Die Schrecken des Todes sitzen
jedem von euch im Nacken. Wenige kennen den gütigen Engel
des Todes, der die Seele entbin-
det und in das Reich des Lichtes
führt.*

Aus einer Offenbarung Gott-Vaters

Einer der schönsten Dienste, die man einem Sterbenden
leisten kann, ist, ihm bei seinem Übergang zu helfen. Um
jedoch die häufig vorhandene Furcht, die oftmals nur noch

in den Augen zu erkennen ist, auflösen zu können, sollte man wissen, was eigentlich beim Sterben passiert; und nicht nur während des Augenblicks des Todes, sondern auch davor und danach.

Wer selbst ein Unwissender ist, mag zwar im Wort Trost zusprechen können, aber an der Beantwortung ausgesprochener und unausgesprochener Fragen spürt der Sterbende oft die Hilflosigkeit des Trösters. Und wenn es der Sterbende nicht mehr wahrnimmt, so erkennt dies doch seine Seele. Darum kann ein wirklich erlösender Trost, der Frieden und Stärke in der Seele hervorruft, auch nur von einem Wissenden gespendet werden. Die Gelöstheit und Ruhe, die mancher glaubt, vermittelt zu haben, kann ganz andere Ursachen haben: Der Sterbende sieht bereits in die jenseitigen Welten. Sein Schutzgeist und die lichten Gestalten bereits verstorbener Angehöriger sind da, um ihm den Eintritt in die andere Dimension zu erleichtern.

Was beim Sterben geschieht

Machen wir uns also zuerst vertraut mit dem, was in und um jeden Sterbenden, auch in und um uns selbst einmal, vor sich geht. Bei einem Menschen, der eines normalen, also nicht gewaltsamen Todes stirbt, beschränkt sich der Sterbevorgang nicht auf den Augenblick des letzten Ausatmens. Die Zurücknahme des Lebens vollzieht sich normalerweise in Jahren. *„Der Mensch empfindet mehr oder weniger diese Veränderungen. Ab und zu versagt der Kreislauf, dann wird er wieder stabil; da und dort ist ein Organ nicht mehr in Ordnung, der Mensch wird schwächer und schwächer. Ein gottbewußter Mensch fühlt, daß der Herr des Lebens sein innerstes Wesen nach Hause holt.“*[134] Er versteht auch die erwähnten körperlichen Impulse als das, was sie sind: als einen Hinweis, sich nach und nach auf ein Leben in fein-stofflichen Bereichen vorzubereiten.

Ein Mensch dieser Welt wird diese Zeichen nicht als ein „Anklopfen" ansehen. Er wird sie abtun, einen Arzt aufsuchen, die verordneten Mittel nehmen und so tun, als würde er (als Mensch) ewig leben. Oder noch schlimmer: Er erkennt das irgendwann eintretende Ende und holt schnell noch das vermeintlich Versäumte doppelt und dreifach nach. Schließlich aber ist die Uhr abgelaufen.

Auf jeden von uns kommt dieser Zeitpunkt unweigerlich zu. Daß es nicht nur sinnlos, sondern geradezu verfehlt ist, diese Tatsache aus dem Bewußtsein zu streichen und Gedanken oder Gespräche über den Tod für tabu zu erklären, hoffe ich, verständlich gemacht zu haben. Es ist wie mit den aufziehenden Gewitterwolken an einem schönen Sommertag. Wir können sie ruhig ignorieren oder falsch beurteilen. Das ändert nichts daran, daß es regnen wird und wir, sofern wir uns darauf nicht eingestellt haben, naß werden. Ob uns das gefällt oder nicht.

Wenn die Stunde nun da ist, wird Unterschiedliches geschehen. Unterschiedliches deshalb, weil kein Mensch in seinem Inneren dem anderen gleicht. Jeder stirbt für sich allein, jede Seele wird anders „entbunden", jeder Seelenaustritt geht anders vor sich.

Wenn ich den Ausdruck „der Körper wird abgestoßen" gebrauche, so sollte Sie das nicht abstoßen. Aber es trifft den Kern des Vorgangs. Da nicht der sterbende Mensch, sondern die nun bald frei werdende Seele das Unsterbliche und damit der wichtigere Teil ist, beschreibt man den Ablösungsprozeß genau, wenn man von einer Abstoßung des Körpers spricht. Die Seele versucht, die Ätherkräfte vom Menschen zurückzuziehen. Die Aura verringert sich, sie wird zurückgenommen, ebenso die Seelenhüllen. Während die Seele sich anschickt, ihre Hüllen aus dem Körper zu ziehen, erwacht im

Menschen ein erhöhtes Bewußtsein, d.h. er erlebt die Gnade einer Erleuchtung. Während dieser „Entbindungszeit" der Seele darf der Mensch noch einmal zurückschauen. Er darf auch seinen Seelenzustand sehen, und die Gnade Gottes gewährt ihm sogar eine Vorschau. Wenn der Mensch diese Gnade annimmt und sich ihr nicht selbst durch sein gegensätzliches Verhalten verschließt, dann kann er in der Stunde seines Todes noch vieles erkennen und bereuen. Tut er dies, so fühlt er zugleich das in seiner Seele entstehende, neue ätherische Leben. Dann kann es passieren, daß der Mensch Dinge ausspricht, die er in seinem Leben niemals gesagt hätte. Er schließt unter Umständen mit seinen Feinden Frieden, bereut oder ruft Gott um Hilfe und Erbarmen an, was er zu Lebzeiten nie getan hätte. Wenn ein Mensch, der in dieser Stunde die Liebe Gottes annimmt, aus dem Innersten heraus bereut, so kann seiner Seele enorm geholfen werden. Der Schutzgeist (die Bezeichnung „geistige Hebamme" paßt für diesen Teil der Hilfe), darf dem Seelenkörper während dieser Zeit weitere Kräfte geben, so daß sich die sieben Grundhüllen schneller lösen und die Seele so rascher die Befreiung findet.

Da nun das Bewußtsein eines jeden Menschen anders geartet und seine Seele auch ungleich belastet ist, kann der soeben geschilderte Vorgang nicht generell übertragen werden, sondern wird sich bei jedem Mensch unterschiedlich abspielen. Betrachten wir zuerst einmal das Sterben eines Menschen, der nur in der Materie gelebt, Gott abgelehnt und sich geistigen Aspekten nie zugewendet hat.

Auch die Seele eines solchen Menschen löst sich vom Körper, doch auf welch eine Weise! Dem Schutzgeist fällt es schwer, eine solche Seele zu entbinden. Die Seele hört nicht auf ihn. Ihr Schwingungsgrad ist so niedrig, daß sie das Licht ihres geistigen Helfers noch nicht einmal sieht, geschweige denn ihn erkennt. Das einzige, was sie wahrnimmt, ist ein kleiner heller Punkt. Sie klammert sich an ihren Körper, den sie für das einzig Wahre hielt und daher auch noch hält. Wegen mangelnden Interesses für den wirklichen Sinn und Zweck ihres Erdenlebens und daher auf Grund eines nicht oder kaum entwickelten geistigen Bewußtseins kann sie nicht wahrnehmen, was geistig mit ihr geschieht. Obwohl sie schießlich durch den körperlichen Tod des Menschen über das Odband von ihm getrennt wird, ist sie doch weiterhin mit geistigen Fäden an den leblosen Körper gebunden. Das kann auch geschehen, wenn der unbeugsame Wille eines Menschen das Sterben nicht zulassen will, es aber dann doch letzten Endes muß. Auch eine ständige Versorgung mit Medikamenten, um den Körper so lange wie möglich am Leben zu erhalten, erschwert es der Seele, sich frei zu machen. So kann es manchmal sehr lange dauern, bis sich die Seele „entkrampft".

Für eine Seele, die sich solchermaßen an die Materie gebunden hat, reichen die drei Tage bis zum Begräbnis ihres Körpers nicht aus, um sich von ihm zu lösen. Wird der Körper nach dieser Zeit im Krematorium dem Feuer übergeben, so verspürt die erdgebundene Seele über die noch vorhandenen geistigen Fäden die Schmerzen der Verbrennung. Diese geistigen Schwingungsfäden dürfen auch von dem sie begleitenden Schutzgeist nicht gelöst werden, da der freie Wille jeder Seele und jedes Menschen unantastbar ist. Der langsame Verfall des Körpers durch die natürliche Verwesung ruft dagegen in der Seele keinen Schmerz hervor. Einer geistig erwachten Seele können gewolltes oder ungewolltes Verbrennen nichts anhaben, da sie sich mehr oder weniger schnell von ihrem Körper frei macht.*)

---

*) Wäre das den Kirchenmännern des Mittelalters bereits bekannt gewesen, hätten sie vielleicht auf das Verbrennen von Ketzern und „Hexen" verzichtet, das sie deshalb als Todesart anwandten, weil sie annahmen, daß auf diesem Weg wenigstens die Seele durch das Fürbittegebet der Kirche gerettet werden könne.[135] (Da stellt sich die Frage nach dem Motiv!)

Eine erdverhaftete Seele führt traumwandlerisch und blindlings ein Dasein, das sie dorthin gehen läßt, wohin sie nach dem Gesetz „Gleiches zieht Gleiches an" gehen muß und wo sie unter ihresgleichen ist. Das ist *der* niedere Schwingungsbereich, der ihrer eigenen, selbstgewollten und selbstgeschaffenen Schwingung und ihrem künftigen Lebensbereich entspricht. Sie sieht alt, vergrämt und unansehnlich aus. Ihr fehlt der strahlende Glanz, den sie sich nie zugelegt hat.

Sie mögen aus diesen Schilderungen ersehen, wie ungeheuer wichtig es für alle ist, um diese Dinge zu wissen. Denn die persönliche Einstellung zur Frage des Todes ist mitentscheidend dafür, wie schwer oder wie leicht sich Ihre Seele eines Tages von Ihrem Körper lösen wird. Das fehlende Wissen um den Verlauf des Sterbevorgangs richtet viel Unheil an. Denken wir zum Beispiel an die Obduktionen in den Krankenhäusern, an das Sezieren von „Leichen" oder an Organverpflanzungen.

Es ist nie und nimmer die Absicht Gottes, durch aufklärende Offenbarungen eben geschilderten Inhalts den Menschen Angst einzuflößen. Das liegt nicht in Seinem Wesen; die Liebe kann nicht gleichzeitig ängstigen.

Aber die Liebe kann mahnen. Keiner von uns würde seine Kinder offenen Auges ins Verderben laufen lassen, ohne sie darüber zu informieren, was sie durch ihr eigenes Verhalten auf sich ziehen. So werden wir Gott zugestehen dürfen – ja, wir dürfen es von ihm *erwarten* –, daß auch Er uns nicht ins Unglück rennen läßt, ohne uns zu warnen.

Unser himmlischer Vater spricht niemals ein Verbot aus. Er gibt uns Seine Gebote, und wir täten im ureigensten Interesse gut daran, uns an sie zu halten. Wie wir uns dann schließlich entscheiden, ob für oder gegen Ihn und Seine Gebote, ist einzig und allein unsere Sache. Dies läßt Gott zu, obwohl wir damit Seine Schöpfung ganz schön durcheinandergebracht haben. Vorübergehend wenigstens. Wir sollten es dann auch zulassen, daß Er uns das vor Augen hält, was wir nicht wissen oder nicht wissen wollen. Das ist keine Angstmacherei, erst recht keine Drohungs-Offenbarung, sondern ein Zeichen Seiner Liebe, das wir als solches erkennen dürfen oder nicht. Ganz wie wir wollen.

An dieser Stelle sei auch ein Wort gesagt zu den vielfältigen Erfahrungen von Wiederbelebten, deren Schilderungen meist sehr begeistert von wunderbaren Welten (z. B. „mein schönstes Erlebnis") sprechen. Es ist wahr, es gibt diese Welten und, wie wir sehen werden, noch schönere. Vielen Menschen wird damit geholfen, ihre Angst vor dem Tod zu überwinden. Es soll aber eines nicht übersehen werden – und bitte betrachten Sie das nicht als Schwarzmalerei: Ob ein Mensch nach seinem leiblichen Tod lichte oder finstere Bereiche erlebt, hängt von ihm selbst ab. Die pauschale Aussage, die manchen Büchern zu eigen ist, der Tod sei deshalb nicht zu fürchten, weil er einen Zustand darstellt, in dem Freude, Harmonie und Liebe vorherrschen, kann zu einem falschen und möglicherweise verhängnisvollen Schluß führen. Wer als „Toter" einen solchen Zustand erlebt hat, darf dies seinem entwickelten Bewußtsein zuschreiben. Es ist *seine* Welt gewesen, in die er hat schauen und in der er hat für Momente leben dürfen. Aber es ist nicht *die* Welt, die einen jeden von uns erwartet. Es gibt auch andere Bereiche, in denen dieses Glück und diese Sonnenhaftigkeit nicht zu finden sind. Das sollte nicht verschwiegen werden. Es kann die Liebe und den Frieden in höheren Sphären nicht trüben, aber es kann auf die Gefahren hinweisen, in die man sich im eigenen Interesse besser nicht begibt.

Ich halte es deshalb für legitim, ja für notwendig, alle Möglichkeiten aufzuzeigen. Dies tut der Christus-Gottes-Geist in seinen Offenbarungen auch. Deshalb oft die Mahnungen und ernsten Worte, die manchmal leider falsch verstanden werden, weil man sie am liebsten im Rahmen von Tröstungen und Ermunterungen nicht hören möchte.

Nach der ersten, wenig erfreulichen Betrachtung wenden wir uns dem Sterbevorgang eines Menschen zu, der zu Lebzeiten in sich Gott erkannt hat, der aber nicht „nur so" an ihn geglaubt, sondern ihn in seinem Herzen an- und aufgenommen hat. Sein Leben war, trotz aller menschlichen Schwächen und täglichen Schwierigkeiten, dennoch ein Bemühen der gelebten selbstlosen Liebe. Die Verwirklichung des Gebotes der Gottes- und Nächstenliebe hat ihn auf seinem Inneren Weg vorangebracht. Auch er muß sterben, aber seine Seele jubelt, denn sie darf nun die Früchte der Arbeit an sich selbst ernten.

Diese Seele zieht langsam ihre „Fühler" ein, denn sie weiß, daß nun der Mensch abgestoßen werden muß. Ihr Schutzgeist ist bei ihr, ebenso Verwandte, Bekannte und Freunde, die bereits auf höheren Bewußtseinsstufen leben. Sie sind zur Begrüßung gekommen und um sie abzuholen. Joy Snell, eine übersinnlich veranlagte Krankenschwester, hat ein Buch über ihre Beobachtungen am Totenbett geschrieben, in dem sie über Erlebnisse wie das folgende berichtet:

„... Kurz bevor sie starb (ein 17jähriges Mädchen), bemerkte ich, daß die Gestalten zweier Geister neben dem Bett standen, auf jeder Seite eine. Ich sah nicht, wie sie das Zimmer betraten; sie standen neben dem Bett, als sie für mich zum erstenmal sichtbar wurden, aber ich sah sie so deutlich wie die im Zimmer Anwesenden. Ich erkannte die Gesichter als die zweier Mädchen, die die besten Freundinnen der Sterbenden gewesen waren. Sie waren vor einem Jahr gestorben ...

Sie erkannte sie sofort. Ein Lächeln ... glitt über ihr Gesicht. Sie streckte die Hände aus und rief mit freudiger Stimme: ‚Oh, ihr seid gekommen, um mich mitzunehmen'.

144

... Als sie die Arme so ausstreckte, nahmen die beiden Mädchen sie bei den Händen, das eine links, das andere rechts ... Ihre Gesichter waren von einem Lächeln verklärt ... strahlend schön. ... Sie sagte nichts mehr, ließ aber ihre Hände etwa eine Minute lang ausgestreckt, die ihre Freundinnen ergriffen hatten. Sie blickte sie unentwegt ... mit einem Lächeln auf dem Gesicht an. Ihr Vater, ihre Mutter und ihr Bruder, die man gerufen hatte, damit sie zugegen wären, wenn das Ende kam, begannen zu weinen ... denn sie spürten, daß sie sie verlassen würde. Aus ganzem Herzen ... betete ich, daß sie sehen könnten, was ich sah, doch sie konnten es nicht."[136]

In dem Bericht eines Arztes wird ein anderer Fall beschrieben: „Er machte einen völlig vernünftigen und gesunden Eindruck und wurde plötzlich, anders kann ich es nicht ausdrücken, in eine andere Welt entrückt ..., denn er sagte lauter als bisher, als ich ihn behandelt hatte: ‚Da ist Mutter! Warum bist du denn hergekommen, Mutter? Nein, nein, ich komme zu dir. Warte noch etwas, Mutter, ich hab's bald geschafft. Ich mache hier Schluß. Warte noch'. Auf seinem Gesicht lag ein Ausdruck unbeschreiblichen Glücks, und die Art und Weise, in der er sprach ... überzeugte mich, daß er seine Mutter sah und mit ihr redete ... Es war das Eigenartigste, das mir je in meinem Leben passiert ist."[137]

So beschreibt es der Bericht eines Arztes. Und so offenbart es der Geist Gottes: *„Um diesen gottverbundenen Menschen sind Seelen aus höheren Regionen, eventuell ehemalige Menschen, Mitglieder der Familie, auch der Schutzgeist. Die Seele, die noch im Menschen ist, wird umgeben, sie fühlt sich glücklich, denn sie weiß, Gott, der Herr, holt sie zurück. Der Mensch, der sich nun niederlegt und auf den sogenannten Tod wartet, darf noch einmal zurückblicken. Er überschaut sein Leben, er vergibt, wo zu vergeben ist, ja* *er darf sogar, wenn es angebracht ist, die Geschwister ferner Welten sehen, er atmet und empfindet die Fülle, die ihn umgibt.* "[138]

Die Offenbarungen Gottes enthalten alles, was die Menschheit wissen muß, um sich selbst zu erkennen. Wer sie annehmen kann, ist der Mühe enthoben, zu forschen, zu argumentieren, Beweise zu suchen. Was der Mensch oft in langen Untersuchungsarbeiten zusammenträgt, bestätigt immer wieder das, was der Geist uns kundtut. Osis und Haraldsson haben bei ihren umfangreichen Recherchen ermittelt, daß von den menschlichen Erscheinungen bei den Visionen auf dem Totenbett die große Mehrheit – 91 Prozent – aus verstorbenen Verwandten der Patienten bestand, von denen wiederum 90 Prozent nahe Verwandte waren, – Eltern, Ehepartner, Kinder, Brüder oder Schwestern.[139]

Was der Geist Gottes dazu offenbart, wissen wir inzwischen.

Doch zurück zu unserem Beispiel. Der physische Körper atmet noch einige Male kräftig, vielleicht holt er noch einmal tief Luft oder öffnet weit die Augen. Dann stirbt er, und seine Seele ist aus dem Körper heraus, kaum daß der Mensch den letzten Atemzug getan hat. Die Zurücknahme der Aura und der Seelenhüllen fällt der Seele nicht schwer. Der Vorgang vollzieht sich so rasch und reibungslos, wie das im Gesetz Gottes vorgesehen ist, da sie sich nicht an ihren Körper gebunden hatte. Und indem sie ihr Licht von ihrem Menschen zurücknimmt, dehnt sie sich aus. Sie entfaltet ihren Geistleib, der noch sehr dem Menschen ähnelt, mit dem sie sich nun im raum- und zeitlosen Universum inner- und unterhalb ihres Bewußtseinsbereiches bewegen kann. Sie ist jetzt frei, ihr flexibles Gebilde hat die nötige Standfestigkeit (die wurde mit dem Schutzgeist während des Schlafs erlernt), und sie sieht sich um. Ihr Schutzgeist und Seelen aus höheren Welten sind um sie. Sie wird von Licht umgeben und aufgeklärt. Schwingungsmelodien dringen in ihren feinstofflichen Körper ein. Es sind die Schwingungsmelodien des Planeten, zu dem die Seele tendiert.

Diese Hülle, jetzt ihr neues Zuhause, ist jedoch ebensowenig ihr ursprüngliches Ich, wie es zuvor ihr menschlicher Körper war. In diesen feinstofflichen Leib hat sie alles das an Persönlichkeit, Charakter, Verhaltensweisen, Stärken und Schwächen mitgenommen, was auch schon im Leben ihre Gesamtheit als Individuum ausgemacht hat. Hat sie sich im Leben schon als *Geist* und nicht als Mensch gesehen, so wird sie sich auch im Jenseits nicht als *Seele* betrachten, sondern ihre neue Umkleidung als das erkennen, was sie ist: als eine schönere, aber auch nur vorübergehende Wohnung ihrer unsterblichen Göttlichkeit.

Ein weiteres Beispiel: Ein Mensch erlebt einen schnellen Tod durch einen Unglücksfall. Die Seele hatte keine Zeit, ihre „Fühler" einzuziehen. Bei der nun folgenden Loslösung vom Körper ist wiederum ausschlaggebend, wie der Mensch schon zu Lebzeiten eingestellt war und gehandelt hat. Bleiben wir der Einfachheit halber bei der Grobunterteilung in „gottverbundener" und „gottloser" Mensch, obwohl es – wie schon erwähnt – unzählige Varianten in den seelischen Reifegraden gibt. Sie und die sich daraus ergebenden unterschiedlichen Sterbevorgänge alle zu beschreiben, ist nicht möglich. Aus den aber bisher bereits gewonnenen Erkenntnissen kann man auf viele, jeweils anders erlebbare Stufen zwischen „Gut" und „Böse" selbst schließen.

Die durch das Unglück aus ihrem Körper gedrängte Seele steht vor dem toten Organismus. Die Aura ist noch um diesen Körper, denn die Seele konnte diese Farbnuancen noch nicht einziehen. Engelwesen sind zur Seite, um Hilfe zu leisten und zu belehren: Siehe, du bist vielleicht verstört. Das hier war ein Unfall. Du kamst ums Leben, aber schau – du lebst weiter. Nur dein Körper ist tot. Um diesen herum kannst du eine Strahlung erkennen. Diese Strahlung gehört dir. Durch sie kommst du weiter, denn sie ist dein urewiges Leben. Deine ganze kosmische Seele ist auf dieser göttlichen Strahlung aufgebaut.

Je nachdem nun, wie die Seele sich im Laufe ihres Lebens selbst programmiert hat, wird sie erkennen oder nicht. Erkennt sie, dann wird sie versuchen, mit engelischer Hilfe ihre Aura und ihre Seelenhüllen einzuziehen und sich vom Körper zu lösen. Und es wird ihr gelingen. Erkennt sie nicht – ja, noch nicht einmal ihre geistigen Helfer –, dann wird sie auch nicht um ihren eigenen Tod wissen. Sie bleibt mit ihrem toten Körper verbunden und geht dorthin, wohin dieser gebracht wird.

Mehrere Phänomene

Wir sind bei unserer Betrachtung auf mehrere Phänomene gestoßen. Eines davon ist, daß die Seele *unmittelbar* nach dem Tod mit allen Persönlichkeitsmerkmalen weiterlebt, daß es also *keinen* todesähnlichen Schlaf bis zur Auferstehung des Fleisches gibt. Ein weiteres Phänomen ist der Umstand, daß sie in einer von ihr *selbstgeschaffenen Welt* existiert, die ihr Inneres widerspiegelt und in die sie hineingehört. Und ein drittes: Daß der Zustand der Seele im *Augenblick* ihres Ablebens ausschlaggebend ist für das, was ihr im Anschluß widerfährt. Wie der Baum fällt, so bleibt er liegen – diese Volksweisheit kann hier voll übertragen werden. Was im Anschluß an den Tod von kirchlicher Seite oder von Angehörigen noch getan wird, hat keinen grundsätzlichen Einfluß mehr auf den Zustand der Seele. Dieser wurde von ihr selbst verursacht und herbeigeführt und kann nur durch sie selbst, durch Selbsterkenntnis und Läuterung, verändert werden. Leichter hat sie es, wenn sie bereits während ihres Erdenlebens diesen Reifeprozeß durchgemacht hat. Aber selbst dann bleibt in aller Regel drüben noch viel zu lernen. Sie wird dies jedoch freudig und zielbewußt tun. Denn sie weiß, daß jede erfolgreich bewältigte Aufgabe sie ihrer ewigen Heimat einen Schritt näherbringt.

Das alles heißt nun nicht, daß wir einer Seele nicht mehr helfen können. Durch die Gnade Gottes können wir das sehr wohl. Aber diese Hilfe kann nur dazu beitragen, sie mehr und schneller erkennen zu lassen, um dann durch eigenes Bemühen ihren momentanen, vielleicht nicht ganz angenehmen Zustand zu verbessern. Diese unsere Hilfe ist das innige Gebet, das Verströmen unserer Liebe hin zu unserem Vater in Christus mit der Bitte, dieser Seele Licht zuströmen zu lassen. Ein solches Gebet, das aus der Tiefe unseres Herzens empfunden wird und unseren Bruder oder unsere Schwester der göttlichen Liebe und dem göttlichen Willen anheimstellt, wirkt Wunder.[140] Und zwar immer. Daß wir den Erfolg unseres Betens nicht sehen können, sollte uns nicht davon abhalten, diesen Weg der selbstlosen Liebe immer wieder zu beschreiten. Wenn man eine innere Stütze braucht, um diesen Vorgang, dieses geistige Geschehen, besser verstehen zu können, weil das vielleicht zu neu oder fremdartig erscheint, so kann man sich folgendes vergegenwärtigen:

Die jenseitigen Welten sind nicht weniger real als unsere, im Gegenteil, sie werden als viel unmittelbarer empfunden. Das gilt für alle Bereiche, für die lichten bis hinunter zu den dunklen Zonen. Alles, hatten wir festgestellt, ist Energie, Schwingung. Positives, Aufbauendes (egal, ob in Empfindungen, Gedanken, Worten oder Taten) ist hochschwingende, lichte, geistige Energie – Negatives und Zerstörendes das Gegenteil. Liebe ist die stärkste Kraft im ganzen Kosmos, die höchstschwingende Energie, die alles erhält *(Gott ist Liebe).* Wenn wir nun zu Gott, der der Vater *aller* Seelen und Menschen ist, beten und Ihn für eine Seele, Sein Kind, bitten, dann wird diese Seele, so Gott es will, mit zusätzlicher Energie versorgt (ein Akt der Barmherzigkeit Gottes), die es ihr ermöglicht, ihren eigenen Zustand zu erkennen und, wenn sie will, an der Verbesserung dieses Zustandes mit Hilfe ihres Schutzgeistes und anderer Wesen zu arbeiten. Nicht nur im übertragenen, sondern im wörtlichen Sinne heißt das, daß Licht und Wärme dieser Seele zufließen. Und wenn man sich bewußt macht, daß in den niedrigsten Astralbereichen eine für uns nicht vorstellbare „Kälte" und „Dunkelheit" herrscht, dann wird einem auch klar, was unsere Liebe im Gebet bewirken kann.

Wer um die inneren Zusammenhänge eines Herzensgebetes (im Gegensatz zu einem Lippengebet) weiß, der kann auch einsehen, daß Äußerlichkeiten, gleich welcher Art, an dem Zustand und an den neuen Lebensverhältnissen einer „verstorbenen" Seele nichts ändern. Es wäre für die eigenen Erkenntnisse höchst interessant, mit diesem Wissen und aus diesem Blickwinkel heraus einmal das zu betrachten, was an unwirksamen (um es nicht krasser auszudrücken) Dingen in Form von Reden, Zeremonien, Ehrungen, Pomp und falschem Pathos bei einer üblichen Beerdigung alles vollbracht wird.

Und ein viertes Phänomen: Die Seele eines Sterbenden und dann Verstorbenen *nimmt alles wahr,* was um sie herum geschieht. *„Jede Seele, ob sie den Leib für ganz oder nur für kurze Zeit verlassen hat, hört, was ihre Geschwister im Erdenkleid sprechen. Deshalb trifft die Seele oft unsagbares Leid, da der unwissende Mensch trauert und klagt oder den Dahingeschiedenen beschimpft. Alles nimmt die Seele wahr."* (Christus)

Viele von uns stehen hier staunend und ungläubig vor etwas, das nicht in die Welt unserer fünf Sinne paßt. Sterbende und Verstorbene nehmen alles wahr! Lassen wir noch einmal Dr. Kübler-Ross berichten: „Das Bemerkenswerte an diesem Erlebnis war, daß sie (die wiederbelebte Patientin) sehen konnte, wie die Ärzte sich um ihren Körper bemühten. Sie hörte, was sie sagten, welche Mitglieder des Ärzteteams die Wiederbelebungsversuche aufgeben wollten und welche nicht. Ihr Erinnerungsvermögen selbst an Kleinigkeiten war so scharf, daß sie sogar einen Witz wiederholen konnte, den einer der Anwesenden gerissen hatte, um die Anspannung etwas zu lockern ..." Als die Ärztin, die während eines Seminars über Tod und Sterben von diesem Vorfall berichtet hatte, anschließend zu ihren Zuhörern (Ärzte, Schwestern, Medizinstudenten und Geistliche) ging, da wurde sie von allen Seiten bedrängt, „... weil ich mich weigerte, die Geschichte der Frau als Halluzination einzuordnen. *Sie* wollten, daß ich das Erlebnis dieser Frau psychiatrisch richtig bezeichnete, damit *sie* es vergessen konnten."[141]

So ist das. Was nicht sein kann, das darf nicht sein! Viele wollen es nicht wissen, und wenn sie es wissen, wollen sie es vergessen. Und um dafür einen einigermaßen vernünftigen Grund vor sich selbst zu haben, darf es nicht wahr sein. Die Wahrheit aber läßt sich nicht an die Seite schieben. Deshalb dürfen wir es als gegeben annehmen (abgesehen davon, daß Christus es uns sagt), daß Sterbende und Verstorbene uns sehen und hören. Dieses Wissen muß und wird bei demjenigen, der es akzeptieren kann, zu einem anderen Verhalten am Sterbebett führen. Der Sterbende sollte nicht sich selbst überlassen sein. Es sollte ein Mensch bei ihm sein, der ihm von Herzen zugetan ist, der nicht auf die Seele und auf den Menschen einredet. Nicht auf ihn einreden bedeutet nicht, diesem Menschen nicht gut zuzusprechen. Wir sollten aber nicht versuchen, in den letzten Minuten noch alles gutmachen zu wollen, was wir möglicherweise ein Leben lang versäumt haben. Behutsam sollten wir ihm das Wichtigste beibringen. Unsere Hilfe sollte aber vor allem der Seele gelten, die sich zur Weiterreise anschickt, denn während ihrer letzten Stunden ist die Seele wacher denn je. Sie registriert jede Empfindung, jeden Gedanken und jedes Wort. Wenn uns der Sterbende im Äußeren nicht hören kann, dann sprechen oder denken wir zu seiner Seele. Die Wirkung ist die gleiche. Wieviel und was man dem vielleicht schon bewußtlosen Menschen sagt, hängt von der Seelenreife des Sterbenden ab. Ist sein Bewußtsein noch stumpf, dann darf man die Seele nur kurz über den Vorgang des Lösens vom Körper aufklären. Machen wir sie auf ihren Schutzengel aufmerksam und darauf, daß sie sich nun auf ein Weitergehen vorbereiten soll. Das genügt. Alles andere würde diese Seele nur zusätzlich an unsere materielle Ebene binden.

Ist das Bewußtsein weiter entwickelt, kann man der Seele auch mehr sagen. Wir können ihr mitteilen, daß das Sterben hier – eine Geburt drüben bedeutet. Während die Geburt auf der Erde für die Seele eine Belastung bedeutet, bringt sie ihr bei der Rückkehr in die geistige Heimat die Befreiung. Wir sollten auf diese Weise vom Leben sprechen, vom wirklichen und wahren Leben, das dann beginnt. Und da doch jeder wenigstens einen Menschen hat, der ihm in Liebe zugetan war, der aber schon verstorben ist, so dürfen wir ihn an diesen erinnern, weil dieser ihn drüben erwartet. Wir helfen der Seele damit, sich zu lösen. Sie wird uns dankbar sein. Diese Art des ruhigen Zwiegesprächs, indem wir vielleicht die Hände des anderen halten, kann der Seele oftmals mehr helfen, als wenn wir *nur* für sie beten.

Wichtig ist auch das Gebet *mit* dem betreffenden Menschen, solange dies noch möglich ist, denn es hilft, eine Verbindung zu schaffen zu der geistigen Seinsform, in die die Seele nun hinübergleiten wird. Unsere aufklärende und einführende Hilfe sollten wir der Seele vor dem Hinübergehen, während des Hinübergehens und auch noch kurz danach geben. Dann aber sollten wir sie der Obhut unseres himmlischen Vaters anvertrauen und uns in Gedanken und Worten auch nicht mehr unmittelbar mit ihr in Verbindung setzen. Wenn wir etwas für sie tun möchten, so bitten wir den Vater oder Christus in einem selbstlosen Gebet für sie. Niemals aber sollten wir uns – auch nicht in bester Absicht – direkt an die Seele wenden. Das könnte weitere Bindung an den Menschen zur Folge haben.

Die bindende Trauer

Angehörige, die genügend innere Kraft besitzen, werden die geliebte Seele gehen lassen. Wer jedoch diese Kraft nicht hat oder glaubt, sie nicht aufbringen zu können, der wird eine Seele daran hindern, uns zu verlassen. Dies geschieht meist, ohne daß man es wirklich will, und es passiert allzu oft. Es geschieht auch manchmal in der besten Absicht, durch Gebete den Sterbenden zu „retten".

„Während ihrer letzten Krankheit, die sich sehr lange hinzog, war ich bei meiner älteren Tante und half bei ihrer Pflege. Alle in der Familie beteten dafür, daß sie wieder gesund werden möge. Ihre Atmung setzte mehrmals aus, doch wurde sie immer wieder zurückgeholt. Eines Tages schließlich schlug sie die Augen auf und sagte zu mir: ‚Joan, ich bin drüben gewesen, drüben im Jenseits. Es ist wunderschön dort. Ich will gerne dort bleiben, aber solange ihr darum bittet, daß ich hier weiter mit euch lebe, kann ich es nicht. Eure Gebete halten mich hier fest. Bitte, betet nicht mehr.' Wir ließen alle davon ab, und kurz danach starb sie."[142]

Fragen wir uns, ob man mit einem solchen Handeln den Willen Gottes geschehen läßt, oder ob da nicht viel eher

153

Eigenwille mit im Spiel ist, kaum wahrnehmbar, verpackt in dem Herzensbedürfnis, für den Angehörigen doch nur das Beste zu wollen? Wissen wir wirklich, was für ihn das Beste ist?

Stellen Sie sich vor, Sie müßten – unabänderlich – eine Reise unternehmen. Sie haben Ihr Haus oder Ihre Wohnung verlassen und erblicken beim Umdrehen verzweifelte Angehörige, die außer sich sind, aufgelöst, tränenerstickt, untröstlich, hoffnungslos. Sie wissen, Sie müssen weg, und Sie wissen auch, alles wird gut; aber hinter sich hören Sie bettelnde Rufe und sehen gebrochene Menschen. Könnten Sie so ohne weiteres gehen?

Ich glaube nicht, daß dieser Vergleich unangebracht ist. Er wird im Gegenteil genau auf das zutreffen, was viele Seelen durchmachen müssen. Sie versuchen, sich aus der Bindung und von Menschen zu lösen, die sie jedoch nicht hergeben wollen, die sogar noch alles daran setzen, den geliebten Menschen zu halten.

Was ist das für eine Liebe, die so handelt? Ist es die dienende, selbstlose Liebe, die nichts für sich möchte? Oder ist es eine Liebe, die egoistisch sich selbst beweint, weil man ihr etwas genommen hat?

Es mag ja an der Unwissenheit der Menschheit liegen, daß sie um die Toten weint. Aber auch das wäre ungereimt, denn wenn die Toten wirklich für immer tot wären und rein gar nichts von ihnen übrig bliebe, so gäbe es keinen Grund, dieses nicht mehr Vorhandene zu beweinen. Es gäbe nichts mehr. Wären die Toten dagegen nicht tot, sondern würde irgend etwas von ihnen, wenn auch etwas Unbeschreibbares, weiterexistieren, so wäre das auch kein Grund zum Trauern. Denn dann würden sie ja noch leben.

Wer diesen Gedankengang nachvollziehen kann, muß zu dem Schluß kommen, daß Trauer nie dem Hingeschiedenen gilt, sondern dem eigenen Verlust. Man beweint sich selbst.

Bitte verstehen Sie das nicht falsch. Der Verlust eines geliebten Menschen tut weh. Er stellt uns vielleicht von einem Augenblick zum anderen vor eine geänderte Lebenssituation. Wir haben etwas Geliebtes lassen müssen oder sind gar allein. Es wäre schwer zu begreifen, wenn uns das nicht berühren würde. Wir sind Menschen und empfinden und handeln menschlich. Wir weinen. Wer könnte das nicht verstehen?

Doch es ist ein Unterschied darin, ob wir uns in unserem Schmerz Gott zuwenden und aus dieser Hinwendung neue Kraft schöpfen oder ob wir uns in unsere Verzweiflung hineinfallen lassen ohne die Erkenntnis oder den Willen, auch diese Not bewältigen zu können und zu müssen.

Aus allem, und scheint es uns noch so ungerecht und unbegreiflich, können und sollen wir lernen. Das ist einer der Gründe, ja *der* Grund, warum wir hier sind. Wenn wir dies annehmen, erwächst daraus eine immense innere Kraft. Wir kommen heraus aus unserem seelischen Tief, wir wenden uns – wenn auch noch zögernd – dem Positiven zu, und im gleichen Augenblick fängt unsere Seele an, höher zu schwingen. Damit werden wir aufnahmefähiger für die allezeit jedem Geschöpf zur Verfügung stehende göttliche Liebe, für die alles durchströmende Ätherkraft.

„Wer für alles dankt, auch in Krankheit und Not, der erwacht in Mir, dem Geist des Lebens. Tiefer Dank schenkt Erquickung für die Seele und den Leib. Der Mensch, der dankt, vergißt sich selbst. Im Selbstvergessen, Mein Kind, erwacht Meine Kraft in dir, die alles ordnet und bereinigt, die vieles aufhebt und tilgt.“[143]

Für eine Christenheit, die an den auferstandenen Jesus Christus als Retter glaubt, hätte es nie eine Trauer, wie die Welt sie kennt, geben dürfen. Daß es sie gibt, beweist, daß der ursprüngliche christliche Inhalt verlorengegangen ist. Dabei war es einmal anders. Professor Haraldur Nielsson,

Theologe und Bibelübersetzer, studierte eingehend alle erreichbaren Quellen dieses Themas einschließlich der Schriften der Kirchenväter und erfuhr daraus, daß es bei den frühen Christen Sitte war, den Todestag als *Geburtstag* des Abgeschiedenen in ein höheres Sein zu feiern. „Eine christliche Beerdigung damals war ein direkter Gegensatz zu der Trauer und trüben Stimmung, die in unseren Tagen alle Begräbnisse umgeben."[144]

Die ersten Christen tadelten in scharfen Worten die römische Gepflogenheit, schwarze Kleidung anzulegen, sie trugen weiße. Aber die heidnisch-römische (Un-)Sitte der pechkohlrabenschwarzen Trauerkleidung hat sich nachhaltig in der Christenheit durchgesetzt und mit dazu beigetragen, daß Sterben und Begrabenwerden zum Inbegriff des Schreckens vor dem Tode wurden.[145]

Über was soll man sich als Christ denn auch freuen? Was soll man denn bejubeln, wenn man Theologen gegenübersteht, die von einer schlafenden Seele oder sogar von einem Zerbrechen von Leib und Seele sprechen?

So wird denn durch die Unwissenheit und Liebeunfähigkeit (im Sinne von Selbstlosigkeit) viel Leid in den Seelenbereichen durch die Hinterbliebenen hervorgerufen. Jede Träne, jedes Weh und Ach wird zu einem geistigen Faden. Wer tränenüberströmt am Sterbebett steht, macht es dem Sterbenden schwer. Die Seele, die vielleicht schon die jenseitigen Welten sieht oder die ihre Loslösung schon verspürt, wird zurückgehalten. Ihr Aufstieg kann nicht stattfinden. Ihr Sterben wird hinausgezögert. Wie kann da der gütige Engel helfen, die Seele aus ihrem Körper zu entbinden? „Bleib hier", so ruft der Mann der Frau zu, die Eltern dem Kind. Warum soll die Seele hierbleiben? Sie geht viel schöneren Gefilden entgegen, sie strebt zu einer Freiheit, die der trauernde Hinterbliebene noch nicht einmal ahnt.

Wer so handelt, macht sich schuldig an der ins Jenseits strebenden Seele.

„Ihr nennt euch Christen. Hört, was der Christus Gottes durch die inneren Bereiche zu euch spricht. Laßt doch die Seelen in das Leben wandern, haltet sie nicht fest, denn Ich Bin bei euch und bei jeder Seele alle Tage eures Lebens. Ich Bin in jeder Seele, bis sie im Schoße ihres Vaters ruht. O könntet ihr nur die Empfindungen einer zurückgerufenen Seele verspüren!"[146]

Ich bin bei euch und bei jeder Seele alle Tage eures Lebens! Wer daran glaubt, hält keine Seele zurück. Nicht vor dem Sterben und nicht danach. Denn die Mahnungen Christi, keine Seele durch Trauern zu binden, gilt in gleichem Maße für die Zeit nach dem Begräbnis. Da kann es geschehen, daß eine Seele zurückkommt aus ihren lichten Bereichen, weil sie meint, daß sie auf der Materie in der Nähe ihrer Angehörigen gebraucht wird, die durch ihren Tod den Schicksalsschlag erlitten. Sie will trösten, will helfen, möchte ihren Angehörigen sagen, daß sie sich mit ihr freuen sollten, da sie das Leben gefunden hat. Die in Trübsal lebenden Zurückgebliebenen erfühlen jedoch nicht die Empfindungen der Seele.

„O könntet ihr eine Seele sehen, die einst euer Kind war, die eben den physischen Körper verlassen hat. Sie steht vor dem Elternpaar, die Seele ist traurig. ‚Mutter, Vater', so spricht das Seelenkind, ‚ich lebe, mir geht es gut. Wesen des Lichts haben mir die Schmerzen genommen. Mein Körper ist leicht. Weshalb, o Mutter, Vater, weint ihr?' Immer wieder bettelt das kleine Seelenkind: ‚Laßt mich doch frei und zur Entfaltung kommen. Haltet mich durch eure Tränen nicht auf. Hier stehen Boten des Lichts. Sie wollen mich weiterführen und geistig entwickeln. Ich bin, so sagen sie, ein vollkommenes Geschöpf Gottes'. "[147]

Kann man uns das noch deutlicher sagen, als Christus

es tut? Lassen wir sie los, unsere geliebte Seele! Sie hat Sehnsucht nach den Bereichen des ewigen Lebens. Wir wissen doch jetzt, daß der Tod das Tor zum Leben ist. Wenn wir die von uns gegangene Seele lieben, werden wir ihr wünschen, daß ihr nur Gutes widerfährt. Das Gute aber findet sie nur auf ihrem Weg zu Gott, nicht in unserer Nähe.

Wenn wir uns dazu nicht durchringen können, müssen wir uns fragen, ob nicht in Wirklichkeit wir die Toten sind? Die *geistig* Toten, von denen Christus spricht. Die das Leben nicht erkennen können und deren Trauer sich selber gelten müßte.

Auf unseren Friedhöfen liegen unsere geliebten Angehörigen und Freunde nicht. Dort sind die Reste ihrer ehemaligen Körper begraben. Wir sind unseren Lieben zu Hause, besonders bei einem ehrlichen Gebet, näher als auf dem Friedhof. Ihre Seelen, wenn sie nicht durch ein dogmatisches Denken oder die starke Sehnsucht nach ihrem Körper und dessen Sinne an diesen gebunden sind, halten sich inzwischen in schöneren Gefilden auf. Ihre Reise hat bereits begonnen.

„Ich stand einen Augenblick ganz ratlos und unschlüssig. Da erhellte sich plötzlich ein kleiner Teil des Firmaments in der Gegend, wo der Weg hinführte. Ein Lichtschein wurde heller und immer heller, gerade als ob die Sonne an einem recht nebeligen Morgen sich durch Dunst und Wolken kämpft. – Ich weiß nicht mehr, bin ich dem Lichtschein entgegengegangen oder kam er mir entgegen … plötzlich war um mich herum hellichter Tag geworden, und ich stand zu meiner größten Überraschung unter einer Schar von Bekannten, die mich alle aufs herzlichste begrüßten! Es waren alle meine Lieben, die mir vorangegangen waren: meine Eltern, meine Geschwister, meine beiden Gatten … ein unendliches Glücksgefühl hatte sich meiner bemächtigt, eine nie gekannte Ruhe und Heiterkeit. Sie umringten mich jubelnd, und in ihrer Mitte schritt ich vorwärts, einem unsichtbaren Ziele zu."[148]

Denken wir noch einmal an die zwei Worte „Vater unser". Dieser Vater läßt keinen verlorengehen, da Er durch Seine Allgegenwart die Macht hat, uns überall in Seinem Kosmos zu halten. Er will uns wieder bei sich haben, und Er wird uns wieder bei sich haben, auch wenn es auf Grund unserer eigenen Vorstellungen bei diesem oder jenem etwas länger dauert. Zurück zu Ihm aber werden wir alle kommen, die einen früher, die anderen später.

Wenn Du Deine Geistigkeit erkennst, wird es Dir ergehen wie dem verlorenen Sohn. Du wirst Dich schon in diesem Leben auf den Rückweg machen. Schließlich wirst Du dieser Welt Ade sagen, die irdischen Augen für immer schließen – und dann beginnt *die Reise Deiner Seele.* –

Sie beginnt auch, wenn Du Dich nicht auf den Rückweg zu Ihm machst. Nur wird sie dann nicht so schön.

9. REISEHINDERNISSE

*Der Geist ist da, Er wartet, Er
bettelt in jedem einzelnen, „ver-
gib doch, auf daß auch dir vergeben werden kann".*

Aus einer Christusoffenbarung

*Dafür bin Ich nicht ausgegan-
gen, hierfür habe Ich nicht Mein
Blut geopfert, damit ihr Menschen und Seelen an die Materie
gebunden bleibt und Qualen
über Qualen erduldet.*

Aus einer Christusoffenbarung

Die Reise beginnt zwar für alle, aber sie beginnt nicht für
alle gleich. Da gibt es welche, die merken überhaupt nicht,
daß sie schon unterwegs sind. Andere gewöhnen sich recht
schnell an ihr neues Reisekleid und richten sich entsprechend ein. Wieder andere sind schon „weit weg", kaum,
daß der Mensch die Augen zu hat. Der Seele sind die Wege
vorgeschrieben. Sie hat den Reiseplan selbst aufgestellt.

Moody war wohl der erste, der sich die Mühe gemacht
hat, die ersten Eindrücke der „Reisenden" zu sammeln.
Dabei hat er für den Normalsterblichen – wenn man diesen

Ausdruck einmal für den größten Teil der Menschen zugrundelegt – auffallende Ähnlichkeiten festgestellt, wie sie aus Berichten wiederbelebter Patienten hervorgehen.

Die sich lösende Seele nimmt ein unangenehmes Geräusch wahr, sie hat das Gefühl, sehr schnell durch einen langen, dunklen Tunnel zu gleiten. Danach befindet sie sich außerhalb ihres Körpers, auf den sie, als wäre sie ein Beobachter, aus einiger Entfernung blickt. Nach einiger Zeit beginnt die Seele, sich an ihren Zustand zu gewöhnen. Sie entdeckt, daß sie immer noch einen Körper hat, jetzt nur einen viel feineren. Andere Wesen nähern sich ihr, und ein Liebe und Wärme ausstrahlendes Wesen, wie sie es noch nie gesehen hat, ein Lichtwesen, erscheint vor ihr. Dieses Wesen richtet – ohne Worte zu gebrauchen – einige Fragen an sie, die sie dazu bewegen soll, ihr Leben als Ganzes zu bewerten. Ein Panorama ihres Lebens zieht in einer blitzschnellen Rückschau an ihr vorüber.

Christus belehrt immer wieder darüber, daß jedes Sterben anders verläuft. Deshalb kann man keine Norm aufstellen. Richtig ist, daß einer alle und noch mehr, ein anderer nur einige, wiederum ein anderer gar keines dieser Elemente oder andere erfährt. Das Erscheinen von Lichtwesen und Seelen ist, wie wir schon wissen, nicht auf den Zeitpunkt nach dem Seelenaustritt festgelegt; die Rückschau kann nur die wichtigsten, aber auch die letzten, kleinsten Details enthalten; die Reihenfolge, in der ein Sterbender die verschiedenen, oben kurz dargestellten Stadien durchläuft, kann eine ganz andere sein usw.

Vergessen wir nicht, daß alle diese Angaben von Menschen stammen, deren Seelenzustand verschiedenartig und deren Verweildauer im Jenseits ungleich lang war. So ergibt sich zwar ein Bild über das etwaige Geschehen, das auf jeden von uns zukommt, aber es kann nicht verallgemeinert werden. Zu unterschiedlich geartet sind unsere Interessen,

162

Bindungen, Anschauungen, Lebensweisen. Und davon hängt ja gerade unsere Seelenbeschaffenheit ab.

Eine bemerkenswerte Übereinstimmung besteht nach Moody jedoch bei den Befragten darüber, daß zwei Ziele der Hauptzweck des körperlichen Daseins wären, nämlich das Erwerben von Wissen und das Lernen, andere zu lieben. Die Liebe aber, zu der das Lichtwesen aufforderte, ist von jener überwältigenden, mitfühlenden und bedingungslosen Liebe, die der Engel selbst dem Sterbenden entgegenbringt.

Diese Liebe werden wir einst alle wieder sein.

Zu dieser Liebe sind auch unsere Verstorbenen unterwegs, denn für sie hat im Prinzip die Reise angefangen, gleichgültig, wo sie auch sein mögen.

„Im Prinzip", das besagt, daß die Seele sich, nachdem die Ablösung vom Körper stattgefunden hat, in einer anderen Dimension befindet. Damit hält sie sich aber nicht zwangsläufig an einem anderen Platz auf, denn „drüben" bezeichnet keinen Ort im räumlichen Sinne, sondern einen Zustand in einem anderen Daseinsbereich. „Drüben" kann gleich nebenan sein, es kann aber auch in Sphären sein, die von unserer unendlich „weit" entfernt sind. (Wenn Sie sich die Unterschiedlichkeit der Wellenbereiche z. B. des Rundfunks vor Augen halten, die auch „an gleicher Stelle" schwingen, aber dennoch nicht vermischt sind, so bekommen Sie eine kleine Vorstellung von der Art und dem Vorhandensein feinstofflicher und geistiger Dimensionen.)

Diesseits und Jenseits gehen ineinander über. Eine „Schwelle", die überschritten werden muß, gibt es eigentlich nicht. Aber es gibt für den, der diese Erde verläßt, eine Bewußtseinsumstellung, die allerdings für viele dann dem Überschreiten einer Schwelle nahekommt, wenn man sich als Mensch keinerlei geistige Erkenntnisse angeeignet hat.

Bin ich tot?

Um das nun beginnende neue Leben der Seele zu verstehen, müssen wir uns noch einmal den Fall ins Gedächtnis rufen. Außerhalb der reinen Himmel entstanden sieben Grundebenen mit ihren jeweiligen Unterebenen. Die vier untersten werden die Astralbereiche, auch Seelenstufen oder Reinigungsebenen genannt, und zwar gliedern sie sich – von unten nach oben – in die Bereiche der Ordnung (dazu gehört die Erde), des Willens, der Weisheit und des Ernstes. Solange der Zustand einer Seele noch dem einer dieser Bereiche schwingungsmäßig entspricht, bleibt sie daran gebunden. Sie kommt somit aus der Anziehung der Astralebenen nicht heraus.

Die Entwicklung eines Bewußtseins, das über das der Astralbereiche hinausgeht, kann am ehesten in der Materie, auf dieser Erde, erreicht werden. Drüben geht es wesentlich langsamer vor sich. Auch an diesem Umstand, der Möglichkeit zur Inkarnation und damit zur schnelleren Reinigung durch die Erfahrungen eines Erdenlebens, erkennen wir die Gnade Gottes.

Hat die Seele die vierte Stufe absolviert, das heißt in sich erschlossen, dann hat sie sich frei gemacht von ihrem Wollen und Wünschen und kann ohne weitere Inkarnation das Erarbeiten ihres „inneren Himmels" in den restlichen drei Stufen, den Vorbereitungsebenen, vollziehen.

Weil die Beschaffenheit der Seele ausschlaggebend für die Art ihres neu erworbenen Lebens ist, ergibt sich schon daraus die Andersartigkeit jeder Seelenexistenz. Der bedauernswerteste Zustand ist ein koma- oder schlafähnlicher, der einer seelischen Bewußtlosigkeit gleicht. Kaum besser dran ist eine Seele mit der völligen Unkenntnis, was mit ihr passiert ist. In einem solchen Fall war das Bewußtsein des Menschen so stark auf die Materie und sich selbst eingeschränkt, daß dieses Bewußtsein auch im Seelenkörper keinerlei andere Ansichten zuläßt und keine anderen Eindrücke aufnimmt.

Eine solche Seele ist geistig tot. Ihr fehlt – für uns schwer vorstellbar – die Fähigkeit, ihren eigenen Tod zu akzeptieren. Sie kann, da Zeit und Raum fehlen und völlig andere Bedingungen herrschen, auch nicht mit der Logik ihres Verstandes arbeiten, da dieser ihr ein Bild vorspiegelt, das *sie* hat, das *sie* will, das *sie* bejaht – und dessen „Wirklichkeit" *sie* sich nicht nehmen läßt. War es in ihrem Leben anders? Hat sie die Belehrungen, die sie nun drüben nicht annehmen kann, hier angenommen? Mitnichten. Oder hat sie sich vielleicht auch hier schon ihr eigenes, unumstößliches Bild geschaffen, ihre Wirklichkeit? Sie hat. Und sie hat weiter ihr sorgfältig aufgebautes und gepflegtes Ego mitgenommen. Wieso sollte sie jetzt erkennen?

Auch hier ist das Gesetz „Gleiches zieht Gleiches an" wirksam. Es beruht auf der Gerechtigkeit Gottes, der jedem Menschen und jeder Seele den freien Willen läßt.

Der Mißbrauch dieses freien Willens kann dazu führen, daß das enge Bewußtsein es einer solchen Seele nicht erlaubt, die Vorgänge um sie herum zu erfassen. Sie geht hinter ihrem Sarg her, erlebt die Beerdigung ihres irdischen Körpers mit, lebt in ihrer Familie und an ihrem Arbeitsplatz weiter. Sie nimmt zwar manche Veränderung an sich und ihrer Umgebung wahr, doch dies bringt sie nicht dazu, sich über ihren Zustand Gedanken zu machen. Sie wird feststellen, daß man sie nicht mehr beachtet, da man sie nicht mehr sieht und hört. Sie wird vielleicht verwundert bemerken, daß ihr Arbeitsplatz von einem anderen besetzt ist. Sie spürt, daß sie keinen Einfluß mehr auf die Materie hat, ihr nichtmaterieller Körper geht durch die Materie hindurch. Ist sie in ihrem Bewußtsein sehr eingeengt, wird sie sich auch damit nicht näher befassen. Sie nimmt es hin und vegetiert in diesem Zustand dahin. Anders kann man es kaum ausdrücken.

Diese Seelen haben es sehr schwer, und die Lehrengel bemühen sich meistens lange Zeit vergebens um sie.

Einen solchen krassen Fall schildert Currie und meint, daß die Geister, die ihre Entkörperung nicht erkennen, einfach ihr früheres Dasein fortsetzen und sich dabei teilweise wie im Traum in der materiellen Umwelt bewegen. „… Der Versuch, sie (zwei Mönche) zu überzeugen, daß sie tot waren, erwies sich als äußerst interessant. Sie konnten es kaum glauben, da sie dachten, bis zu den Posaunen des Jüngsten Gerichtes zu schlafen und dann dank ihrer Weihen direkt in das Paradies oder den Himmel einzugehen. Sie konnten überhaupt nicht begreifen, wo sie sich befanden."[149]

Unsere Friedhöfe sind voll von Seelen, die neben ihren Gräbern sitzen und auf das Jüngste Gericht und die Auferstehung ihrer Leiber warten. Diese Seelen werden durch ihre eigenen Anschauungen daran gehindert, weiterzuschreiten auf der Straße zum Leben. Und weil dies so wichtig ist, sei noch einmal wiederholt: *Es gibt keine Auferstehung des Fleisches.* Es gibt eine Auferstehung im Geiste, und es gibt, wenn wir an die Reinkarnation denken, für die Seelen, die wieder in das irdische Leben, in einen neuen menschlichen Körper, gehen, eine Auferstehung *im* Fleische.

So gibt es auch das Jüngste Gericht nicht in der Form, wie es die theologische Dogmatik bestimmt. Sicher gibt es ein Gericht, aber dieses Gericht ist nicht für alle gemeinsam auf einen Tag festgelegt, und es wird auch nicht von Gott abgehalten. Es findet *in* uns statt, und wir sind unser eigener Richter. Wenn wir nämlich nach Verlassen unseres Körpers erwachen und erkennen, so wird in unserer Seele das freigelegt, was wir selbst dort hinein empfunden, gedacht, geredet und getan haben. Das kann schon während der Rückschau geschehen, so wie jener eine Mann es treffend formuliert hat: Er habe sich die Frage gestellt, ob er in seinem Leben so gehandelt habe *aus Liebe* zu anderen Menschen, ob also die Liebe sein Handeln *motiviert* habe.

In diesem Moment, so könnte man sagen, hat so etwas wie ein Gericht stattgefunden, denn wenn diese Seelen in einem solchen Zustand gesteigerten Bewußtseins die selbstsüchtigen Taten zu sehen bekamen, die sie in ihrem Leben begangen hatten, dann wurden sie von bitterer Reue ergriffen. Und genauso überkam sie angesichts solcher Begebenheiten, bei denen sie Liebe und Güte bewiesen hatten, ein Gefühl von Friede und Freude.

„Es verdient hervorgehoben zu werden, daß das Gericht in den von mir untersuchten Fällen nicht etwa von dem Lichtwesen ausging, das diesen Menschen ohnehin nur Liebe und Annahmebereitschaft entgegenbrachte, sondern im Inneren desjenigen stattfand, der gerichtet werden sollte!" (Moody)[150]

Oder, wie es Kübler-Ross ausdrückt: „Nachdem Sie den physischen Körper endgültig abgelegt haben, gelangen Sie dorthin, was man als Hölle oder Himmel bezeichnet, wobei dies nichts mit dem Letzten Gericht zu tun hat. Was wir … hören, ist die Versicherung, daß jeder Mensch nach seinem Hinübergehen … etwas betrachten muß, das einer Fernsehmattscheibe sehr ähnlich sieht, auf der sich jede unserer irdischen Taten, Worte und Gedanken widerspiegeln. Hiermit wird uns die Gelegenheit gegeben, selbst über uns anstelle eines gestrengen Gottes zu Gericht zu sitzen. Sie erschaffen sich schon durch Ihre diesseitige Lebensführung Ihre jenseitige Hölle oder Ihren jenseitigen Himmel."[151] Dem ist nichts hinzuzufügen.

Wohin geht also eine Seele?

„Ich dachte nur in einem fort: Wohin soll ich bloß gehen?

Was soll ich denn bloß machen? Und: Mein Gott, ich bin tot! Ich kann es nicht glauben! ... Deshalb entschloß ich mich, erst einmal abzuwarten, bis die ganze Aufregung abgeebbt wäre und man meine Leiche weggeschafft hätte. Dann würde ich versuchen, mir darüber klarzuwerden, wohin ich mich von dort aus wenden könnte."[152]

Eine Seele geht dorthin, wohin sie gehen muß. Die meisten Seelen wandern, da sie für lichtere und feinstofflichere Ebenen nicht entwickelt sind, in die Astralbereiche. Sie halten sich dort auf, wo sie unter ihresgleichen sind.

„O erwacht aus eurem Schlaf, denn es ist Zeit! Die Menschen sind eingeschlafen und träumen im Irrtum dieser Welt, sie sind eingedöst in dem Gedanken ihres Eigenwillens und leben in ihren Bildern. Wo stehst du, o Kind Gottes, wenn du dein Fleischhaus verläßt? Wo zieht es dich hin, wenn du von hier entbunden wirst? In wessen Willen hast du deine Seele belebt? Wacht auf und macht euch frei von dieser Welt, sonst zieht es euch an den Ort, mit dem ihr eure Seelen während eueres Menschenlebens magnetisiert habt."[153]

Wie verständlich werden da auf einmal Bibelstellen. „Denn wo euer Schatz ist, da ist auch euer Herz" (Matth. 6, 21) – diese Stelle beschreibt genau das, was mit der Seele geschieht. Die Verknüpfung des Lebens im Jenseits mit dem im Diesseits wird auch deutlich an dem Satz „denn was der Mensch sät, das wird er ernten", den Christus uns immer wieder ins Bewußtsein ruft. Während sich der Mensch auf Erden oft mit List und Tücke den Folgen seiner Handlungen entziehen kann, vermag er nach dem Tode seinem selbstbereiteten Schicksal nicht zu entgehen. Das gilt nicht nur im negativen Sinne. Auch die Früchte seiner guten Taten wird er ernten. Sie sind ebenso festgeschrieben wie die weniger guten.

Man bekommt eine ganz schwache Vorstellung von Himmel und Hölle, wenn man sich vorstellt, daß sich die Seelen je nach Verlangen, Gewohnheit und Charakter, wie sie bei Lebzeiten auf Erden in Erscheinung getreten sind, zusammenfinden. Jeder hält sich dort auf, wo er weiter seinen Neigungen leben kann, seien es gute oder schlechte. Nicht Lohn und Strafe im üblichen Sinn, so erkannte schon Swedenborg, würden im nachtodlichen Dasein erfahren, sondern die gerechte Fortsetzung des auf Erden Begonnenen. Wohl läge zwischen Himmel und Hölle eine „große Kluft", doch diese würde durch nichts anderes gebildet, als durch das Maß an selbstgefälliger Eigenliebe oder der selbstlosen Liebe zu Gott und dem Nächsten.[154]

Dieses Zusammensein mit ihresgleichen mag für die einen der Himmel, für die anderen – zumindest solange sie keine Änderung herbeiführen wollen oder können – die Hölle sein.

So werden denn Mörder bei Mördern sein, Triebhafte bei Triebhaften, Betrüger bei Betrügern, Egoisten bei Egoisten, Stolze bei Stolzen, Intellektuelle bei Intellektuellen, in Dogma und Anschauung Gebundene bei ebensolchen. Und Ehrliche werden zu Ehrlichen, Selbstlose zu Selbstlosen, Gütige zu Gütigen, Friedfertige zu Friedfertigen, Liebende zu Liebenden und die, die wie die Kinder sind, zu ihresgleichen gehen.

Unendlich wichtig: vergeben!

Wo immer eine Seele auch ihren Platz finden wird, eines ist ganz sicher: In einem Sarg, begraben unter ein paar Fuß Erde, liegt sie nicht. Es hat viele Irrtümer in der langen Geschichte der Menschheit gegeben. Einer der größten und auch heute noch weitest verbreiteten sind die Annahme und der Wunsch, die, in vielen Grabsteinen eingemeißelt, in den Worten zum Ausdruck kommen: „Ruhe sanft".

„Jenseits des Grabes", sagte Swedenborg, „gibt es keine Ruhe, außer im Frieden Gottes, der auch schon vorher Ruhe bedeutete."[155]

Da *alles* auf Schwingung oder Strahlung beruht, dem Prinzip, auf dem die Schöpfung aufgebaut ist, sind auch unsere Gedanken und Worte nichts anderes als Schwingung. Sie hinterlassen geistige Spuren, die nicht von alleine wieder vergehen, nur weil die „Zeit" über sie hinweggegangen ist. Auch sie sind Energie, die nicht vernichtet werden kann. Sie verbinden uns mit und binden uns an denjenigen, dem wir unsere Gefühle zugedacht oder zugesprochen haben. Wer von beiden bei einem Streit angefangen hat, spielt dabei keine Rolle. Auch derjenige, der „nur" reagiert, hat sich, wenn seine Reaktion nicht aus der Liebe kam, gebunden. Er ist, auch wenn er nach menschlichen Maßstäben allen Grund für seine negative Verhaltensweise hatte, nach dem göttlichen Liebegebot schuldig geworden (daher die Aufforderung Jesu „Liebe deine Feinde"). Damit sind diese Menschen und Seelen durch die von ihnen gesetzten Ursachen miteinander verbunden. Tagtäglich schaffen viele Menschen, wenn man diese Richtlinien an ihr Verhalten anlegt, neue Ursachen und neue Bindungen.

Nun kann zwar Energie nicht vernichtet werden, aber sie muß – Gott sei Dank – auch nicht in alle Zeiten in ihrer negativen Form bestehen bleiben. Die Liebe Gottes ist das Mittel, das sie in positive Kraft umwandelt (und damit ihrer negativen Wirkung beraubt), wenn wir dort bereuen, wo wir gesündigt haben, und wenn wir dort vergeben, wo man uns Böses angetan hat. Die Gnade Gottes, die uns unsere Schuld erläßt, wenn auch wir vergeben – wie wir im Vaterunser beten –, wirkt im Diesseits und im Jenseits, denn Gott kennt keine Schranken.

Wenn man unter diesem Gesichtspunkt noch einmal das „Ruhe sanft" betrachtet, dann ist man auf etwas gestoßen, das es der Seele, die es möglicherweise durch ihre eigene Belastung und die Trauer der Hinterbliebenen schon schwer genug hat, noch schwerer macht, ihren Frieden zu finden. Deshalb ist es so wichtig, dies als Zurückgebliebene einmal in aller Stille zu überlegen.

Alles Irdische ist vergänglich, und, gemessen an der Ewigkeit, kann das, was uns vielleicht angetan worden ist, nicht unverzeihbar sein. Je eher wir uns zu einer Vergebung durchringen können, um so eher kann auch der Seele und uns selbst geholfen werden. Wer diesen Prozeß des Sich-durchringens einmal mitgemacht hat, der weiß, wieviel Kraft aus einem tiefen Verzeihen entstehen kann. Wir lösen damit noch bestehende Bindungen, und eine wunderbare Befreiung wird in der anderen Seele und in uns spürbar.

Das gleiche gilt für eine *Seele*, die hartherzig ist und nicht vergessen will. Sie bindet sich selbst und weiß es nicht. Wer als Mensch ein Unrecht begangen hat und dies weder als Mensch noch später als Seele erkennt und um Vergebung bittet, trägt diese Schuld als Belastung in seinen Seelenhüllen. Da er die Chancen des Erkennens und des Bereuens, die ihm immer wieder geboten werden, nicht annimmt, wird er die Wirkungen der von ihm in die Welt gesetzten unrechten Taten in einer späteren Inkarnation am eigenen Leibe zu spüren bekommen. Er wird das ertragen und erdulden müssen, was er anderen zugefügt hat.

„Denke darüber nach, o Mensch! Wenn du nicht bereust, dann kann die Gnade des Vaters in Jesus Christus, deinem Erlöser, nicht tragen, nicht helfen, dir also nicht dienen. Du erlebst die Folgen in vollem Umfang." (Aus einer Offenbarung des Cherubs der göttlichen Weisheit)

Eine der Voraussetzungen, um in den Seelenbereichen voranzukommen, ist daher die Vergebung. Wer keine Vergebung von dem Geschädigten oder Verführten erlangt, bleibt bis zu dessen Gesinnungsänderung daran gehindert, weiterzustreben. Erst durch den Vollzug der Vergebung ist ein Weiterschreiten möglich. Wird die Bitte um Vergebung ausgesprochen, und sei es in Gedanken, so treten im gleichen Augenblick Geistwesen in Tätigkeit und nehmen sich beider an.

Es ist im übrigen nie zu spät für dieses Vergeben und Vergessen. Kübler-Ross: „Sie können also auch dann noch ‚unerledigte Geschäfte‘, selbst wenn sie schon zehn und zwanzig Jahre zurückliegen sollten, erledigen und somit Ihre Schuld abladen, damit Sie selbst wieder leben können."[156]

Ein Freund erzählte mir vor einiger Zeit, daß er mit einer Patientin „eigentlich nur so nebenbei" über das Leben nach dem Tod gesprochen hätte. Die Frau hätte ihn im ersten Moment erschrocken und ungläubig angeschaut und ihm dann erzählt, daß sie mehrmals des Nachts an ihrem Bett ihren verstorbenen Mann gesehen hätte („es war bestimmt kein Traum"), was sie sich aber nicht erklären könne. Die Erscheinung ihres Mannes hätte vergrämt und unglücklich ausgesehen und irgendwie bedrohlich gewirkt. Ihre Ehe sei nicht gut gewesen, und sie hätte auch jetzt noch keinen guten Gedanken für ihren verstorbenen Mann. Auf den erklärenden Rat hin, sich mit der Seele zu versöhnen und für sie zu beten, erzählte die Frau Wochen später, daß die Erscheinung wieder dagewesen wäre: strahlend, jung, lächelnd und liebevoll.

Das freiwillige Ausscheiden

Ein weiteres Hindernis, die durch den Tod ermöglichte Reise nun auch endlich und richtig beginnen zu können, hat eine Seele, die durch Selbstmord aus dem Leben geschieden ist, sich selbst in den Weg gelegt. Sie hat sich durch ihren Entschluß zunächst darum gebracht, die Freiheit eines Lebens im feinstofflichen Körper erfahren zu können.

Nichts im Kosmos unterliegt dem Zufall. Alles ist eingebunden in geistige Gesetze. Alle Menschen stehen so lange unter dem Karma-Gesetz, dem Gesetz von Ursache und Wirkung, bis sie durch Erkennen ihrer Geistigkeit, der beharrlichen Arbeit mit Hilfe Christi an sich selbst und der Verwirklichung des Liebe-Gebotes einen geistig-seelischen Entwicklungspunkt erreicht haben, der sie frei macht von dem Ursache-Wirkung-Prinzip. Dieses Stadium der Läuterung kann in langen Perioden in den Astralbereichen oder in der Kürze der Zeit in der Materie erreicht werden. Bis zu diesem Punkt erntet der Mensch das, was er zuvor gesät hat.

„Die Leiden, die du momentan zu tragen hast, sind deine eigenen Fehler, die du in diesem oder in früheren Leben deiner Seele auferlegt hast. Jetzt darfst du sie durchleiden."[157]

Damit wird verständlich, daß das, was einen Menschen zum freiwilligen Ausscheiden aus dem Leben veranlaßt, nicht zufällig auf ihn gefallen ist, sondern die Verhältnisse und Umstände darstellt, die durch sein eigenwilliges Handeln von ihm geschaffen worden sind. Der Mensch befindet sich dann in einer Situation, die seine eigenen Kräfte überfordert (göttliche Kraft erbittet er meist nicht) und ist gleichzeitig bewußtseinsmäßig so eingeschränkt, daß er zum einen sich selbst als Verursacher seiner Leiden nicht sieht und zum anderen Möglichkeiten eines Ausweges nicht mehr suchen und erkennen kann. Die Fähigkeit, die Gegebenheiten als Wiedergutmachung oder Lernprozeß zu begreifen, ist ihm abhanden gekommen. Aus diesem eingeengten Bewußtseinszustand heraus handelt er – falsch.

Jeder, der meint, diesen verhängnisvollen Schritt tun zu müssen, sollte sich dies reiflich überlegen, denn dieser Schritt bringt nicht das ersehnte Ende, das erwartete Nichts, sondern stellt einen Irrtum mit unkalkulierbaren und möglicherweise verheerenden Folgen dar. Das Leben endet nicht. Es geht unmittelbar weiter, wenn auch auf andere Weise.

Der irrige Glaube, daß mit dem Tode alles aus und zu Ende sei, verführt die Menschen zu falschen Schritten und hält sie gleichzeitig davon ab, sich mit einer Situation auseinanderzusetzen, deren Bewältigung möglicherweise eine totale Änderung ihres Lebens und ihrer Lebensanschauungen mit sich bringen würde. Anders ist es nicht zu erklären, daß jedes Jahr in der Bundesrepublik Deutschland rund 13 000 Selbstmorde verübt werden, wobei die Zahl der Selbstmordversuche sogar um das Zehn- bis Zwanzigfache höher liegt.[158]

„Bei uns", so schreibt Rudolf Passian, „ist der Selbstmord nur deshalb so alltäglich, weil man uns seit jeher über das wahre Sein des Menschen, über das Wesen des Ichs, unaufgeklärt ließ. Bei Mohammedanern und Juden kommen Selbstmorde so gut wie überhaupt nicht vor; im ‚christlichen Abendland' sind sie die Regel."[159]

Wer Unwissenheit sät ...

Wenn die Menschen wüßten, was sie sich antun, würden nicht nur viele, sondern *alle* diesen Schritt nicht tun, denn er bringt nicht nur keine Lösung, sondern er verstärkt das Problem, vor dem man ausweichen wollte, um ein Vielfaches. Da das Raum- und Zeitgefühl nicht mehr existiert, ist nicht etwa der Vorgang des irdischen Todes abgeschlossen (weil in einer anderen Dimension geschehen), sondern er wiederholt sich jetzt. Das liest sich so:

„... Also, die Sache war die, daß meine Schwierigkeit weiterexistierte, und zwar auch als ich ‚tot' war. Es hatte den Anschein, als würde sie sich ständig wiederholen, wie bei einer angeknacksten Schallplatte. Zuerst erlebte ich die Sache von Anfang bis Ende und dachte dann: ‚Ein Glück, jetzt ist es überstanden!' Aber dann ging es sofort wieder von vorne los, und ich mußte denken: ‚O nein, nicht noch einmal!'"[160]

Die Konflikte, denen man versucht auszuweichen, bestehen auch anschließend noch. Und nicht nur das: Sie haben sich verschärft, und die Seele ist in ihrem körperlosen Zustand außerstande, aktiv an der Lösung ihres Problems zu arbeiten; vielmehr muß sie ohnmächtig mit ansehen, welche unheilvollen Konsequenzen ihre Tat nach sich zieht.

„Ich kam an einen schauervollen Ort ... Ich erkannte sofort, was für einen großen Fehler ich begangen hatte ... Ich dachte: ‚Ach, hätte ich es doch nur nicht getan!'", so berichtete ein Wiederbelebter.[161]

Der extrem negative, depressive Geisteszustand des Selbstmörders zur Zeit seiner selbstzerstörerischen Tat begleitet ihn hinüber und behindert ihn außerordentlich bei der Anpassung an die neue Situation. Das geht oft so weit, daß er beim Erwachen zum neuen Bewußtsein gar nicht erkennt, daß er gestorben ist, und die Entdeckung, daß er seinen physischen Körper nicht mehr unter Kontrolle hat, kann ihn erneut in Panik versetzen.

Das Erkennen, sich nicht vernichtet und die Probleme, vor denen man Reißaus genommen hat, nicht gelöst, sondern mitgenommen zu haben, an ihrer Lösung aber jetzt auch nicht mehr mithelfen zu können, das allein sind Qualen genug für die Seele. Ganz besonders schlimm aber wird es dann für sie, wenn sie mitansehen muß, was ihre Tat in anderen Menschen auslöst. Deren Schmerz, Verzweiflung und Unglück verspürt sie auch, denn auch das sind die Auswirkungen ihres Tuns. Zudem wird sie so lange erdgebunden bleiben, wie sie noch an Erdenjahren gelebt hätte. Sie wartet praktisch auf ihren eigenen Tod.

Auch wenn wir aus der geistigen Welt Mahnung und Aufklärung erhalten und ein solcher Entschluß und seine

Durchführung ein Verstoß gegen göttliches Gebot ist, so steht es doch niemandem zu, in irgendeiner Form eine solche unglückliche und leidende Seele zu verurteilen. Da der Kosmos eine Einheit ist, sind wir auch mit diesen Seelen durch die Liebe Gottes verbunden. Und dort, wo menschliches Verständnis und Gerechtigkeitsgefühl aufhören, fangen Gottes Vergebung und Gnade erst an. Was ein Selbstmörder von seinen Mitmenschen braucht, ist keine Verdammung, sondern Liebe. Da ist das Gebet die beste Form der Hilfe, die wir geben können.

10. DIE ASTRALBEREICHE

Wenn sich Gegenstände bewegen, wenn der Tisch sich bewegt – was ist das? Ihr sagt: „Unheimlich, es sind Geister." Es sind niedere Seelen, die sich bemerkbar machen und euch auf eine falsche Fährte lenken wollen.

Aus einer Offenbarung des Cherubs der göttlichen Weisheit

Das sind die Astralbereiche, die mit euch Menschen einen unvorstellbaren Kampf führen. Wahrlich, Ich sage euch, sie haben größeren Einfluß und sind gewalttätiger als eure Waffen. Die sind gegenüber diesem Einfluß harmlos.

Aus einer Christusoffenbarung

Der unlautere, nur auf die Materie ausgerichtete Mensch transformiert die Schwingungszahl seiner Seele mehr und mehr herunter. Deshalb gibt es viele erdgebundene Seelen. Das sind ent-

körperte Wesen, die sich einst im
Erdenkleid nur mit den irdischen
Dingen beschäftigten.

Aus eine Christusoffenbarung

Der allergrößte Teil der Seelen strebt nach der Entkörperung den verschiedenen Ebenen der Astralbereiche zu. Wenige sind es, die während ihrer Erdentage das Gesetz der Gottes- und Nächstenliebe auf eine Weise gelebt haben, die sie frei gemacht hat von ihrem menschlichen Denken und der Bindung an die Materie, und die nun höheren Welten außerhalb der Astralbereiche entgegengehen. Für die meisten bedeutet der Tod ein Hineingeborenwerden in Seelenbereiche, in denen sie noch dem Rad der Wiedergeburt unterliegen. Das sind die vier untersten außerhimmlischen Fallebenen, auf die auch wegen ihres Läuterungscharakters der Begriff der „Reinigungsebenen" angewandt wird.

Das Leben in diesen Welten gestaltet sich völlig unterschiedlich. Die erdgebundenen Zonen der niedrigsten Bereiche, der Ordnungsbereiche, sind die „Hölle", die hellen und weiten Bereiche der Stufe des Ernstes lassen schon ein ganz klein bißchen die Schönheit der Himmel ahnen.

Dazwischen liegt ein Spektrum von Welten, Aufenthaltsorten, Vorstellungsgebäuden und Empfindungssphären, die nur bruchstückhaft geschildert werden können, weil ihre Mannigfaltigkeit unsere Phantasie überfordert.

So verschiedenartig diese Bereiche sind, so uneinheitlich sind auch die Schilderungen von wiederbelebten Menschen und die Berichte, die von Jenseits-Kontakten vorliegen. Für den Zweifler und Verneiner sind die ungleichen Aussagen Beweis genug für ihre Unrichtigkeit. Mit solchen Ansichten sollte man jedoch vorsichtig umgehen. Es sind Vorurteile, die auf Grund mangelnder Aufklärung und Einsicht vorherrschen.

Jede Seele erlebt eine Welt oder erst den Beginn einer Reise in eine Welt, die ihrem Inneren entspricht. Da die Beschaffenheit einer jeden Seele anders ist, werden die erlebten Welten andere und die Eindrücke zudem stark von den eigenen Vorstellungen und Meinungen der Seele geprägt sein. So kommen die unterschiedlichsten Schilderungen zustande, deren Abweichungen noch dadurch größer werden, daß die mit Erfolg Wiederbelebten oft nur für Minuten, andere wiederum für Stunden oder Tage „tot" waren. Auch der Kulturkreis spielt eine Rolle. Genauso verschieden, wie zum Beispiel die Juden und die Griechen der Antike waren, so waren auch die Perspektiven, unter denen sie die Welt der Verstorbenen erlebten.

„Alle geben Kunde vom gleichen Universum. Doch die des Gebildeten wird völlig anders sein als die des Ungebildeten. Der Lehrer wird das Jenseits nicht mit denselben Worten schildern wie die Opernsängerin oder der Tankwart. Der Mensch, der erst gestern seinen irdischen Körper verlassen hat, wird nicht so frohgemut sein wie derjenige, der bereits vor vielen Jahren in die neue Dimension eingetreten ist ... Alle diese Unterschiede kann man vernünftigerweise nicht widersprüchlich nennen. Es sind ganz normale Erscheinungen, das Resultat der menschlichen Individualität."[162]

Daß viele Geister, die sich über Medien äußern, oft behaupten, nur ihre Durchsagen enthielten die Wahrheit, beweist nicht, daß es *die* Wahrheit nicht gibt, sondern eher das Gegenteil: Daß es eine Unzahl von Seelen in allen Astralebenen und darüber hinaus gibt, die durch ihr Kundtun die Wahrheit als Ganzes bestätigen, die lautet, daß es keinen Tod gibt, sondern nur Leben in unendlich vielen

Formen, welches nie stille steht, sondern unaufhörlich seiner höchsten Entwicklung zustrebt. Und es beweist ein Zweites: Daß jede Seele auch im Jenseits ihren freien Willen hat und ihre Weltanschauung verbreiten darf, und sei es die größte Torheit.

Wer zur Wahrheit finden möchte, wird sich nicht zufriedengeben mit Auskünften, deren Quellen unterhalb der göttlichen Vollkommenheit angesiedelt sind; von Geistern also, die – wenn auch manchmal schon relativ weit entwickelt – in sich den Himmel und seine Weisheit noch nicht vollkommen erschlossen haben.

Die Sphären, die der Normalsterbliche erblickt, sind schön. Sie sind weitaus schöner, farbenprächtiger, wirklicher als das, was wir auf Erden sehen. Da werden Landschaften von überwältigender Schönheit und unirdischer Kraft geschaut, daß Patienten, die klinisch tot waren und wiederbelebt worden sind, jegliche Furcht vor dem Tod verlieren. Viele Seelen befinden sich in einer herrlichen Umgebung, inmitten von saftigem Gras und Blumen. Die folgenden Zitate stammen von Betroffenen, die alle die Welt der Toten zu schildern versuchten:

Ein riesiger herrlicher Garten unter einem strahlend blauen Himmel.

Ein bezauberndes, parkähnliches Gebiet.

Eine phantastische Welt … voller Blumen und Bäume.

Eine wunderschöne Wiese.

Eine überwältigende Landschaft mit Wäldern und verstreut liegenden kleinen Seen.[163]

Bei solchen Erlebnissen nimmt es nicht wunder, daß viele Sterbende darin übereinstimmen, daß der „Himmel" unsagbar schön sei. Sie halten ihren Himmel für *den* Himmel, weil seine Leichtigkeit und Lichte alles auf Erden Geschaute weit übertrifft.

Aber ist es *der* Himmel? Sind es *die* Himmel?

Wir wissen aus den Offenbarungen Gottes, daß sie es nicht sind. Sie sind zwar schön, aber sie sind nicht die Unendlichkeit der göttlichen Sphären. Diese tragen wir jedoch in uns. Da sie aber durch uns selbst noch nicht erschlossen sind, können wir sie auch noch nicht erleben. Auch hierin erkennen wir die Weisheit Gottes, der Seine Kinder nur das erkennen und erleben läßt, was ihrem Seelenzustand entspricht. Er würde uns ansonsten etwas „zumuten", das wir nicht verkraften könnten. Wir wären völlig unfähig, in diesem strahlenden Bewußtsein überhaupt zu existieren (besondere Visionen stellen einen Gnadenakt Gottes dar, der einer eigenen Gesetzmäßigkeit unterliegt). Deshalb macht es uns unsere eigene Schwingung oder Strahlung unmöglich, in Bereiche zu gelangen, die „oberhalb" unseres erschlossenen Bewußtseins liegen. Sie nehmen uns nicht an. Wir sind – und auch daran erkennt man das in allem waltende Prinzip wieder – an das gebunden, was wir aus uns gemacht haben.

Die Neugierde ist jedoch eine weitverbreitete Schwäche. Und so haben solche, die sich Weise und Erleuchtete dünken, – inspiriert durch astrale Kräfte gleichen Bewußtseins wie ihr eigenes – Mittel und Wege gefunden, unter Umgehung der eigenen inneren Entwicklung durch die Verwirklichung der Gottes- und Nächstenliebe, Einblicke in die jeweiligen Welten gewinnen zu können. Sie werfen damit sozusagen einen Blick hinter die Kulissen. Und was lassen diese Techniken erwarten? Eine Einsicht in die Himmel? Niemals. Das, was man mit viel Mühe und auch hier unter Mißbrauch der göttlichen Geistkräfte erreicht, ist eine Schau in erdnahe Astralbereiche. Und die hält man mangels besseren Wissens für die künftigen Stationen der Seele. Sie können und werden es sein, wenn man nicht rechtzeitig – am besten sofort – auf diese Methoden einer „Bewußtseinserweiterung" verzichtet.

Nun endlich geht die Reise los

„Wenn die Seele den irdischen Körper verläßt, dann ver-
nimmt sie melodische Klänge. Was sind das für Klänge? Es ist
der ihr zugedachte Reinigungsplanet, der ihr bis zu ihrer
Weiterentwicklung Heimat sein wird."[164] So die geistige
Welt.

Wie kann man sich das vorstellen? Jeder Planet rotiert
und hat seine Magnetströme. Diese Rotationsschwingungen
nimmt die magnetische Seele in ihrer Partikelstruktur wahr,
denn jede Seele ist ein Teil des Kosmos, in dem alles auf
Schwingung beruht. Der Ätherleib benützt die Strahlung
des Planeten als „Straße", um zu ihm zu gelangen. Man
kann diese Schwingungen oder Impulse als eine Art Vermittler ansehen. Sie dringen aus allen Ebenen in die Seelen
ein und stellen die Verbindung zu den verschiedenen jenseitigen Bereichen her. So wird jede Seele entsprechend dem
„Muster", das sie in sich hat, von ihrem Reinigungsplaneten
angezogen. Dabei ist der Schutzgeist zugegen.

Im jetzigen Leben kann es sein, daß ein Mensch einfachen
und schlichten Gemüts, der mehr oder weniger Gott *in* sich
empfindet, zu einem intellektuellen Weltmenschen ver-
schämt aufschaut. Verstandeswissen zählt halt noch in dieser Welt. Wenn jedoch beide Seelen entkörpert sind, gilt das
Gesetz der Materie nicht mehr, und der Intellekt, zwar
noch vorhanden, aber für die geistige Reise nicht maßge-
bend, wird seinen Wert verlieren. Dann wird die entkör-
perte Seele des Verstandesmenschen der herzdenkenden
Seele nachschauen und sie fragen: „Wo gehst du hin?" Und
die Antwort wird sein: „Ich gehe dahin, wo das Leben ist."
Die Verstandesseele wird gebunden bleiben und wie ein
Stein auf die Erde zurückfallen. Vielleicht steht sie bestürzt
vor dem, was sie aufweist. Sie wird eine von den ungezählten Seelen sein, die nur die Materie kannten und weiter auf

ihr leben. Sie muß und wird in die Ebenen gehen, wo Seelen ihrer Art leben, zu den „Erdgebundenen". Ihr künftiger Schauplatz ist die Erde.

Die erste Entwicklungsstufe der Seele (Ordnung)

Die Astralbereiche der Ordnungsstufe sind unserem Sonnensystem angegliedert, die Reinigungsbereiche des Willens, der Weisheit und des Ernstes verschiedenen anderen Galaxien.

Innerhalb der Ordnungsstufe gibt es – wie in jeder anderen Grundstufe – Unterstufen verschiedenster Dichte. So ist in der *Ordnung* der Wille, die Weisheit, der Ernst, die Geduld, die Liebe und die Barmherzigkeit enthalten; in der Grundstufe des *Willens* die Ordnung, die Weisheit, der Ernst, die Geduld, die Liebe und die Barmherzigkeit und so weiter, so daß alles in allem enthalten ist und alles in allem wirkt.

Im „tiefsten" (niedrigst schwingenden) Bereich der Ordnungsstufe findet man die „Hölle", einen Zustand, der nicht annähernd realistisch beschrieben werden kann, schon auf Grund seiner unendlich vielen Abarten.

In einem Buch über das Leben nach dem Tod, das die Reise der Seele beschreibt, muß – auch wenn es wenig schöne Aspekte und Aussichten sind – auch etwas über diese Zustände gesagt werden, denn es gibt sie wirklich. Weil Gott und die Himmel oftmals unklar und abstrakt dargestellt werden, haben viele Menschen nicht nur an Ihn und Sein geistiges Reich den Glauben verloren, sondern auch an eine Hölle.

Das ist einer der Gründe dafür, warum sich viele so benehmen, wie sie es tun. Das kann und das wird auf lange

Zeit für sie selbst unabsehbare Folgen haben. Um darüber aufzuklären – nicht um zu drohen –, kann die Hölle bei der Betrachtung der Astralbereiche nicht ausgeklammert werden.

Erdgebundene Seelen leben auf vielfältige Art, oftmals auch unter den Menschen. Sie wollen unter ihresgleichen sein, und da sie sich noch nicht als Seelen fühlen, ist es nur logisch, daß sie sich bei den Menschen aufhalten. Sie klammern sich direkt an diese, sie leben in ihrer Scheinwelt. (Hemleben: „Wer seine Seele zu sehr an diese Welt bindet, erfährt sich im nachtodlichen Leben nur noch als Schatten seiner selbst.")[165]

Millionen und Abermillionen erdgebundener Seelen sind unter uns. Sie pflegen ihre Gewohnheiten, gehen in die Lasterhöhlen, frönen ihren Leidenschaften. Sie verharren in den Vergnügungslokalen (die im übrigen übervoll von Seelen dieser Art sind), sie feiern, streiten und raufen, so wie sie das als Menschen auch taten. Denn von den Menschen an diesen Orten gehen Strömungen aus, an denen sich die Seelen ergötzen und die sie in sich aufnehmen. Die Triebe, die vorhanden waren, „als der Baum fiel", hat die Seele mitgenommen.

Wenn eine Seele auf dieser Stufe aus ihrer Wahnvorstellung des Noch-am-Leben-Seins erwacht und sich als Geist erkennt, dann aber gewahr wird, daß sie bei den Menschen kein Gehör mehr findet, kann es passieren, daß sie aggressiv wird und Menschen zu beeinflussen versucht. Gelingt ihr das, so hat sie sich damit den Beweis verschafft, daß sie trotz ihres Totseins lebt und den Menschen ebenbürtig ist. Seelen einer derartigen Denkungsart handeln aus einem „Minderwertigkeitskomplex" heraus. Sie fühlen sich durch ihre Einflußnahme auf entsprechend veranlagte und dadurch geeignete Menschen in ihrem Selbstwertgefühl als „nur" Seele gestärkt, zumal sie ja, was ihren Informationsstand betrifft, in diesem Punkt den Menschen weit überlegen sind, da sie alles hören und sehen.

Manche Seelen versuchen, sich wichtig zu machen, indem sie sich Menschen zwecks Durchsage außersinnlicher Kundgaben bedienen. Schwarmgeister gehören dazu. Dies ist bei den Menschen möglich, die einen entsprechenden inneren Kanal für diesen Schwingungsgrad öffnen, sei es aus Neugier oder auf Grund ihrer eigenen Seelenbeschaffenheit. Der Vulgärspiritismus, z.B. das Tischrücken, aber auch andere Erscheinungsformen, fallen darunter. Selbst dann, wenn es für Unwissende höchst interessant ist, bei Sitzungen dieser Art zu erleben, daß es ein Leben nach dem sogenannten Tod gibt, kommt dennoch eine Bindung an die Astralbereiche zustande.

Spuk und Besessenheit haben ihre Quellen in diesen Astralbereichen. Dahinter stecken meistens Seelen, die Wut und Rachsucht in sich tragen, weil sie zwar noch irdische Interessen und Wünsche haben, aber nicht mehr über den Körper verfügen, um eine Befriedigung zu erreichen.

„Ihr wißt von den Astralbereichen", so belehrt uns Christus heute, *„doch was besagen euch die Astralbereiche? Aber Ich sage euch, Millionen von unwissenden Seelen sind unter euch, es sind die sogenannten Erdgebundenen, ihr Menschen seid die Rispen für die niederen Seelen. Wahrlich, Ich sage euch, wie Trauben hängen sie an jenen, die nur der Materie frönen und in der Gottfernheit leben."*[166]

Die triebhaften Seelen klammern sich an Menschen und strahlen oftmals über die Gehirnströme in ihre Opfer ein, bis diese willenlos sind. Von unwissenden Ärzten wird das Opfer einer solchen Raubseele dann oft in Heilanstalten falsch behandelt. Wenn nicht nur die Ärzte, sondern wir alle uns eines Besseren besinnen und die geistigen Belehrungen annehmen würden, dann könnte vielen Menschen noch geholfen werden, besonders dann, wenn sie selbst durch

unseren Beistand noch in der Lage wären, die Parasitensee-
len abzuweisen.

Der Grund, warum es zu solchen starken Einflußnahmen
bis hin zur Besessenheit kommt, ist einleuchtend, wenn
man sich vor Augen hält, daß eine kraftlose Seele auf Od-
oder Ätherkräfte angewiesen ist, wenn sie ihre unglückliche Lage verbessern will. Da sie den einzig göttlich-gesetz-
mäßigen Weg der Buße und Umkehr nicht gehen will, sucht
sie nach einer anderen Gelegenheit, um zur schöneren
Gestaltung ihres Seelenlebens an Odkräfte heranzukommen.

Wege dazu gibt es genug, denn an Menschen, die zu
beeinflussen sind, mangelt es nie. Eine Chance dazu bieten
ihnen z. B. die Menschen, die – wie schon früher erwähnt –
neugierige Blicke in den „Himmel" werfen möchten. Wer
als Mensch solche Ambitionen hat und auch nur in Empfindungen den Wunsch dazu kundgibt, kann schnell ein Opfer
werden. Er programmiert seine Gehirnmasse, und über die
Aura kann die suchende Seele seine, wenn auch nur labile
Bereitschaft erkennen. Sie hilft dann mit, die Strömungen
im Menschen zu aktivieren und strahlt mit der zusätzlichen
Gedankenkraft des Menschen in seine jeweiligen Bewußtseinszentren ein.

Dadurch kommt der Körper in größere Aktion und gibt
in Form von verstärkter Odkraft erhöhte Energie ab, die
von der Raubseele für eigensüchtige Zwecke aufgesogen
wird. Auf diese Weise wird der ahnungslose und schwan-
kende Mensch in einen Kreislauf hineingezogen, der oft
damit endet, daß die kräfteverzehrende Seele ihn erst los-
läßt, wenn er körperlich und seelisch am Ende ist.

Diese Vorgehensweise kommt im Prinzip immer dann zur
Anwendung, wenn eine Seele sich zur Steigerung ihres
Lebensgefühls der Leidenschaften und Laster beeinflußba-
rer Menschen bedient, ob es sich dabei nun um Rauschgift,

Alkohol, Völlerei, übermäßigen Genuß jeder Art, sexuelle Lust, Nikotin und andere Schwächen handelt.

Ein konkretes Bild dieses nachtodlichen Seelenzustandes kann man sich machen, wenn man als Beispiel die Genüsse eines Feinschmeckers nimmt, der seine Lust am Gaumenkitzel durch die Speisen hat. Der *Genuß* ist, im Gegensatz zur Stillung des Hungergefühls, nichts Körperliches, sondern etwas *Seelisches*. In der Seele lebt die Lust und auch die Begierde nach der Lust. Zur Befriedigung der Begierde ist aber das entsprechende körperliche Organ, in unserem Beispiel der Gaumen, notwendig. Nach dem Tode hat nun die Seele eine solche Begierde nicht sofort verloren, sie hat jedoch das körperliche Organ nicht mehr, mit dem sie ihre Begierde befriedigen kann. Deshalb geht sie auf die Suche und findet einen Menschen, dessen Schwingungsgrad mit dem der Seele in der von ihr angestrebten Lustbefriedigung übereinstimmt.

Jede Seele hat nämlich Anteil an den Empfindungen der Taten, zu denen sie Menschen anstiftet. Die Lustgefühle dringen in die Seele ein. Das ist ihr Leben, da sie geistig tot ist. Die Intensität der Einwirkung und Verführung macht auch vor Grenzen nicht halt, die der Mensch ansonsten nicht überschreiten würde.

Die Seele eines Mörders beispielsweise, die ihre Triebhaftigkeit mit in die Astralbereiche genommen hat, wird sich eines Menschen bedienen, der ihrem Drängen zu morden nachgibt. Wenn wir darüber einmal nachdenken, wird uns, vom Moralischen und dem Gebot der Nächstenliebe ganz abgesehen, klar, wie unsinnig Todesurteile sind. Der Körper eines Mörders wird getötet, und seine Seele, so sie uneinsichtig war, mordet weiter. Da ihr das in den Astralbereichen nicht gelingt, weil die nichtmateriellen „Ermordeten" immer wieder aufstehen, bedient sie sich eines Menschen mit geringer seelischer Kraft und setzt durch ihn ihre Greueltaten fort.

Wenn der Mensch in diese niedersten Bereiche der Ordnungsebene blicken könnte, würde ihn schaudern.

„Ruhe sanft" – du größter Irrtum der Menschheit.

Hätte man gewußt und uns darüber aufgeklärt, daß jeder niederschwingende Gedanke eine geistig tote Seele und jede tiefschwingende Tat derer gar viele anzieht – wir wären mit unseren Gedanken und Taten besser umgegangen. Nun wissen wir es. Nun kann sich jeder darauf einstellen, der mag.

Wir können uns mit diesem Wissen getrost von der Annahme trennen, daß wir, wenn wir allein sind, auch wirklich *alleine* sind. Eine unüberschaubare Anzahl von erdgebundenen Seelen bevölkert die Erde und ist ständig um uns. Unvorstellbare Kräfte strömen auf diese Erde ein. Wer seine Seelenantenne auf Positives, Gutes, auf Gott ausrichtet, der braucht nicht zu befürchten, von negativen Kräften beeinflußt und verführt zu werden. (Die Stelle im Vaterunser „... und führe uns nicht in Versuchung" ist falsch übersetzt. Richtig muß es heißen: „... und führe uns *in* der Versuchung", was auch viel einleuchtender ist, wenn man um die Dinge weiß.)

Nur der wird, ohne daß er es ahnt oder weiß, ein Spielball der Interessen finsterer Mächte, dessen Aura auf Grund seines seelischen Unreifezustandes, aber auch wegen momentaner Schwächen entsprechende Färbungen, Strahlungen, Schwingungen aufweist.

Das ist nämlich das entscheidend andere am Verhalten suchender und lauernder Seelen: Daß sie den Menschen im Gegensatz zu den guten Mächten, die seinen freien Willen achten und ihn in seiner Ablehnung und seinem Desinteresse in Ruhe lassen, ständig umkreisen und zu beeinflussen versuchen, sobald auch nur eine Schwachstelle bei ihm sichtbar wird. Jeder von uns hat solches erlebt und erlebt es immer wieder.

Der Grund, warum wir auf dämonische Stimmen eher hören als auf die Stimme Gottes, ist schnell gefunden. Die Stimme des Dämons ist laut, wir hören sie an jeder Straßenecke. Die Stimme Gottes ist leise, sie spricht *in* Dir, und Du vernimmst sie nur, wenn Du ganz stille in Dir selbst wirst.

„Denn wer Mich sucht, der dringe in die eigene Seele ein, nur dort ist das Heil zu finden. Es beschützt den Menschen, berührt ihn mit der Liebe und Barmherzigkeit. Ich, der Christusgeist im Menschen, bin euer Beschützer, Ich hülle euch in die Christuskraft ein und schütze euch vor niederen Wesen."[167]

Wenn wir Menschen uns befleißigen würden, die Liebe zu verwirklichen, dann würden sich auch niedere Seelen eines Besseren besinnen. Sie müßten es, denn sie fänden keine Opfer mehr und hätten sich dazu verurteilt, ihre Leiden und Belastungen selbst zu tragen. Sie kämen dann durch unser Vorbild und ihre Erfahrungen wesentlich schneller zur Einsicht und fänden damit rascher auf den Weg zum Leben.

Dieses wichtige Thema wurde etwas ausführlicher behandelt. Es soll zeigen, unter welch unwürdigen Verhältnissen und mit welchen riesengroßen Problemen die Seelen in den Astralbereichen leben. Die Menschen haben es in der Hand, diesen Schrecken ein Ende zu bereiten. Ein Leben, das ausgerichtet ist auf das Bestreben einer Heimkehr in die Himmel, macht nach und nach frei von dem, was uns so wichtig ist, woran unser Herz hängt und woran wir uns damit binden. Die Zustände in den Astralbereichen sind ja nur deshalb so schlimm, weil sie auf dem Eigenwillen des Menschen und der Seele beruhen, die in ihrem begrenzten Bewußtsein diese Zustände selbst geschaffen haben und ständig neu schaffen. Die Bindungen an diese Erde und die Bindungen überhaupt, die Seelen an einer Aufwärtsentwicklung hindern, sind nicht von Gott gewollt, sondern sie entspringen der Meinungs- und Vorstellungswelt des einzelnen.

Auf diese Weise bilden sich auch im Jenseits Gruppen, Gemeinschaften und Institutionen mit gleicher Interessenslage. Was der Mensch auf Erden für richtig und gut ansah, das wird er auch drüben so sehen und tun wollen. Und da er es tun kann, wird er es tun, wobei das, was er als seinen freien Willen ansieht, in Wirklichkeit sein eigener Schwingungsbereich ist, aus dem er nicht herauskommt.

Selbst auf die Gefahr hin, von dem einen oder anderen falsch verstanden zu werden, ist es an dieser Stelle erforderlich, auf die Bindungen einzugehen, die durch die Konfessionen, Sekten, Religionsgemeinschaften und dergleichen hervorgerufen werden und zwangsläufig in den Astralbereichen fortbestehen. Wer bis hierher den Ausführungen gefolgt ist, hat sich ein neues Gottesbild machen können – soweit uns Menschen das überhaupt möglich ist. Gott ist keine Instanz der Strafe, Unlogik, scheinbaren Ungerechtigkeit, der Geheimnisse oder Bindungen. Er ist (unter anderem) ein Gott der *Freiheit*. Freiheit aber bedeutet, losgelöst zu sein von allem, was einengt, vorschreibt und begrenzt.

Freiheit in Gott heißt: Alle Menschen sind Brüder und Schwestern, alle Anschauungen, Meinungen, Ideologien müssen fallen. Das ist die innere Freiheit, die auch in uns liegt und als ein Prinzip in der gesamten Schöpfung wirkt.

Dieses Prinzip anzuerkennen, bedeutet gleichzeitig, eine äußere Kirche, eine konfessionelle Bindung, gleich welcher Art, in den Himmeln zu verneinen. Christus sagt dazu: „*O sehet, wenn es im Reiche Meines Vaters keine Konfessionen gibt, so kann auch keine gebundene Seele, keine Konfessionsseele, in das Leben eingehen.*"

Die Astralbereiche aber sind voll von Seelen, die noch an ihren diesseitigen Glaubensformen, Ideen, Traditionen,

Riten und Äußerlichkeiten haften. Auch wenn es – wie vieles andere vielleicht auch – unwahrscheinlich klingt, so ist es doch wahr: In den Astralbereichen gibt es Kirchen, Gebetshäuser, Tempel und die dazugehörigen Religionen und Theologien. Sie sind geformt aus den Gedankenbildern und belebt durch das Verhalten der in diesen Vorstellungen lebenden Seelen.

Eine dogmatisch gebundene Seele, die hier nie nachgedacht, sondern blind geglaubt hat, verhält sich dort genauso. Sie geht drüben in ihre Phantomkirche, oder sie lebt unter uns und geht, wie ein Leben lang gewohnt und geübt, in unsere Kirchen. Deshalb sind unsere Kirchen übervoll mit Astralseelen, die Gott in den Steinhäusern suchen, so wie sie belehrt wurden. Bis einer auf diese Weise gebundenen Seele durch die Lehrengel klar gemacht werden kann, daß Gott in keiner Kirche, in keinem Tabernakel, sondern *in* ihr selbst zu suchen und zu finden ist, können Äonen vergehen. Die Seele sträubt sich, so wie der Mensch sich gesträubt hat und sträubt. Vielleicht verstehen wir das nicht. Vielleicht meinen wir, eine Seele hat doch die Beweise. Sie müßte doch begreifen. Anerkennen *wir* es?

Gott ist als Lichtexistenz im Wesenskern einer jeden ver- oder entkörperten Seele (auch dann, wenn sie für eine Weile ihre eigene Hölle erlebt). Diese Lichtexistenz kann nie und nimmer studiert werden, sie erschließt sich nicht durch Beförderung, Titulierung oder eine Thronerhebung. Sie muß erschlossen werden, dann werden wir sie in uns erleben.

Christus macht uns das mit folgenden Worten deutlich: „*Wer nicht das Gesetz Meines Vaters lebt, der wird die Bewußtseinstore nicht öffnen, er bleibt als Seele gebunden. Diese Bindung kann Jahrtausende, ja, im Geiste gesehen, Äonen dauern, denn keiner kommt zum Vater, nur durch Mich. Jede Seele muß mit Mir die Stufen zum Leben gehen,*

das heißt, die Gewänder von der Ordnung bis zur Barmher-
zigkeit ablegen, auf daß sich die innere Reinheit, die ewigen
Himmel erschließen."[168]

So haben es die Lehrengel auf dieser Reinigungsebene mit den konfessionsgebundenen Seelen besonders schwer. Halbwissen zu haben und das für die Wahrheit zu halten, ist schlimmer, als unwissend zu sein. Rudolf Passian zitiert Dr. Robert Friese, der zu dieser Thematik ausführte:

„... diejenigen, welche ihren orthodoxen Ideen gelebt haben, bleiben anfangs auch hier in allen Glaubensrichtungen für sich und hüten sorgsam ihre Leute vor jeglicher Berührung mit anderen, denn sie fürchten, es könnten ihnen sonst einige abtrünnig werden. – Alle diese Vorurteile werden im Laufe der Zeit abgestreift, um geläuterten Anschauungen Platz zu machen; aber die Schwierigkeit ist um so größer, wenn mit den eingesogenen Irrtümern sich die Vorstellung eingewurzelt hat, ein für sich selbst förderliches und für andere verdienstvolles Werk unternommen zu haben, wenn man sich im irdischen Leben die Aufgabe gestellt hatte, dergleichen Irrlehren zu verbreiten."[169]

Doch auch Unwissenheit in Form von Eigensinn, Starrköpfigkeit und Fanatismus kann zu einem selbstgeschaffenen Dogma werden und hat eine gleich starke Bindung zur Folge.

Um nicht den Eindruck zu erwecken, als würden nur grundsätzliche Lebensauffassungen, Charaktermängel oder Bewußtseinsverformungen eine Bindung hervorrufen, sei eine kleine Geschichte wiedergegeben, die deutlich macht, wie dieser Grundsatz der Bindung sich bis ins Kleinste auswirkt:

„Ein oder zwei Tage danach ... erwachte ich nachts und sah eine Dame an der Seite des Bettes meiner Frau sitzen, die fest schlief. Sofort saß ich aufrecht im Bett ... und starrte sie so gebannt an, daß ich mich noch heute an ihre

Züge erinnern kann ... Ich entsinne mich, daß ich sie entgeistert anblickte; ihre Frisur war sorgsam geordnet, ein Haar lag neben dem anderen ... Ich beschrieb sie (später meiner Frau) ... und es paßte alles genau in das Bild von Miss W., an das sich meine Frau jetzt wieder erinnerte. Schließlich fragte ich sie: ‚Gab es irgend etwas, was an ihr besonders auffiel?‘ ‚Ja‘, antwortete meine Frau prompt. ‚Wir Mädchen haben sie in der Schule immer gehänselt, weil sie sich so viel Zeit für ihre Frisur nahm‘.“[170]

Mit einer Liebe und Geduld, die menschlichem Verständnis fern ist, versuchen die Lehrengel, die Seelen zu belehren. Da es Zeit im Jenseits nicht gibt, können auch die Zeiträume mit unseren Worten schlecht beschrieben werden. Es kann – umgerechnet – Hunderte und Tausende von Jahren dauern, bis eine stark belastete Seele anfängt, die ersten Belehrungen anzunehmen. Es ist aber nicht damit getan, die Lehren nur anzunehmen – sie müssen gelebt werden. Eine Seele, die nur hören, aber nicht verwirklichen will, bleibt auf ihrer Entwicklungsstufe stehen. (Da ist im übrigen kein Unterschied zu der Regel, die auch für uns Menschen gilt. Nicht das Wissen ist entscheidend, sondern das In-die-Tat-Umsetzen, auch wenn das Sprichwort „Wissen ist Macht" das Gegenteil besagt. Mit der Verwirklichung kommt das Wissen von allein, durch das Wissen allein aber vollzieht sich keine Verwirklichung.)

Viele Seelen fühlen sich in den Astralbereichen „zu Hause", besonders dann, wenn es ihnen schon besser geht und sie die tiefsten Stufen verlassen haben oder nie dort waren. Sie richten sich in ihrem Zuhause ein. Sie empfinden es als „ihren Himmel".

Gott ist auch die Geduld, und so läßt Er Seinen Kindern Zeit, viel Zeit, für menschlich-ungeduldige Begriffe viel zu viel Zeit. Es können Äonen vergehen, bis eine Seele beginnt, langsam zu begreifen. Vergessen wir nicht: Trotz aller Geduld Gottes ist es Sein Wunsch und Wille, uns alle wieder bei sich zu haben. So wird eine nicht lernwillige Seele nicht ewig in ihrem inzwischen vielleicht als bequem oder angenehm empfundenen Zustand verharren können. Alles unterliegt der Evolution, das gilt auch für die Astralbereiche.

Die ewige Liebe wartet zwar, bis die Seele einen gewissen Reifegrad erreicht hat, auf dem sie mit Hilfe der Lehrengel weiter aufbauen kann; wenn die Seele in ihrer Entwicklung jedoch stagniert, so wird die Liebe sie zu einem schnelleren Selbsterkenntnisprozeß veranlassen.

Dies geschieht dadurch, daß sich die einhüllende Kraft Christi, die sich als ein Akt der Gnade in Form eines Schutzes um die Seele gelegt hat, zurückzieht. Dann werden die in der Seele gespeicherten Bilder ihrer Taten sichtbar. Die Seele wird mit ihrem eigenen Handeln und den Folgen daraus konfrontiert. Es übersteigt wieder menschliche Phantasie – und wir sollten dankbar dafür sein, daß es so ist – nachzuempfinden, was in schlimmen und schlimmsten Fällen in einer solchen Seele passiert. Es bedarf keiner Dogmen, Aufsätze und Predigten, um die Hölle zu beschreiben. Diese Qualen sind die Hölle.

Gott ist auch die Barmherzigkeit, und deshalb umfassen die Grundstufe und die Unterstufen der Ordnung auch sogenannte Ruheplaneten, die nach dem Willen des Vaters für die müden irdischen Seelen eingerichtet worden sind, die von Rauschgift, Alkohol, Leidenschaften und ihren Worten und Werken gepeinigt sind. Diese Seelen brauchen nach ihrer Entkörperung Ruhe. Ihnen wird freigestellt, welchen Ruheort sie wählen, der Planet muß nur mit den Schwingungen der Seele harmonieren. Da das Jenseits so real und realer ist wie das Diesseits, finden diese Seelen Ruhe und Erholung in Gärten, auf Wiesen, in Parks und Häusern und dergleichen. Die Seelen schlafen dort nicht wie wir Menschen, sie ruhen. Lehrengel sind bei ihnen.

Auch das Tierreich befindet sich auf der Grundstufe der Ordnung. Die interessierten Seelen erleben, wie sich der Löwe zum Lamm legt, wie die Katze und die Maus die Gemeinschaft pflegen, wie die Vögel mit den Kriechtieren in Harmonie leben. „Fressen und Gefressenwerden" gilt hier nicht mehr.

Dies zu schauen und zu erleben, wäre für viele Seelen schon in der Ordnungsstufe eine wunderbare Veranlassung zur weiterführenden Arbeit an sich selbst. Wenn sie dafür ihr Herz aufschließen können, werden sie die Gelegenheit wahrnehmen, anderenfalls nicht.

Auch über die Naturreiche werden willigen Seelen weitere Erkenntnisse ermöglicht. Das kann folgendermaßen geschehen: Da jede Seele fähig ist, die Materie zu durchdringen, so können alle Seelen, gleich welchen Schwingungsgrades, in die tiefen Schichten der Erde eindringen. Dies gelingt auch sehr belasteten Seelen, da die Erde eine der niedrigsten geistigen Frequenzen im Kosmos hat. Auf diese Weise werden zum Beispiel die Seelen von ungläubigen, aber interessierten ehemaligen Naturforschern und Wissenschaftlern geführt. In den Tiefen der Erde können sie sich ein Bild vom wahren, ewigen Leben und von einer überirdischen, das heißt übergeordneten Intelligenz machen. Sofern sich die Seelen dahin führen lassen, erleben sie ein wahres Schauspiel von lebendigem, geistigem Wirken. Im Erdinnern betrachten sie das Wirken der Erdseele und beziehen sogleich diese Lichtkräfte auf ihren eigenen Seelenkörper. Sie erleben auch die Verbindung des materiellen und geistigen Lebens. Sie schauen die vier Grundstrahlen der Ordnung, des Willens, der Weisheit und des Ernstes und in ihnen weitere Lichtspektren und können erkennen, daß alles in allem enthalten ist.

In den Naturreichen wird ihnen gezeigt, was zum Beispiel passiert, wenn ein Mensch einen im Saft stehenden

Baum abholzt oder wenn ein Tier mutwillig getötet wird, dessen Lichtkräfte noch mit der Erdseele verbunden sind. Sie dürfen die pulsierende Erdseele beobachten, wie sie den Lebensstrahl des Baumes oder des Tieres zurücknimmt. Sie erleben aber auch, wenn das Teilseelchen eines Tieres oder gar die Seele eines Menschen entkörpert wird.

Auf diese Weise wird jede willige und nach der Wahrheit suchende und interessierte Seele an einen Ort geführt, der für ihr inneres Erwachen gut ist, an dem sie erkennen und erleben kann, was wahres Leben bedeutet. Das wunderbare Zusammenwirken des Urlichtes, des Gotteslichtes, mit den Elementarlichtern läßt viele willige Seelen vor Staunen erschaudern.

Vielleicht bekommen wir jetzt eine ganz leise Ahnung von der Größe und Liebe Gottes, der nie eines Seiner Kinder aufgibt. Er hat unendlich viele Wege und Möglichkeiten, alle Seine Kinder zu belehren. Die eben beschriebenen sind einige davon. Über sie werden viele Seelen geführt, unter anderem auch die nicht alles ablehnende Seele eines Atheisten. Eine Seele, die verstockt und an ihre Anschauungen gebunden ist, wird solche Belehrungen nicht annehmen. Sie wird die Möglichkeit ihrer Aufklärung noch nicht einmal wahrnehmen.

Zwölf Tore

Sämtliche Bereiche der Ordnungsstufe befinden sich in unserem Sonnensystem. Um zu inkarnieren, sind wir also alle einmal in den geistigen Bereich der Ordnungsstufe und dann in den materiellen, irdischen Bereich eingetreten. Um die Stufe der Ordnung befinden sich – geistig gesehen – zwölf Tore. Durch eines dieser Tore, gleichbedeutend mit einer Planetenkonstellation, sind wir gekommen, und durch dieses gleiche Tor verlassen wir einst wieder den Reinigungsbereich der Ordnung.

Jeder Mensch, der noch dem Kausalgesetz unterliegt, wird von der Kraft der Sterne beeinflußt, denn alles beruht auf dem Strahlungsgesetz Gottes. Die Sternenkonstellation (mit dem Aszendenten) unseres geistigen Tores bestrahlt uns also. Solange wir unter dieser Konstellation stehen, unterliegen wir unserem „Schicksal", das heißt unserer selbst geschaffenen Seelenschuld, dem Karma. Das geht, mit abnehmender Tendenz, bis zur vierten Reinigungsebene. Unsere Aufgabe ist es, seelisch und geistig an Höhe zu gewinnen, so daß wir uns über diese Konstellation hinaus bis zum Allvater-Bewußtsein entwickeln können. Wer sich schon zu Lebzeiten auf diesen Weg begibt, wird nach seinem Tod sofort die Ordnungsstufe durch eines von den zwölf Toren verlassen können.

Wer dies noch nicht angestrebt hat, muß erst die Läuterung innerhalb der Ordnung vollziehen, geht dann durch ein Tor und betritt die Reinigungsebene des Willens.[171]

Die zweite Entwicklungsstufe der Seele (Wille)

In der Willensstufe wird die Seele auf den Willen Gottes ausgerichtet. Dort muß sie erkennen und leben, was sie von Urbeginn an in sich trägt, was durch ihre Inkarnation aber entweder noch abgedeckt und damit noch nicht bewußt ist oder womit sie sich während des Erdenlebens erneut belastet hat.

Durch Führerengel werden geistige Häuser, Gärten, Wege und dergleichen geschaffen, die der Schwingung der Seele entsprechen. Die Seele muß lernen, sich selbst zu erkennen und ihren Eigenwillen abzulegen, da nur der Wille Gottes, Sein „Es werde", ewigen Bestand hat. Um dies zu erkennen und zu erlernen, geht sie von einer Unterstufe zur anderen. Dabei wird sie von ihrem Schutzgeist begleitet und richtet so nach und nach ihre Seelenpartikel auf das göttliche Gesetz des Willens aus. Der Prozeß des Lernens, Aufnehmens, Erkennens und Reifens kann nicht nur theoretisch vollzogen werden.

Spricht die Seele nur: „Ja, ich habe es gehört", so wird sie gefragt, ob sie das Gehörte auch *gelebt* hat. Wenn das nicht der Fall ist, werden die geistigen Partikel sich nicht öffnen, denn nur die Seele, die das Gehörte auch lebt, bringt Licht in ihr kosmisches Seelengebilde (das ist, wie bekannt, auf Erden nicht anders).

Wieder wird sich herausstellen, daß irdische Intelligenz keine Voraussetzung für geistiges Wachsen ist, im Gegenteil. Je mehr Intelligenz der Mensch und im Anschluß an die Entkörperung damit auch die Seele hat, um so schwerer wird sich eine solche Seele in den Reinigungsbereichen tun. Ihr wird klar werden, daß nur göttliche Intelligenz ewig existiert, und sie wird dann erkennen können, daß sie ihre Seele, falls das der Fall war, hat verkümmern lassen, da sie sich nur nach irdischen Weisheiten ausgerichtet hat.

In der Willensstufe sind auch die sogenannten Kinderseelen zu Hause, die meist sehr schnell über die Stufe der Ordnung in die des Willens gelangen. Es sind die Geistwesen, die schon im Kindesalter ihren Körper verlassen haben. In der kurzen Zeit seines Lebens konnte sich das Denken eines Kindes noch nicht so fehlerhaft intellektuell entwickeln wie das eines Erwachsenen. So hat auch die Seele genauso kindlich naiv reagiert wie der kleine Mensch und ist damit entsprechend geprägt worden. Mit viel Geduld und Liebe werden diese Seelen von den Lehrengeln bei ihrer Reife geführt, bis sie ihre kindliche Weltanschauung abgelegt haben. Aus der Ursubstanz des Planeten legen die Engel

Häuser und Spielwiesen durch die Kraft des göttlichen Gedankens an.

Um die Kinderseelen von starrem und leblosem Spielzeug (Puppe, Teddybär u. a.) zu entwöhnen, wird die kindliche Seele über „materielle" Dinge zum wirklichen Leben geführt, zum Beispiel zu einem lebendigen Tier. Im Gegensatz zur Erde tragen die Tiere im Reich des Lebens keine Furcht in sich. Die Kinder betasten sie, sie spielen mit ihnen, sie freuen sich an und mit ihnen. Die Kinder erleben die unmittelbare Beziehung zur Tierwelt. Die Seelen werden auf diese Weise aufgebaut und öffnen sich sehr schnell für die göttliche Kraft. So und ähnlich wird das Leben in ihnen liebevoll erschlossen.

Wenn die Seele den Wunsch hat, sich mit einem Fahrzeug als Spielzeug zu vergnügen, so schafft der Führer- oder Lehrengel ein Fahrzeug, das in die Ursubstanz zurückgeht, wenn es nicht mehr benötigt wird. Nach einer geraumen Zeit verspürt die kindliche Seele, daß sie für ihre Beweglichkeit eigentlich gar kein Fahrzeug braucht. Ein Ahnen steigt in ihr auf, sie fühlt die Kraft der Bewegung *in* sich, sie fühlt sich gehoben und erkennt ihre eigene Fähigkeit, sich ohne Fahrzeug wesentlich schneller an einen anderen Ort zu begeben. Sie hat weitere Seelenpartikel erschlossen und das Leben und neue Fähigkeiten in sich erkannt. So wird sie Schritt für Schritt weitergeführt. Bedächtig wird ihr nahegebracht, daß sie ein vollkommenes Wesen ist, das in das geistige Reich der Vollendung geführt werden soll.

Lassen wir unsere Gedanken an dieser Stelle für einen kurzen Moment zurückeilen, und erinnern wir uns, was uns über die Trauer und ihre Folgen für die Seele gesagt wurde. „Die armen Kinder", so sagt in seiner Unwissenheit der Mensch. „Die armen Menschen" – da können wir sicher sein – empfinden die Kinderseelen, wenn sie vor trauernden Eltern stehen.

Christus tröstet und klärt auf: „*Ich sage euch: Ihre (der Kinder) Seelen reifen wesentlich schneller als die Seele eines unwissenden, verstockten Menschen, denn die Kinderseele hat sich auf ihrem Erdenweg nicht mehr so belastet, ganz im Gegenteil. Durch eine kurze Inkarnation hat so eine Seele viel Schuld abgetragen. Die kindliche Seele, die zur Reife gebracht wird, erkennt die Schönheiten des geistigen Lebens, sie fühlt sich auf jeder Stufe zu Hause.*"[172]

Auch dann, wenn sich das Geschilderte wie ein Märchen anhört, so ist es doch wahr. Es ist noch viel lebendiger, phantastischer, wunderbarer und zauberhafter, als es mit diesen kurzen Worten erläutert werden konnte.

Kinderseelen durchschreiten sehr schnell die einzelnen Stufen des Willens, da sie leichter lernen und viel eher bereit sind, das Gelernte zu leben. Sie haben meist kein Interesse mehr, über die Ordnungsstufe zu inkarnieren, außer, es wird ihnen angeraten. Sie haben erkannt, was Leben, was Bewegung ist und wo ihre Heimat sie erwartet. Sie fühlen ihre pulsierende Seele, die alles beinhaltet. Sie schreiten, ebenso wie die Erwachsenenseelen, die nicht erneut inkarnieren, in die nächste Reinigungsebene, wenn sie dafür die Voraussetzungen in sich geschaffen haben.

Viele Seelen wissen auf dieser Entwicklungsstufe schon um ihre innere Beschaffenheit. Sie wissen um die ewigen, reinen Himmel und darüber, daß sie auf dem Weg dorthin sind. Dennoch ist vielfach die Anziehungskraft der Erde größer als ihre Kraft, zurück und heim ins Vaterhaus zu gehen. Sie sehen nämlich die unendlichen Weiten, die sie auf ihrem Weg noch zu absolvieren haben, und verspüren gleichzeitig die Schwingungen der Materie in sich. So werden viele erneut den Weg ins Fleisch wählen, gebunden an ihre eigenen Belastungen und Vorstellungen. Sie bekommen damit die Chance der schnellen Wiedergutmachung und

Reinigung, gehen gleichzeitig aber auch das Risiko einer erneuten, vielleicht schwereren Belastung ein.

Wer nicht inkarniert, wird sich auf die Weiterreise vorbereiten. Wieder dringen Schwingungsmelodien an das Ohr der Seele, und sie strebt auf ihrem Evolutionsweg neuen Zielen zu.

Die dritte Entwicklungsstufe der Seele (Weisheit)

Die Stufe der Weisheit ist eine Schöpfungsstufe, sie ist die Tat. Seelen, die auf der ersten Stufe ihre Gedanken geordnet und sich auf der zweiten Stufe auf den Willen Gottes ausgerichtet haben, werden in der dritten Stufe lernen, schöpferisch tätig zu sein. Nun soll die Seele das Licht der Weisheit erkennen und auch leben.

Die Planeten dieses Reinigungsbereiches gleichen schon mehr dem Urstoff, sie sind fast schwerelos, allerdings noch mit Erdstrahlung behaftet. Auch auf diesen Planeten gibt es Kinderreiche. In der Grundstufe der Weisheit erkennen die Kinderseelen, daß das Kindliche aufhört, sie reifen zum vollkommenen Geistwesen einer anderen Dimension heran. Viele dieser Seelen, die über die Kinderreiche geführt werden, melden sich des öfteren bei einem Elternteil, besonders dann, wenn ein Elternteil „stirbt". Der Trend einer Kinderseele ist nicht mehr zur Welt, ihr Weg ist der Weg ins Vaterhaus.

Auf den Planeten der Weisheitsstufe schaffen und schöpfen die Seelen und können hier erkennen, daß sie das erste Mal ihre Gedanken und ihren Willen geistig in die Tat umsetzen können. Die Führung durch Führer- oder Lehrengel geht auch hier weiter. Die Engel belehren die Seelen darüber, daß alles, was sie nun durch die Tat schöpfen können, aus der Gerechtigkeit kommen muß. Jeder Gedanke muß ein vollkommener Gedanke in Gott sein, jeder Wille dem göttlichen Willen entsprechen.

Was wünscht sich eine Seele, die von den unteren Stufen in die höheren gelangt ist? Oftmals noch das, was sie als Mensch nicht haben konnte. Sie ersehnt sich Gegenstände, die die Erde hervorbringt. Der Lehrengel wird ihr sagen, sie solle die Erschaffung ruhig versuchen, aber sich dessen ständig bewußt sein, den Gedanken Gottes und Seinen Willen dazu zu nehmen.

Die Seele beginnt zu schöpfen. Sie nimmt einen Gedanken auf, belebt ihn im Willen und versucht in der Tat, der göttlichen Weisheit, den Gedanken zu manifestieren. Wenn in ihren Vorstellungen noch Empfindungen der Welt waren, so wurde aus der Tat nicht die Manifestation, die sich die Seele vorgestellt hatte. Neue Belehrungen des Engels werden ihr zuteil: Es hieß, daß du die Welt meiden solltest. Was du dir gewünscht hast, gibt es nur auf der Erde. Irdischer Werkstoff, Materie, aber ist nicht von Dauer, da er nicht der Ursubstanz gleicht. Göttliche Gaben kommen nur aus dem Planeten, der deine Schwingungen trägt. So kannst du nur das schöpfen, was geistig und deiner momentanen Schwingung zugänglich ist.

Die Seelen dürfen sich mit den neu erworbenen Fähigkeiten ihre Wohnstätten selbst erschaffen. Sobald die Geistwesen, die diese Häuser bewohnt haben, inkarnieren oder weitergeführt werden und dann ihre Häuser verlassen, gehen diese in die Ursubstanz zurück, und die neu aufgestiegenen Seelen, die jetzt diesen Planeten betreten haben, schöpfen ihre Umgebung selbst. Die Freude der Seelen, etwas tun zu können, ist groß, denn in der Ordnungs- und Willensstufe gab es nur zu lernen, zu erkennen und zu leben. Doch nun heißt es: erkennen und in die Tat umsetzen.

Die geistigen Stufen sind gleichzeitig der Aufbau der geistigen Körper, die sich durch die Entwicklung vervollkommnen. Das geistige Gesetz besagt, daß die Seele nur durch die Anziehung weiterkommt. Die Anziehung wiederum kommt zustande durch das Ausrichten der Seelenpartikel durch die Gedanken, den Willen und die Tat. So geht die Seele von einer Unterstufe zur anderen, um das zu erlangen, was ihr vom Geiste Gottes als Erbgut gegeben wurde. Dies beschreibt den Aufbau und die Entwicklung des Seelenkörpers, der durch den Fall entstanden ist und durch die Evolution wieder zum reinen Ätherkörper wird. Nach ihrem eigenen Verlangen kann jede Seele auf jeder Stufe geistige Kraft erhalten. Auch hier gilt: Hören und Nicht-Ausführen bringt keine Entwicklung. Nur durch die Tat reinigen sich die Seelenhüllen, und die Seele in ihrer Gesamtheit wird lichter und schöner.

Auf der Stufe der Weisheit kommt der schöpferische Geist Gottes immer mehr zum Ausdruck und damit auch der göttliche Wille, um weiterzustreben und alles durch die Tat zu verwirklichen. Durch dieses innere Drängen entsteht in vielen Seelen der Wunsch, in den Stufen der Ordnung und des Willens das zu lehren, was sie schon in sich aufgenommen und gelebt haben. (Daran wird ganz deutlich: Man kann nur das weitergeben, was man selbst verwirklicht hat. Übertragen wir das auf unsere Situation, auf den häufig anzutreffenden Aufklärungs- und Belehrungsstil, dann erkennen wir, was falsch ist.)

Die Bitte, in den unteren Stufen zu lehren, wird den Seelen in der Weisheitsstufe erfüllt. Ein Lehrengel begleitet sie in die Tiefe. Er ist in diesem Fall zugleich der Schutzgeist der noch reifenden Seele. Er nimmt die Seele vollkommen in seine Aura auf und schützt sie so vor der Erdstrahlung, die unausgereifte Seelen anzieht.

Wenn aus einer irdischen Familie, zu der einst die Weisheitsseele gehörte, eine Seele durch den Tod entbunden wird, dann darf sich zur Freude des gerade Entkörperten die weiter entwickelte Seele zeigen. Sie belehrt den Neuankömmling, sie bringt ihm die ersten Begriffe des göttlichen Gesetzes näher.

Da auch eine Seele aus der Weisheitsstufe noch nicht frei ist von Erdstrahlung, wird sie von ihrem Schutzengel immer wieder ermahnt, sich nicht von der Erde und den entkörperten Seelen anziehen zu lassen. Ihr wird empfohlen, noch mehr in das Bewußtsein Gottes einzutreten und darin zu verharren, nicht mehr in Gedanken auf die Erdenstufe zu gehen und sich nicht mehr nach einer Inkarnation zu sehnen. Sie wird nur ermahnt, entscheiden kann sie selbst. (Wie sich die Bilder gleichen! Ähnliches erfahren wir ein Leben lang.)

Wenn eine erdschwere Seele zur Inkarnation gehen will, muß sie zuvor einige geistige Schulungen mitmachen. Ihr werden Belehrungen zuteil, die viele nicht hören wollen und nicht annehmen, die ihr offenbaren, was ihr in ihrem Erdenleben begegnen kann. Die vielen Zweifel, die auch oft in uns sind, sind auch (noch) in einer erdverhafteten Seele. Wenn sie nicht an den einen Weg, an die eine Wahrheit glaubt, dann geht sie erneut zur Inkarnation. Eine Inkarnation kann ihr allerdings auch angeraten werden, wenn ihr Schutzgeist erkennt, daß sie auf diesem Weg schneller abtragen und sich schneller entwickeln kann.

Eine inkarnierende Seele geht über den für sie bestimmten Aszendenten in einem der zwölf Tore, der ihre magnetische Partikelstruktur bestrahlt, ins irdische Leben. Eine Seele, die die gesamte Weisheitsebene durchschritten hat, verspürt immer weniger den Sog der Materie. Sie hat eine neue Wegstrecke vor Augen.

„Durch Seine unendliche Liebe, nach Seinem Gedanken und Willen als auch nach Seiner Weisheit wird euch der Geist

weiterführen zu einem nächsthöheren Bewußtsein des Lebens, zur Stufe des Ernstes."[173]

Die vierte Entwicklungsstufe der Seele (Ernst)

Die Stufe des Ernstes ist die waltende Schöpferliebe. Diese Region ist in der ewigen Heimat, den reinen Himmeln, im besonderen für das Mineral-, Natur- und Tierreich erschlossen (die sieben außerhimmlischen Grundbereiche sind ja nur die Abbilder der ewigen Lichtregionen innerhalb der Himmel).

Jede Seele besitzt alle Wesenheiten und Eigenschaften Gottes in sich und muß deshalb sämtliche Stufen durchlaufen, um alle durch den Abstieg oder Fall beschatteten Seelenpartikel wieder zu ihrer ursprünglichen Lichtkraft zu bringen. Nach Durchschreiten von Ordnung, Wille, Weisheit und Ernst ist die Seele in ihrem geistigen Wirken weitgehend gefestigt, das heißt, sie hat sich weitgehend stabilisiert. Im Ernst müssen wieder alle Unterstufen aktiviert werden, damit der Geistkörper von der nächsthöheren Eigenschaft, der Geduld, angezogen werden kann. Alles beruht auf geistiger Gravitation, und so kann nur der vom Licht angezogen werden, der das Licht in sich erschlossen hat.

Jedes Kind Gottes trägt bewußt oder unbewußt die Vaterliebe in sich, so auch die Schöpferliebe, die die Verbindung zum Mineral-, Natur- und Tierreich darstellt. Da alles in allem enthalten ist, muß jede Seele auf ihrem Entwicklungsweg irgendwann einmal diese Schöpferliebe leben. Geschieht das nicht während des Erdenlebens, so wird es auf der Stufe des Ernstes erlernt.

Was bedeutet „Schöpferliebe"? Gott ist Liebe, und alles, was Er schuf, schuf Er aus Liebe zu *allem* Leben. Deshalb lieben die Natur und das Tier das Licht. Sie leben durch die Kraft des Lichtes, es ist für sie die Empfindung der Liebe. Auf der Stufe des Ernstes wird nun jeder Seele die Beziehung zu allem Leben gelehrt. In den drei unteren Reinigungsbereichen haben die Seelen schon die Verbindung zum Schöpfungsprinzip gelernt, jetzt müssen sie das Gelernte vollkommen ausleben.

Wir Menschen können die Worte, die wir gebrauchen, ohne tiefen Sinn und ohne Empfindung aussprechen. Wie oft tun wir das auch, indem wir sagen: „Ich liebe die Tiere" oder „die herrliche Natur" oder „welch ein schöner und wertvoller Stein". Diese Worte fließen oft ohne Regung dahin. Auf den Stufen des Ernstes ist das anders. Dort gibt es nur die Empfindungen, nicht mehr die Worte.

Wenn einer reifenden Seele zum Beispiel der Anblick eines Tieres, der Natur und eines Minerals nur gefällt, dann werden ihre Seelenpartikel nicht belichtet, sie verharren regungslos. Erst wenn die Schöpfung von der niedrigsten Form des Minerals bis hin zur vollendeten Naturseele geliebt wird, kann die Seele ein vollkommenes Lichtgefüge werden.

Auf der Erde kann der Mensch den Wurm, den Käfer, die Fliege oder die Spinne ablehnen, im geistigen Reich der Entwicklung bleibt die Seele, wenn sie so verfährt, genauso begrenzt und in ihrer Entwicklung gehemmt wie als Mensch auf der Erde. Als Menschen sehen wir die Verschattungen unserer Seele nicht, doch als Seele werden uns unsere verpolten Seelenhüllen und unser Unvermögen gezeigt.

Unsere menschliche Unfähigkeit, alle Bereiche des Lebens in allen Formen, namentlich das Tierreich, zu lieben, ist auf unser eigenes Fehlverhalten zurückzufühen. Die vielen Arten und Abarten sind durch unser Unvermögen entstanden. Unser gegensätzliches Denken und Handeln hat in allen Bereichen zu Entwicklungen geführt, die niemals göttliche Absicht waren.

Wir selbst sind die Verursacher all der feindlichen Lebensformen und all der Aggressivität, die wir nun nicht mögen und der wir hilflos gegenüberstehen.

Wir werden es wieder lernen, daß unsere Seele die Verbindung zu allem Leben trägt. Spätestens in den Sphären des Ernstes werden wir davon überzeugt, daß uns die Liebe mit allem verbindet. Auf dem Weg über die einzelnen Stufen des Ernstes werden wir frei von der Bindung an die Materie, obwohl es passieren kann, daß ab und zu auch bereits fortgeschrittene Seelen noch einer Bindung nachgeben und erneut inkarnieren, weil zum Beispiel trauernde Hinterbliebene das Auflösen der Bindung sehr schwer machen oder verhindern.

Haben wir die Stufe des Ernstes ganz erschlossen, zieht uns nichts mehr zurück. Ist uns das als Mensch während unseres Lebens bereits geglückt, dann stehen wir über den Dingen und sind frei geworden von unserer Seelenschuld, unserem Karma. Wir unterliegen nicht mehr dem Gesetz von Ursache und Wirkung. Unser restliches Leben wird der Erfüllung der Gesetze Gottes dienen und dem Wohle unseres Nächsten. Die Kraft dazu tragen wir in uns seit Golgatha. Gelingt uns das als Seele, dann sind wir eigentlich keine Seele mehr, wir haben uns zu einem Halbengel entwickelt. Wir werden uns weiterentwickeln bis hin zum göttlichen Bewußtsein über die noch zu erschließenden drei Stufen. Halbengel sind die lichten Wesen, die in den vier Reinigungsbereichen als Lehrengel wirken.

11. DIE BEGLEITER

*Viele Menschen wären glücklich,
wenn sie wissen würden, daß aus
dem ewigen Reich entweder das
Positiv oder Negativ als Schutzgeist an ihrer Seite steht, oder ein
Wesen aus der Seelen- oder Sip-
penverwandtschaft bei ihnen ist.*

*Aus einer Offenbarung des Cherubs
der göttlichen Weisheit*

*Sie, die reinen Boten des Lichtes,
die im ewigen Reich zu Hause
sind, sind mitten unter euch. Viele davon stehen an eurer Seite,
gehen mit euch, gleich, wohin ihr
geht, sind mit euch am Arbeitsplatz, mit euch unterwegs.*

Aus einer Christusoffenbarung

Weil wir auf unserem Weg von der Erde in die Himmel
(oder umgekehrt) nie alleine sind, ist dieses Kapitel den
guten Mächten gewidmet, die mit ihrer Liebe dazu beitragen, daß wir möglichst bald und unbeschadet die niederen
Bereiche verlassen können.

Immer wieder erfahren wir aus den Offenbarungen Gottes über das Wirken der Engel in allen Bereichen der Schöpfung. Da auch die kirchliche Lehre von einer Schaffung der geistigen Ordnung der Engelwelt spricht, gibt es hinsichtlich des tatsächlichen Vorhandenseins keine gegenteilige Auffassung. Damit endet die Übereinstimmung aber bereits, denn die Lehren der Kirchen sprechen von einer irdischen Schöpfung einschließlich des Menschen, der zu der Geistwelt der Engel nur insofern eine Beziehung habe, da er aus Körper und Geist besteht.

In Wirklichkeit jedoch ist der Mensch ein Engel. Das heißt, als Mensch ist er ein „verkappter" Engel, vorübergehend eingehüllt in einen menschlichen Körper. Er wird nach seinem Tod und der Auflösung seiner Seelenhüllen, also am Ende seiner Bewußtseinsevolution, wieder zu einem Engel werden.

So wie alles im Kosmos seinen Platz und seine Aufgabe hat, so auch die Engel. Eine der „schwersten" Aufgaben (es gibt natürlich im geistigen Sinne keine schweren Aufgaben, denn alles wird freudig und aus Liebe zu Gott und dem Nächsten übernommen und erfüllt) ist der Schutz eines Menschen während seines Erdenlebens und der anschließenden Läuterung. Ob man einfach nur Engel sagt oder Schutzengel, Schutzgeist, Lichtwesen oder Geistwesen, das läuft auf das gleiche hinaus. In jedem Fall sind sie die Geduld und Liebe selbst und erscheinen dem, der die Freude und das Glück eines Erkennens gehabt hat, als eine unbeschreibliche Lichtfülle.

Moody hat die Erlebnisse der Wiederbelebten wie folgt zusammengefaßt: „Bei seinem ersten Auftreten ist es in der Regel matt, worauf es seine Helligkeit jedoch sehr rasch bis zu überirdischer Leuchtkraft steigert. Trotz der unbeschreiblichen Helligkeit dieses Lichts (das gewöhnlich als ‚weiß' oder ‚klar' bezeichnet wird) greift es die Augen in keiner Weise an, wie viele eigens betonen; es blendet nicht, noch hindert es daran, andere Dinge in der Umgebung wahrzunehmen (vielleicht deshalb, weil die Betroffenen zu diesem Zeitpunkt keine physischen ,Augen' mehr gehabt haben, die geblendet werden könnten). Ungeachtet seiner ungewöhnlichen Erscheinungsform hat keiner der Beteiligten auch nur den leisesten Zweifel daran geäußert, daß dieses Licht ein lebendes Wesen sei, ein Lichtwesen. Und nicht nur das: es hat personalen Charakter und besitzt unverkennbar persönliches Gepräge. Unbeschreibliche Liebe und Wärme strömen dem Sterbenden von diesem Wesen her zu. Er fühlt sich davon vollkommen umschlossen und ganz darin aufgenommen, und in der Gegenwart dieses Wesens empfindet er vollkommene Bejahung und Geborgenheit. Er fühlt eine unwiderstehliche, gleichsam magnetische Anziehungskraft von ihm ausgehen. Er wird unausweichlich zu ihm hingezogen."[174]

Von Flügeln war da nie die Rede, und Flügel haben unsere Schutzengel auch nicht. In früheren Zeiten sahen Maler Geistwesen und glaubten, auch Flügel erkannt zu haben. Es ist jedoch das Licht, das sie umgibt, das Fluidum ihres Lebens. Das Wort „Engel" bedeutet *Reinheit,* und die Flügel, die man zu sehen glaubte, stehen in unserer materiellen Welt für Schnelligkeit und Schutz.

Die Schnelligkeit der Engel ist durch ihren Ätherleib bedingt und unterliegt göttlichen Gesetzmäßigkeiten. Eigentlich ist es falsch, von Schnelligkeit zu sprechen. Wir legen hier nur wieder auf Grund unseres Unvermögens, anders zu empfinden und uns anders auszudrücken, physikalische Maßstäbe an. Die Schnelligkeit unserer Schutzgeister beruht auf einem anderen Prinzip. Sie sind einfach – von einem Augenblick zum anderen – da, schneller, als wir es uns auszudenken vermögen.

Jeder Mensch hat ein oder auch zwei Schutzgeister; das

hängt von seiner Tätigkeit und Aufgabe ab. Der Leib eines Schutzengels ist jung, rein, schön und elastisch. Seine Aufgaben an unserer Seite sind so vielfältig wie die Buntheit unseres Lebens. Er ist bei uns schon vor der Geburt (und bereitet, wenn wir wollen, mit uns unsere Inkarnation vor) und hilft unserer Seele auch dabei, den Körper wieder zu verlassen.

Elisabeth Kübler-Ross gibt ein schönes Erlebnis eines ihrer Patienten wieder: „Jeder Mensch hat solche Begleiter, ob Sie daran glauben oder nicht, ob Sie Jude oder Katholik oder ohne Religion sind, spielt überhaupt keine Rolle. Denn jene Liebe ist *bedingungslos,* weshalb ein jeder Mensch dieses Geschenk eines Begleiters erhält. Es handelt sich um jene Begleiter, die meine kleinen Kinder ‚Spielgefährten‘ nennen.*) Ganz kleine Kinder sprechen mit ihren ‚Spielgefährten‘ und sind sich dessen ganz bewußt. Doch sobald sie in die erste Klasse kommen, sagen ihre Eltern zu ihnen: ‚Du bist jetzt ein großer Bub. Du gehst nun in die Schule. Jetzt macht man nicht mehr solche kindischen Spiele.‘ Somit vergißt man, daß man ‚Spielgefährten‘ hat, bis man auf dem Sterbebett liegt. Und dann sagt plötzlich eine sterbende, alte Frau zu mir: ‚Hier ist er wieder.‘ Und weil ich weiß, von was sie spricht, frage ich die Frau, ob sie mit mir das soeben Erlebte teilen könne. Alsdann erklärt sie mir: ‚Ja, wissen Sie, als ich ein ganz kleines Kind war, befand er sich immer bei mir. Aber ich habe ganz vergessen, daß er überhaupt existiert.‘ Und einen Tag später stirbt sie ganz beglückt, daß jemand, der sie unsagbar gern gehabt hat, wieder auf sie wartet.“[175]

Unser Schutzgeist ist mit uns über das Odband verbunden, das die „Leitung“ (über die Gehirnströme) zwischen unserer Seele und dem Geistkörper des Engels darstellt. Er

---

*) Es kann sich hierbei oftmals aber auch um Naturwesen handeln

weiß um unsere Empfindungen, Gedanken, Worte und Taten ebenso, wie unsere Seele diese registriert. Daß er ständig mit uns verbunden ist, heißt aber nicht, daß er uns auf Schritt und Tritt begleitet. Unser Lichtengel kann in seinem Himmel sein und weiß trotzdem um uns. Sobald uns eine Gefahr droht, ist er an unserer Seite. Wenn wir noch nicht die Gefahrenquelle erkannt haben, so versucht er schon, uns in seinen Lichtschutz einzuhüllen.

Dieses „Versucht" bedarf einer Erklärung. Das Gebot der Liebe befolgen alle Engel im Himmel. Wenn der Mensch dieses Gebot ebenfalls lebt, so bringt er seine Seele in eine erhöhte Schwingung und kann von der Liebe eingehüllt werden. Das ist der Schutz, die Gnade Gottes. Wer sich durch ein Leben mit weltlicher Ausrichtung eigenmächtig aus diesem Schutz hinausbegibt, dem kann auch nicht oder nur bedingt geholfen werden. Wer weiß, daß er ein Kind Gottes ist, ein Kind aus Seinem ewigen, absoluten Bewußtsein, der wird seinen Vater auch lieben – nicht nur im Wort. Damit kann und wird er vom Schutz Gottes eingehüllt werden. Wer jedoch in seinem Eigenwillen lebt, dessen geistige Ausstrahlung ist so niedrig, daß sich der Schutzgeist dort nicht hineinbegibt. Er warnt nur. Diese Warnung dringt in das Gewissen ein und macht sich dort bemerkbar. Falls man das Gewissen nicht zum Schweigen bringt.

Manchen Menschen mag das alles unglaubwürdig vorkommen. Die, die das Licht der Liebe gesehen und verspürt haben, wissen darum und werden es nie vergessen. „Es war, als spräche ich mit einem Menschen – nur daß eben kein Mensch da war. Es war wahrhaftig das Licht, das mit mir sprach, und zwar mit einer Stimme. ... habe ich mich von dem Augenblick an, in dem das Licht mit mir zu sprechen begann, unendlich wohl gefühlt, geborgen und geliebt. Die Liebe, die es ausströmte, ist einfach unvorstellbar, überhaupt nicht zu beschreiben. Es war ein Vergnügen, sich in seiner Nähe aufzuhalten, und es war auch humorvoll auf seine Art, ganz gewiß."[176]

Wir können, wann immer wir wollen, uns in seiner Nähe aufhalten, oder genauer: er sich in unserer. Es liegt an uns. Und es liegt auch an uns, ob wir ihn in uns vernehmen können. Wenn wir im positiven Aspekt des Lebens leben, wird uns das möglich sein, so wie wir auch Gott-Vater und Christus, Seinen Sohn, in uns erfahren und erleben können.

Alle werden wir einmal den Lichtboten, der uns begleitet, sehen. Und wir werden vielleicht überrascht sein, daß *er* es war, der uns geführt hat. Er kann in früheren Leben mit uns als Mensch gelebt und sich über die vierte Reinigungsebene hinaus entwickelt haben, so daß seine Seele weitgehend rein wurde und er uns diesen Liebesdienst tun konnte. Oder es kann ein Geistwesen der Himmel, vielleicht sogar eines aus unserer himmlischen Familie oder Sippe sein. Wer immer er ist, wie immer wir mit ihm früher verbunden waren, er trägt die Liebe Gottes bereits in sich, die Liebe, zu der wir auf unserer weiteren Reise erst werden.

12. DIE HEIMREISE

*Eure Seele wird einst den irdi-
schen Leib verlassen und wird
sich zu diesem Geistwesen entfalten, das es von Urbeginn war.*

Aus einer Christusoffenbarung

*O ihr Menschen, es gibt ein
Reich des Lichtes. Ein herrliches
Reich. Es ist euere Heimat und
euer Erbe. Dieses Erbe muß beschritten werden, erkannt und
verwirklicht werden, auf daß
sich die Himmel auftun.*

Aus einer Christusoffenbarung

Die fünfte, sechste und siebte Entwicklungs-
stufe der Seele
(Geduld, Liebe und Barmherzigkeit)

Die letzten drei Stufen auf dem Weg zur Absolutheit
werden die Vorbereitungsebenen genannt, denn jetzt steht
das Geistwesen kurz vor seiner Vollendung. Nach Erschließen der Stufe des Ernstes und damit dem Verlassen der
Reinigungsebenen ist es für die Seele leichter geworden. Sie

ist aus der Anziehung des Materiellen heraus und wird sich jetzt auf die noch zu bewältigende Wegstrecke vorbereiten. Auch als Halbengel bedarf das Geistwesen noch der Reinigung, um wieder zur absoluten ätherischen Form zu werden, um wieder völlig von der fließenden Ätherkraft durchströmt und damit zum Gesetz selbst zu werden. Werden im Verlaufe der Läuterung auch die noch vorhandenen drei Seelenhüllen abgelegt, dann tritt der vollkommen ätherische Leib hervor, das reine Wesen der Himmel, das bewußte Ebenbild Gottes, Sein Kind. Erst dann, das heißt, wenn wir den Himmel in uns tragen, können wir in ihn eingehen.

Die göttliche Gesetzmäßigkeit, die diesem Prinzip zugrundeliegt, läßt dies nicht anders zu. Sie bewahrt uns gleichzeitig davor, uns in einer Umgebung wiederzufinden, der wir nicht gewachsen wären, weil wir uns zuvor „die notwendigen Lektionen" nicht zu eigen gemacht haben.

Auch in den Stufen der Geduld, Liebe und Barmherzigkeit sind alle Unterstufen enthalten. Von neuem wird über die Partikelstruktur der Seele und über die kosmische Anziehung belehrt. In den Seelenpartikeln befinden sich geistige Elemente – die fünf geistigen Atomarten – die durch die Empfindungen des Geistwesens angeregt werden. Die Lehrengel lehren: Alles, was du siehst, beruht auf Strahlung und auf dem geistigen Gravitationsgesetz. Sobald du zum Beispiel an ein Geistwesen denkst, bringst du in den Seelenpartikeln die Elemente zur Rotation, wodurch sich die angesprochene Partikelstruktur auf Senden und Empfangen ausrichtet.

In einer für uns nicht vorstellbaren Schnelligkeit in dieser raum- und zeitlosen Dimension ist die gewünschte Verbindung hergestellt. Entweder kann der Halbengel die Antwort in sich wahrnehmen oder aber die Bewußtseinsstufe in sich sichtbar machen, in der sich das angesprochene Geistwesen befindet.

Auf diese und ähnliche Weise wird den geistigen Schülern in diesen Vorbereitungsebenen die Strahlung und die geistige Gravitation verdeutlicht.

Möchte ein Halbengel von einem zum anderen Planeten oder von einer Himmelsebene zur anderen, so werden wiederum die Elemente über die göttlichen Empfindungen angeregt. Dadurch kann sich das Geistwesen auf den von ihm selbst bestimmten Magnetstrahl begeben, wodurch es von dem Planeten oder von der Himmelsebene angezogen wird. Bei diesen geistigen Übungen entwickelt sich die ganze geistige Kraft einer vollkommenen Seele.

Um die Halbengel, die noch wenig oder gar nichts wissen, wird sich der Lehrengel ganz besonders bemühen. Bekanntlich sind ja nicht alle Geistwesen Schritt für Schritt in den Reinigungsbereichen belehrt und aufgebaut worden. Ein Teil von ihnen – diejenigen, die als Menschen durch das Leben der göttlichen Gebote frei geworden sind vom Rad der Wiedergeburt und als Seelen direkt in die Vorbereitungsstufen gehen – bringt, je nach Art und Dauer ihres Erdenlebens und ihrer inneren Reife, zwar die gelebte Gottes- und Nächstenliebe mit, bedarf unter Umständen aber einer besonderen Hinwendung, um sich nun auch das nötige Wissen anzueignen. (Oder, wie es mal einer ausgedrückt hat: Die Praxis kannst du viel besser hier unten lernen, die Theorie bringen sie dir oben schon bei.)

Die Halbengel werden ebenfalls über die Seelen- und Sippenverwandtschaften in den Himmeln aufgeklärt. Wer darum bittet, sein Dual (den geistigen „Ehe"-Partner) oder ein Geistwesen aus seiner himmlischen Familie kennenlernen oder bei sich haben zu dürfen, dem wird die Bitte erfüllt. Er darf seine kosmischen Partikel auf die Verbindung ausrichten, und sie wird nach dem schon beschriebenen Vorgang zustande kommen. Für viele Halbengel gibt es ein freudiges Erwachen, wenn sie ihre nächsten Geistverwandten sehen. Sie erkennen entweder in ihrem Dual oder in einem anderen Geistwesen aus der Seelenverbindung ihren Schutzengel, der sie entweder beim Austritt aus dem Erdenkleid belehrt hat oder während ihrer Seelenreife immer wieder besucht hat und mit ihnen sprach.

Andere Halbengel treffen erst auf ihre ganze geistige Familie, wenn sie als ausgereiftes Geistwesen das Tor zur Vollendung passiert haben. *„Auf jeden Fall, Meine Kinder, ist die Freude unbeschreiblich groß, denn spätestens in der Vollendung sind dem Geistwesen die geistigen Familienmitglieder oder das Dual nicht mehr fremd, denn alles, was für die Erde und durch die Belastung abgedeckt war, ist nun wieder vollkommen erblüht.“*[177]

In vielen von den Halbengeln entsteht durch die sich entfaltende selbstlose und dienende Liebe und durch den Schmerz über ihre in den Reinigungsbereichen weilenden Brüder und Schwestern der Wunsch, das weiterzugeben, was sie auf liebevolle Weise gelehrt wurden. Sie haben oft bei den verstockten Seelen mehr Erfolg als Lehrengel aus den reinen Himmeln, da sie von ihrem eigenen Werdegang ins Paradies, vor dessen Tor sie stehen, erzählen. Sie sprechen über ihre eigenen Schwierigkeiten, und wie sie es gemeinsam mit den Lehrengeln hielten, um zu reifen und weitere Stufen zu erreichen. Viele Halbengel haben auf diese Weise schon einer großen Anzahl von Seelen in allen Reinigungsbereichen den Weg durch die eigenen Erfahrungen weisen können. Einer trage des anderen Last!

Durch die Halbengel werden auch viele Seelen, die aus nicht-christlichen Konfessionen kommen, zum Glauben an Christus geführt. Der Glaube an Christus und die Anerkennung Christi als Sohn Gottes ist für jedes Geistwesen eine der Voraussetzungen, um durch die Lichtmauer, das Tor der Vollendung, in die Himmel eintreten zu können.

Denken wir daran, daß sich durch den Fall und die

Entstehung der feinstofflichen und materiellen Welten um die reinen, himmlischen Ebenen die sogenannte Lichtmauer gebildet hat. Aus ihr entnehmen wir auf dem Weg unserer Entwicklung die geistigen Energien, die wir beim Abstieg dort zurückgelassen haben. Die Lichtmauer ist die letzte „Schranke", die von jedem, der eintreten möchte, durchdrungen werden muß. Dies ist nur möglich durch die Anerkennung des Christus-Gottes-Geistes. Die Christuskraft, ein Teil der göttlichen Urkraft, hat sich auf Golgatha als zusätzliche energetische Kraft in alle Menschen und Seelen eingeboren. Damit war es diesen überhaupt erst wieder möglich, die Rückreise ins Vaterhaus anzutreten. Jeder trägt daher in sich den Erlöserfunken, die Kraft, die Christus ihm übertragen hat. Die Anerkennung Christi als Sohn Gottes und Mitregent der Himmel bedeutet die Rückgabe dieser Erlöserkraft und den Durchgang durch die Lichtmauer.

Nicht alle Halbengel, auch wenn sie sich schon weitgehend gereinigt haben, sind bereit, Christus diese Anerkennung zu zollen. Für sie bleibt die ätherische Himmelsmauer eine unüberbrückbare Grenze. Sie leben auf den sogenannten „Weisheitsplaneten" innerhalb der Vorbereitungsebenen. Von dort aus versuchen sie, auf telepathischem Wege für ihre Vorstellungen empfängliche Menschen zu beeinflussen. Sie haben oft ein hohes geistiges Wissen, aber ihnen fehlt die Absolutheit und die Vollkommenheit, und zwar sowohl was ihre Erkenntnisse als auch ihre ätherische Struktur betrifft. Die östlichen Lehren haben viel von den Vertretern dieser Weisheitsplaneten übernommen. Wenn schließlich auch diese Halbengel Christus anerkennen, ist es dem durchgeistigten, ätherischen Leib möglich, die himmlische Lichtmauer zu durchdringen und das Erlöserlicht wieder im Urlicht einzulösen.

Auch die Dämonen, die nicht rückkehrwilligen Fallwesen, die Christus nicht als Mitregent der Himmel anerkennen, tragen diesen Erlöserfunken in sich, der in ihren Seelen jedoch nur einem Glimmspan gleicht. Trotz allem ist dieses unscheinbare Leuchten die Stütze ihrer Seelenelemente. Da der Geist Gottes zeit- und raumlos ist, kann es sein, daß dieser Glimmspan in einzelnen Seelen erst nach Äonen erglühen wird. Satana, die Verursacherin des Falls, die inzwischen ihr Fehlverhalten erkannt und bereut hat, wird auch wieder in die ewigen Himmel zurückkehren. Als Letzte aller Fallwesen.

Wenn das geschehen ist, ist die Wiedereinbringung aller Geschöpfe in das göttliche Bewußtsein, die Heimkehr aller Söhne und Töchter, die „Apokatastasis" (wie die zu Irrlehrern erklärten Kirchenväter, Weisen und Mystiker ihrer Zeit es lehrten) abgeschlossen.

So ist es durch die Liebe Gottes jeder Seele möglich, durch ein göttlich gesetzmäßiges Leben soviel geistige Energie zu erwerben, um bis zur Himmelsmauer zu gelangen, wo ein Teil ihrer eigenen geistigen Energie verwahrt ist. Diese dort zurückgelassene energetische Kraft, ihr Licht, das sie zu einem reinen, himmlischen Wesen macht, beginnt sich aus der Lichtmauer zu lösen, wenn die Seele weitgehend die vier Reinigungsstufen durchschritten hat. Es ordnet sich ihr schließlich endgültig zu, wenn sie bereit ist, die reinen, himmlischen Welten wieder zu betreten.

Das Lichtwesen blickt noch einmal in den Abgrund hinab, der mit Stufen versehen in die Tiefe führt. Es steht auf einer Lichtbrücke und darf eine Rückschau erleben und seinen Werdegang betrachten. Es sieht die vielen ihm bekannten Seelen und Menschen, mit denen es gesprochen und gelebt hat. Es schaut nochmals seine Stärken und Schwächen und weiß: Das alles habe ich abgelegt. Der Kreislauf hat sich geschlossen. Es bleibt wohl eine Erinnerung zurück, jedoch keinerlei Bindung mehr. Das reine Wesen ist absolut frei. Der Abgrund schließt sich. Der Engel „geht", von vielen Freunden begleitet, über die Lichtbrücke in die ewige Heimat. Er nimmt wieder den Platz ein, der ihm gebührt. Er wird eins mit dem Bewußtsein Gottes, direkt, sichtbar, fühlbar, wissend und vollkommen rein.

Die Reise ist zu Ende, das wahre Leben beginnt.

13. DIE HIMMEL

Wie kann der Geist das Wunder-
barste und Schönste in den bana-
len Worten der Menschen ausle-
gen, denn eure Vorstellungswelt
geht immer wieder zur Erde zu-
rück und formt entsprechende
Bilder. O ja, sie sind für diese
Erde sehr schön, doch gegenüber
der Heimat sind sie ein Nichts.

Aus einer Christusoffenbarung

Nach dem Leibestod geht sodann
die Seele, das Geistwesen, kurz
über die sieben Bereiche ins ewi-
ge Licht ein. Der Heimgang ei-
ner solchen Seele, die schon im
Fleische zum Geistwesen gewor-
den ist, erlebt ein großes Fest.

Aus einer Offenbarung des Cherubs
der göttlichen Weisheit

Wie kann ein Mensch versuchen, die Himmel zu schildern? Es geht nicht. Deshalb sehen Sie das Folgende bitte
auch nicht als eine Beschreibung himmlischer Verhältnisse
an, sondern als eine mangelhafte Wiedergabe in völlig unzu-
reichender menschlicher Sprache. Ich bin mir dieser Schwierigkeit vollkommen bewußt, möchte aber, weil *die Reise*

Deiner Seele auch die Himmel einschließt, wenigstens in ein paar Sätzen auf unser künftiges Leben – auf menschliche Vorstellungen heruntertransformiert – eingehen.

Gott ist *Geist* und somit *keine* Person, sondern die Allkraft, die alles durchströmt. Diese ewige Allkraft hat sich als Wesen manifestiert, das wir *Vater* nennen dürfen, und ist in dieser Form *Person*.

Der persönliche Gott ist für die reinen Lichtwesen und für alle wahrhaft erleuchteten Menschen und Seelen der himmlische Vater. Sie wissen, daß Er die Manifestation der All- oder Urkraft, der Absolutheit, ist und schauen Ihn in Seiner Manifestation klar und deutlich. Allgegenwärtig ist Gott nur als Geist, als der sich in alle Lebensformen verströmende Odem oder geistige Äther, und nicht als die Manifestation, als Vater.

Entsprechend den sieben Grundschöpfungskräften Ordnung, Wille, Weisheit, Ernst, Geduld, Liebe und Barmherzigkeit existieren, wie aus der Darstellung der außerhimmlischen Bereiche schon bekannt, sieben Lichtregionen mit ihren Unterregionen. Jeder Grundhimmel, also jede Lichtregion, hat ihre eigene Mentalität, und die Geistwesen dieser Bereiche tragen in sich die gleiche Mentalität (das ist einer der Gründe für die Unterschiedlichkeit der Menschen). Entsprechend dieser andersartigen Mentalität sind auch die jeweiligen Himmel mit allen dazugehörenden Ebenen, Sonnen und Planeten anders gestaltet. Das betrifft die Planetenstrukturen und -formen, den Baustil, die ganze Art.

Der sich verströmende Odem Gottes ist der alles durchdringende Äther. Er ist das Leben, das alles erhält. Alles, was in den Himmeln eine Form hat, ist nichts anderes als manifestierter Äther, als kristallisierte Energie. Aus dieser Ursubstanz besteht alles, was ist; es ist durchstrahlbar, geistig atmungsaktiv und wird dadurch ununterbrochen belebt. Weil der Äther und die Ätherformen in ihrer Struktur unbegrenzt und absolut licht(äther)durchlässig sind, existieren für den Geist und die reinen Geistwesen unerschöpfliche Möglichkeiten des Schaffens und Gestaltens, denn alles Sein ist ohne Zeit und Raum, und grenzenlos ist das ewige Leben.

Die reinen Ebenen des Lichtes tragen für uns unvorstellbar große und unendlich viele Sonnensysteme. Jede der vier Lichtregionen Ordnung, Wille, Weisheit und Ernst besitzt einen Entwicklungsbereich. Sie werden vom Geiste Gottes als „Korn-" oder „Schatzkammern" bezeichnet. In ihnen entstanden und entstehen die Teilseelen, die während ihrer Entwicklung über das Mineral-, Natur- und Tierreich geführt werden und in der vierten Region als Teilseelen ihre Vollendung finden, ehe sie dann durch die Liebe eines Dualpaares zum vollkommenen Geschöpf Gottes reifen können.

In den Himmeln herrscht ewiger Sonnenschein, und es gibt auch, in unseren Worten ausgedrückt, kein Klima. Die Landschaften mit ihren Bergen, Bächen und Seen ordnen sich harmonisch in die Struktur eines jeden Planeten ein. Das schöpferische Leben gestaltet sich in der siebendimensionalen Form. Schon allein dadurch kann ein geistiges Bauwerk nicht mit unseren Bauwerken verglichen und schon gar nicht beschrieben werden. Alle Bauwerke sind mit dem jeweiligen Planeten absolut verbunden, das heißt, sie sind aus dem gleichen Urstoff wie der Planet und aus diesem durch Gedankenkraft geformt worden. Sie sind der Landschaft angepaßt und erheben sich im ewigen Flutlicht der Reinheit als wunderbare, geistige Häuser – unser ewiges Domizil.

Die früheren irdischen Baustile, wie Renaissance, Barock, Gotik usw., sind denen in unserer ewigen Heimat nachempfunden. Durch göttliche Inspiration und die Innenschau begnadeter Baumeister wurden der Menschheit die Schönheiten der Himmel nähergebracht.

Alles ist eingebettet in eine Umgebung mit einer Fülle von Farben, die wir auf der Erde nicht kennen. Um die Häuser gruppieren sich Gärten nie geschauter Schönheit mit unbekannten Blumen, Sträuchern und Bäumen. Aus dem Urgestein quellen plätschernde Bäche hervor, Wasser glänzt in silbernen Strahlen, und Seen schimmern wie Bergkristall. Seerosen in den leuchtendsten Pastellfarben strahlen ihr Licht zu den Hügeln empor. Alles ist in ein Lichtermeer von Farben und Harmonie getaucht, dessen Zauber unübertrefflich ist.

Zäune um Häuser und Gärten gibt es nicht, da alle eins sind. In den Gärten sind Tiere seltenster Art, deren Gefieder in den herrlichsten Tönen strahlt. Eine geschöpfte, d. h. eine aus der geistigen Ursubstanz geschaffene Bank zum Beispiel gleicht einem Marmor und ist mit den verschiedensten Substanzen aus dem Urplaneten durchzogen. Sie schimmert im herrlichen Licht der zu der Region gehörenden jeweiligen Ur-Sonne.

Die „Nahrung" (wobei das nicht wörtlich zu nehmen ist) wird hauptsächlich in geistiger Form als Ätherkraft aufgenommen, bei besonderen Anlässen und Festlichkeiten jedoch auch in konzentrierter Form als kristallisierte Energie. Gott-Vater selbst offenbarte dazu: *Jedes Wesen, das in Meinem Gesetz und somit in Mir lebt, ist ewig reich. Es braucht nicht im Schweiße seines Angesichtes sein Leben fristen und mühsam sein Brot erwerben. Die geistigen Tätigkeiten werden von jedem reinen Wesen mit der Empfindungskraft über den göttlichen Willen ausgeführt.*[178]

In den geistigen Wohnstätten leben unsere Freunde, Brüder und Schwestern in Seelen- und Sippenverwandtschaften. Sie warten auf uns. Sie erfüllen die geistigen Bereiche mit Liebe und Harmonie. Da jedes Engelwesen das Gesetz

Gottes selbst ist, wird und kann es nur in diesem Gesetz schöpfen. Kein Geistwesen lebt im Überfluß, doch es besitzt alles, was es braucht. Es würde auch nie etwas schaffen, das es schon in ähnlicher Form und zum selben Zweck verfügbar hat.

Alles lebt und wogt, alles liebt und preist die Größe Gottes. Alles ist strahlend und leuchtend, nur Licht, kein Schatten. Nie gehörte Symphonien und Klänge durchziehen die Himmel, ewig göttliche Melodien der Allweisheit und Liebe.

Dieses Reich ist unsere ewige Heimat, aus der wir kommen und in die wir alle zurückkehren. Jeder wird wieder teilhaben an dieser Einheit und Harmonie, an diesem Licht und an dieser Liebe. Denn so, wie Gott die Liebe ist, sind auch wir, nach Seinem Ebenbild geschaffen, im Wesenskern unserer Seele nichts anderes als Liebe.

Wir haben Anspruch auf die Glückseligkeit der Himmel, und wir sollten nichts unversucht lassen, so bald wie möglich wieder dort zu sein, wo man uns sehnlichst erwartet. „In Meines Vaters Haus sind viele Wohnungen", hat Christus als Jesus von Nazareth gesagt, und Er sagt es heute als der sich offenbarende Christus-Gottes-Geist wieder. Jetzt können wir verstehen, wie wörtlich das gemeint ist. Viele Wohnungen sind im Hause unseres Vaters, und viele stehen leer. Es sind unsere Wohnungen, die wir verlassen haben, um uns in der Welt zu verirren.

Nun wissen wir darum. Jeder, der mag, kann sich jetzt auf den Weg machen. Er wird erwartet von einer Liebe, die unserem Verstand nicht faßbar ist.

„Mein Sinnen und Trachten ist, Mich mit dir zu vereinen, Mich, die Reinheit und Liebe selbst. Ist dies auch dein Streben, dann wirst du täglich höher schwingen und dich Mir nähern, dem der Ich Bin von Ewigkeit zu Ewigkeit.

Hast du die siebte Stufe erklommen, dann hast du sämtliche Grade der Liebe durchwandert und dich zur absoluten

Liebe emporgearbeitet, zu der Vereinigung mit Mir, der absoluten Liebe. Dann bist du wahrlich eins mit Mir, und du erlebst die Hohe Zeit der Freude und des Glücks, die du auf den Stufen zur absoluten Liebe nur teilweise gekostet hast."[179]

14. KONSEQUENZEN?

*Wenn ihr nun erfahrt, daß alles
in euch ist, daß das Leben, die
Liebe, die Vollkommenheit, ja
der Himmel, das ganze erfüllte
Sein in euch ist – was ist jedem
von euch geboten?*

Aus einer Christusoffenbarung

*Jedem von euch ist die Chance
gegeben, in der Kürze der Jahre
die innere Flamme, das Erlöserlicht, größer werden zu lassen, so
daß der heilige, ewige Strom immer breiter wird, der euch sodann durchdringt, reinigt, erhebt
und aus dem Rad der Wiedergeburt führt.*

*Aus einer Offenbarung des Cherubs
der göttlichen Weisheit*

Christus belehrt uns, daß wir als Geistwesen unsterblich
sind. Daher gehen weder wir noch unsere Belastungen und
Entsprechungen nach dem Tod des Körpers einfach verloren. Wir nehmen sie als Seele mit in den Bereich, der unserer
eigenen Entwicklung entspricht.

Unser Ziel ist unser Ausgangspunkt, die reinen Himmel. Auf dem Weg dorthin durchlaufen wir wieder alle die Stufen, durch die wir auch beim Abstieg gegangen sind, und zwar ganz oder teilweise schon während des Erdenlebens oder in den jenseitigen Welten. Gelangen wir auf Grund unserer Seelenbeschaffenheit nach dem Leibestod in eine der vier Reinigungsebenen, so sind wir noch nicht frei vom Rad der Wiedergeburt. Unsere Seele wird nach einer gewissen Zeit erneut inkarnieren, entweder weil sie aus niederen Beweggründen die „Freuden" eines Erdenlebens genießen will oder weil sie die Chance eines Erdenlebens mit der Möglichkeit der schnelleren Reifung und Läuterung nutzen möchte. Gelingt ihr letzteres während des Lebens, indem sie sich bewußt auf Gott ausrichtet und das Gebot der Nächstenliebe lebt, gelangt sie in einen höheren Schwingungszustand. Dieser führt sie nach der Entkörperung in entsprechend lichtere Bereiche.

Wer die Erdenschule nicht zur Höherentwicklung nutzt, bleibt an eine der Seelenwelten der vier Astralebenen gebunden, die ihn während seines Lebens bestrahlen und beeinflussen. Er wird nach seinem Tode dort unter seinesgleichen leben. Während die Erde als Gnadenstätte ein Sammelbekken für alle Bewußtseinsbereiche ist und daher hier enorm viel Erfahrung gesammelt werden kann, besteht die Möglichkeit in dieser vielfältigen Form in den Reinigungsbereichen nicht, da man dort „unter sich" ist. Ein geistiger Fortschritt, wie er auf Erden in der Kürze der Zeit möglich ist, kann daher dort nicht stattfinden.

Sind wir hier nachlässig, großzügig und träge, so lernen wir wenig in der Schulklasse „Erde". Wir erreichen nicht die zweite, dritte oder vierte Klasse, und wir nehmen alles Unbewältigte mit in die Astralbereiche. Haben wir uns jedoch bis zur vierten Stufe und darüber hinaus entwickelt, so sind wir frei vom Einfluß der Planetenkonstellation, und die Erde kann uns dann nicht mehr anziehen. So ist jedes Leben im materiellen Körper, in Zeit und Raum, ein Gnadengeschenk des Vaters für Sein Kind. Hat der Mensch dieses Leben nicht zu seiner geistigen Höherentwicklung genutzt, so hat er das Geschenk nicht angenommen. Die Gnade, die in dieser Inkarnation lag, konnte dann nicht wirksam werden.

Dieses Wissen ist den meisten Menschen unbekannt. Daraus resultiert eine Angst vor dem Sterben und dem, was danach kommt. Wer nichts weiß oder das Gehörte, weil es mehr Fragen offen läßt als beantwortet, nicht glaubt, ist innerlich verunsichert oder verängstigt. Er versteckt seine Unruhe und seine Angst hinter einer Fassade, verdrängt sie oder übertönt sie mit dem Jubel und Trubel eines irdischen Lebens. Das alles geht solange gut, bis die Stunde der Wahrheit kommt. Wenn Äußeres nichts mehr gilt, wenn Titel, Rang und Namen keine Bedeutung mehr haben, wenn Reichtum und Macht abfallen, wenn Intellekt und Bildung kein Maßstab mehr sind und Lust und Leidenschaften ihre Anziehungskraft verloren haben, dann schließlich zählt nur noch das, was „innen" im Menschen ist. Dann erst zeigt sich, was und wer der Mensch wirklich ist. So etwas kann man unter extremen Verhältnissen wie zum Beispiel im Krieg oder in Gefahrensituationen oft erleben. Es passiert aber genauso, wenn man am Ende seines Lebens steht und sein Sterben vor Augen hat. Wer sein inneres Licht hat wachsen lassen, wie es der blinde Jacques Lusseyran in „Das wiedergefundene Licht"[180] so wunderbar beschreibt, der weiß um sein wahres Wesen. Und wer weiß, hat seine Angst verloren.

Das war und ist das Anliegen dieses Buches: Frei zu machen von Unwissenheit und Angst, und Trost zu vermitteln, der einem Wissen entspringt, das über Hoffnung und Glaube hinausgewachsen ist.

Jedem von uns steht es frei, mit seinen neuen Kenntnissen zu tun und zu lassen, was er möchte. Viele werden die angebotenen Wahrheiten nicht annehmen können. Sie sind sorglos wie der Spatz, der sich sagte: „Was soll's, es geht ja aufwärts", während ihn die Katze die Treppe hinauftrug.

Andere wiederum erkennen nicht die Gesetzmäßigkeit der Evolution, die hinter allem steht. Sie glauben nicht an die Notwendigkeit eigenen Bemühens, sie bleiben in Versuchen äußerer Frömmigkeit stecken. Es sind die, von denen der Cherub der göttlichen Weisheit sagt: *„Und der geistig Blinde spricht: ,Viel beten, beten, beten, dann kann ich eventuell gerettet werden'."*[181]

Zu denen gehören auch die Trägen: „Ich kann mir schon vorstellen, daß es noch weit mehr Erkenntnisse gibt als die von der Kirche gelehrten. Wenn ich mich jedoch damit befassen würde, könnte ich in meinem anerzogenen Glauben unsicher werden, und das wäre unbequem. Ich will meine Ruhe haben."

Es gibt jedoch auch immer mehr Menschen, die anfangen, ernsthaft nach dem Sinn des Lebens zu suchen. Sie werden erkennen, daß sie – wir alle – deshalb hier sind, um als gereifte, wissende Seele zum Ursprung ihres Seins wieder zurückzufinden und auf dem Weg dorthin alle Belastungen und Verschattungen, alle Irrtümer und Gegensätzlichkeiten der Seele abzulegen und zu tilgen, um in Harmonie mit der Schöpfung Gottes wieder ihren ursprünglichen Platz einzunehmen.

Wer das Erlebnis eines klinischen Todes mit anschließender Wiederbelebung erfährt, der weiß sehr oft um den Sinn seines Lebens. „Fast jeder Betroffene hat hervorgehoben", so Moody, „wie wichtig es für ihn in diesem Leben geworden sei, die Liebe zum anderen Menschen immer mehr vertiefen zu wollen, eine unvergleichlich intensive Art von Liebe."[182]

Oder wie es ein Mann schilderte: „Als ich von dort zurückkehrte, stand für mich fest, daß ich mich ändern müßte. Ich war völlig zerknirscht. Mir mißfiel das Leben, das ich bis dahin geführt hatte, und darum wollte ich ein besseres Leben beginnen."[183]

Die Tragik unseres Lebens besteht nicht so sehr darin, daß wir Böses tun. Sie liegt vielmehr darin, daß wir das Gute unterlassen. Wer anerkennen und für sich annehmen kann, was Gott den Menschen zu sagen hat, dem wird der Weg gewiesen, sich zum Guten hin zu entwickeln, bis er zum Guten wird und durch ihn Gutes geschieht.

Den Weg, der zu einem solchen Bewußtsein führt, nennt Christus den *Inneren Weg*. Es ist der Weg der Selbsterkenntnis und Verwirklichung, der Weg der Reinigung von Seele und Mensch. Auf diesem Weg erwacht der geistig Tote. Er erkennt sein Leben als unsterblich und sich selbst als einen Teil des Großen und Ganzen. Er weiß auch, daß Glaube und Gnade allein keine Eintrittskarten in den Himmel sind. Wir müssen mit den uns „anvertrauten Pfunden" wuchern. Das heißt, es hängt allein von dem Verhalten des einzelnen ab, auf welcher Seite er am Ende der Zeit stehen wird. Es ist sein Verhalten, das sein Leben im Diesseits wie im Jenseits bestimmt. Konfessionszugehörigkeit, Äußerlichkeiten, Lippengebete und Zeremonien spielen bei der Weichenstellung in bezug auf das Leben nach dem Tod nur eine geringe Rolle.

Johannes Hemleben meint: „Vielen Christen mag diese Aussage ketzerisch erscheinen. Für sie ist es nicht der Mensch, sondern Gott allein, der über das Schicksal der Lebenden wie der Toten entscheidet. Er ist der Richter, der Mensch der Angeklagte."[184]

Sie wissen es besser: Gott richtet nicht, wir sind der Richter unserer eigenen Gedanken, Worte und Werke. Wir selber haben es in der Hand, was mit uns nach unserem Tod geschieht. Das heißt nicht, daß es eine Selbsterlösung gibt. Die gibt es seit Golgatha nicht mehr. Der Erlöser aller Menschen und Seelen heißt Christus. Seine geistige Energie macht die Rückkehr möglich. Diese Rückkehr aber auch anzustreben (mit den anvertrauten Pfunden zu wuchern), das ist unsere Aufgabe.

Es kann eine sehr schöne Aufgabe sein, wenn wir sie richtig angehen. Und vor allen Dingen: Sie ist zu lösen, hier auf Erden, in unserem jetzigen Leben! „… so daß wir in der Lage sein können", schreibt Kübler-Ross, „unsere Bestimmungen in einem einzigen Erdenleben zu erfüllen und nicht nochmals zurückzukommen haben, um jene Lektionen nachzuholen, die wir in dieser Existenz nicht mehr erlernen konnten."[185]

Das ist das Wesentliche: Unser Leben sollte der gelungene Versuch sein, durch die Verwirklichung des Gebotes der Gottes- und Nächstenliebe frei zu werden vom Rad der Wiedergeburt.

Wer mag, kann noch heute damit anfangen. Gute Empfindungen allen Geschöpfen gegenüber, Dienen am Nächsten, positive Gedanken, ein bewußtes Verbinden mit dem Göttlichen in uns beim Einschlafen und Erwachen – das sind die ersten kleinen Schritte, die die Seele auf ihrem Weg zur Vollendung durchlichten. Wer sich liebe- und vertrauensvoll Gott zuwendet und sich Seiner Kraft anvertraut, wird im gleichen Augenblick geführt werden. Wer einen Schritt in Richtung Gott tut, dem kommt Gott viele Schritte entgegen. Aber den ersten Schritt müssen wir tun, denn wir haben den freien Willen.

Wer frei werden will von all seinen Ängsten, wer den Frieden in sich erleben möchte, wer den Sinn seines Lebens und sein Ziel – Gott – erkannt hat, der sollte bewußt den Schritt in diese Richtung tun. Dann hat der Tod seinen Stachel verloren, und *die Reise Deiner Seele* beginnt schon jetzt.

Wer Näheres über den Inneren Weg zu Gott erfahren möchte, der sei auf die Offenbarungsschrift Christi hingewiesen: „Die christliche Mysterienschule, die hohe Schule des Geistes".

15. WAS WÄRE, WENN …

Bist du verloren, frage dich, oder
hast du dich verirrt?

Aus einer Christusoffenbarung

Laßt nicht die Zeit verstreichen.
Wahrlich, wahrlich, Ich sage
euch: Sie ist kostbar. Laßt sie
nicht verstreichen, ohne darüber
nachzudenken: Wo stehe ich?
Wie lebe ich?

Aus einer Christusoffenbarung

„Es liegt wenig daran, wie man geboren wird; aber es ist viel daran gelegen, wie man stirbt", hat Christine von Schweden gesagt. Damit hat sie Entscheidendes ausgedrückt.

Ob wir es glauben oder nicht, ob wir Gott lieben, ignorieren oder leugnen, ob wir uns als unsterbliche Wesen empfinden oder als einen Zufall der Natur, etwas steht unumstößlich für *jeden* fest: Der wichtigste Moment des Lebens ist das Sterben. Er entscheidet darüber, ob wir als geistig Tote weiterexistieren, uns als unwissende Seele zurechtfinden müssen oder ohne große Umstände den Weg ins Vaterhaus antreten können.

Jeder weiß, daß er als Mensch sterben muß. Das Thema mit Schweigen zu übergehen, löst das Problem nicht. Da in den meisten Fällen Angst der Beweggrund dafür ist, Gedanken an den Tod und das Danach zu verdrängen, kann es doch dann, wenn Angst und Unwissenheit genommen sind, keinen Grund mehr geben, sich mit dem viel wichtigeren Leben als diesem, nämlich mit dem Leben *danach*, nicht zu beschäftigen.

Wenn Sie nicht zu denen gehören, die das Gelesene mit einem spöttischen Lächeln bedenken, dann könnten Sie doch – so Sie möchten – noch einmal in die Stille gehen und sich die Frage stellen: Was wäre mit mir heute, wenn ich gestern gestorben wäre?

Die Antwort, die Sie dann finden werden, kann Sie überraschen. Vielleicht fühlen Sie sich geborgen und getröstet, vielleicht sind Sie auch ein wenig erschreckt und zum weiteren Nachdenken angeregt. Ganz spurlos an Ihnen vorübergehen wird die Frage aber nicht, denn zumindest Ihre Seele hat sie gespeichert.

Das kann der Beginn einer Wende in Ihrem Leben sein. Und so, wie eine Knospe aufbricht, kann das die erste Erkenntnis, Ihre Standortbestimmung, sein. Was immer auch dabei herauskommt, was aus der Seele emporzusteigen beginnt – es sollte Sie nicht traurig oder ängstlich machen. Wir alle haben einen langen Weg hinter uns, der uns über viele Inkarnationen in unser heutiges Leben geführt hat. Daß wir uns dabei selbst geprägt haben durch unsere Verhaltensweise ist zwar richtig, aber es ist nur die eine Seite der Medaille. Es ist die Seite, die hinter uns liegt. Wir benötigen sie nur zur Bestandsaufnahme. Die andere Seite, diejenige, die vor uns liegt, ist die wichtigere und – wenn wir es wollen – die schönere.

Von jedem Augenblick unseres Lebens an können wir in eine andere Richtung schwenken. Wer das tut, für den wird die Vergangenheit das, was sie ist: Vergangenheit. Er wird auch am Ende seines Lebens nicht mehr von ihr eingeholt.

Sie ist noch eine schwache Erinnerung, aber sie hat keinen Einfluß mehr auf das, was dann geschieht.

Die Kraft, in eine neue Richtung zu gehen, haben wir in uns. Jetzt, am Ende dieses Buches, *wissen* Sie sogar darum. Die Gewißheit kann nun wachsen, bis sie zur Freude wird. Damit kann alles abfallen, was behindert. Je mehr abfällt, um so größer wird die Freiheit. Sie kann das Leben neu gestalten. Der Blick wird frei für das, was wirklich wichtig, was wesentlich ist.

Es steht jedem frei, was er mit und aus dem Wissen, das Gott uns heute wieder schenkt, macht. Wer zur Auferstehung des Fleisches zurückkehren möchte, weil ihm das logischer erscheint, oder wer meint, mit seinem atheistischen Weltbild besser zurechtkommen zu können, kann das selbstverständlich tun. Der freie Wille bedingt aber auch, daß wir Verantwortung tragen und damit so lange den Folgen unseres Handelns unterliegen, bis wir uns irgendwann einmal – je früher, desto besser – als unsterbliche Kinder Gottes erkennen und uns bewußt auf den Weg machen.

Mit unseren jetzigen Erkenntnissen verstehen wir, was Christus meint, wenn Er sagt: „Das Reich Gottes ist inwendig in dir." Dort hinein geht unser Weg, da beginnt *die Reise Deiner Seele.*

16. EIN LETZTES WORT

Sie werden nun bald ein Buch aus der Hand legen, das Ihnen Aufschlüsse vermittelt hat, die der Menschheit bisher in dieser Form noch nicht gegeben wurden. Trotz der Mannigfaltigkeit ist es nur ein kleiner Teil der Wahrheit, die als Ganzes nicht beschrieben, sondern von jedem Menschen nur in sich selbst erfahren werden kann.

Es war unser Bestreben, den Tod zu demaskieren und die Liebe Gottes als das darzustellen, was sie ist: uneingeschränkt, bedingungslos und ewig verzeihend. In dieser Liebe ist kein Platz für Einengung, Drohung und Strafe. Dieses falsche Gottesbild daher als solches zu entlarven, haben wir als notwendig erachtet und auch versucht, denn mit diesem falschen Bild sind unwahre Vorstellungen, Ängste und Unfreiheit verbunden. Wenn diese fallen, dann erst kann das Licht erkannt werden.

Es mag sein, daß die Analyse der „Blindenführung" hier und da Widerspruch hervorruft. Es würde nur das bestätigen, was Georg Christoph Lichtenberg gesagt hat: „Es ist fast unmöglich, die Fackel der Wahrheit durch ein Gedränge zu tragen, ohne jemandem den Bart zu versengen."

Die gute Absicht, wissend, vertrauend, sorgenfrei und freudig auf das Tor des Lebens zuzugehen, haben sicher viele von uns. Aber erst, wenn wir erkennen, was uns eigentlich daran hindert, so zu sein und so zu leben, und wenn wir anfangen, diese Hindernisse abzustreifen, dann werden wir wirklich frei für ein Sterben ohne Angst. Dann erwartet uns, und dann erleben wir ein Hineingeborenwerden in neue Dimensionen, in einen Frieden und eine Harmonie, die die Welt nicht kennt.

ANHANG

Literaturnachweis

1 Andresen, Carl, und Denzler, Georg: Wörterbuch der Kirchengeschichte, Deutscher Taschenbuch Verlag, München, ²1984
2 Bauer, Hermann: Wiedergeburt – Du warst schon öfters auf dieser
Erde, Du wirst wiederkommen, Universelles Leben, Würzburg ²1986
3 CIC = Codex Juris Canonici (das Gesetzbuch der röm.-kath. Kirche),
Verlag Butzon und Bercker, Postfach 215, Kevelaer 1984
4 Currie, Ian: Niemand stirbt für alle Zeit, C. Bertelsmann Verlag
GmbH, München, Goldmann-Taschenbuchausgabe, ²1982
5 Das Heiligtum, der Sitz Gott Vaters, Universelles Leben, Würzburg
1980
6 Das Neue Testament, neu übertragen von Hans Bruns, Brunnen-
Verlag GmbH, Gießen/Basel, ⁷1962
7 Dein Kind und Du, Universelles Leben, Würzburg ²1986
8 Der unpersönliche und der persönliche Gott, Universelles Leben,
Würzburg ²1985
9 Die Bibel oder die ganze Heilige Schrift des Alten und Neuen Testa-
ments nach der deutschen Übersetzung von Martin Luther, Taschen-
ausgabe, Privilegierte Württembergische Bibelanstalt, Stuttgart o.J.
10 Die Entstehung der Erde und ihrer Menschen, Universelles Leben,
Würzburg 1985
11 Die Hierarchie der Meister und das Golgatha-Opfer, Universelles
Leben, Würzburg ²1985
12 Die Seele auf ihrem Weg zur Vollendung, Universelles Leben, Würzburg 1979
13 Die Strahlungsfelder, Universelles Leben, Würzburg ²1985
14 Erkenne und heile dich selbst durch die Kraft des Geistes, Universelles
Leben, Würzburg ⁵1986
15 Gèlamur, Anne-Maria: Der Katholizismus, Wilhelm Heyne Verlag,
(Heyne-Taschenbuchausgabe) München 1981
16 Hampe, Johann Christoph: Sterben ist doch ganz anders – Erfahrungen
mit dem eigenen Tod, Kreuz-Verlag, Stuttgart ³1976
17 Hemleben, Johannes: Jenseits, Rowohlt Taschenbuch Verlag GmbH,
Reinbek bei Hamburg, Januar 1984
18 Kübler-Ross, Dr. Elisabeth: Über den Tod und das Leben danach,
Verlag „Die Silberschnur" GmbH, Melsbach ³1985
19 Lusseyran, Jacques: Das wiedergefundene Licht, Verlag Ullstein
GmbH, Frankfurt/Berlin/Wien, Mai 1985
20 Moody, Dr. med. Raymond A.: Leben nach dem Tod – Nachgedan-
ken, Lizenzausgabe des Deutschen Bücherbundes, Stuttgart/Hamburg/
München 1978

21 Neuner, Josef, und Roos, Heinrich: Der Glaube der Kirche in den Urkunden der Lehrverkündigung, Verlag Friedrich Pustet, Regensburg [11] 1983

22 Osis, Karlis, und Haraldsson, Erlendur: Der Tod – ein neuer Anfang, Hermann Bauer Verlag KG, Freiburg 1978

23 Passian, Rudolf: Abschied ohne Wiederkehr? Otto-Reichl-Verlag, Buschhoven [4] 1984

24 Passian, Rudolf: Wiedergeburt – Ein Leben oder viele?, Droemersche Verlagsanstalt Th. Knaur Nachf., München 1985 (Taschenbuchausgabe)

25 Singer, Fritz: Unser Leben nach dem Tod, Universelles Leben, Würzburg o. J.

26 Vaterworte auch an Dich, Universelles Leben, Würzburg [2] 1985

27 Worte wie Spuren – Weisheiten der Indianer, Verlag Herder, Freiburg 1985

Anmerkungen

1 Neuner-Roos, a. a. O., Nr. 44ff.

2 ebd., Nr. 41

3 Passian, Abschied ..., a. a. O., S. 8ff.

4 Neuner-Roos, a. a. O., Nr. 24

5 Hemleben, a. a. O., S. 7

6 Luther-Bibel, NT, S. 18

7 Passian, Abschied ..., a. a. O., S. 347 und 348

8 Kiefer, Sonderdruck aus „Zu freien Ufern", Jan. und März 1976

9 Moody, a. a. O., S. 190

10 Lessing „Die Erziehung des Menschengeschlechts (§ 95)", nach Hemleben, a. a. O., S. 111

11 Currie, zitiert in „Wieso wir nach dem Tode leben", S. 3

12 Aus einer Offenbarung des Cherubs der göttlichen Weisheit

13 DS 800, DS wird im ff als Abkürzung verwendet für Denzinger-Schönmetzer; die jeweilige Nummerangabe entspricht dem dort niedergeschriebenen Dogmensatz der röm.-kath. Kirche, nach Bauer, a. a. O., S. 7

14 Ott, Grundriß ... wird im ff als Abkürzung verwendet für Ludwig Ott, Grundriß der katholischen Dogmatik, S. 114, nach Bauer, a. a. O., S. 7

15 Rahner „Herders Theologisches Taschenlexikon", Bd. 6, S. 396f., nach Bauer a. a. O., S. 9

16 Aus einer Christusoffenbarung

17 DS 1512, nach Bauer, a. a. O., S. 10

18 Ott, Grundriß ... S. 129, nach Bauer, a.a.O., S. 10
19 DS 858 vom 2. Allgemeinen Konzil von Lyon 1274, nach Bauer, a.a.O., S. 12
20 Aus einer Offenbarung des Cherubs der göttlichen Weisheit
21 DS 3025, nach Bauer, a.a.O., S. 12
22 Bauer, a.a.O., S. 101
23 ebd., S. 12 und 13
24 DS 3025, nach Bauer, a.a.O., S. 13
25 Ott, Grundriß ... S. 98 und 99, nach Bauer, a.a.O., S. 13
26 ebd. S. 124, nach Bauer, a.a.O., S. 13
27 DS 3005 vom I. Vatikanum 1870, nach Bauer, a.a.O., S. 13
28 DS 1540, nach Bauer, a.a.O., S. 13
29 DS 628, nach Bauer, a.a.O., S. 13
30 DS 800 vom IV. Laterankonzil 1215, nach Bauer, a.a.O., S. 14 und 15
31 Bruns-Bibel, S. 418 und 419
32 vgl. DS 1000-1002, nach Bauer, a.a.O., S. 17 und 18
33 Passian, Abschied ..., a.a.O., S. 340 und 341
34 Bauer, a.a.O., S. 18
35 ebd. S. 19
36 Passian, Abschied ..., a.a.O., S. 68
37 Bruns-Bibel, S. 632
38 Johannes Kuhn in einem Aufsatz „Ostern – des Todes Tod" im Buch-Kalender „Die Jahreszeiten 1986", Christliches Verlagshaus GmbH, 7000 Stuttgart
39 Luther-Bibel, NT, S. 14
40 DS 801 vom IV. Laterankonzil 1215, nach Bauer, a.a.O., S. 19
41 Hieronymus, Comment. ad Is. cap. olt., Carl du Prel, „Die monistische Seelenlehre" nach Passian, Wiedergeburt ... a.a.O., S. 213
42 Bauer, a.a.O., S. 21
43 CIC, a.a.O. Die beiden Kanones erläutern die Begriffe der Häresie (Leugnung von und Zweifel an einer kraft göttlichen und katholischen Glaubens zu glaubende Wahrheit), Apostasie und Schisma und legen für Häretiker, Apostaten und Schismatiker die Exkommunikation als Tatstrafe fest.
44 DS 200, nach Bauer, a.a.O., S. 21
45 DS 72, 684, 797, 801, 854 und 1002, nach Bauer, a.a.O., S. 22
46 Gélamur, a.a.O., S. 119
47 Ott, Grundriß ... S. 584, nach Bauer, a.a.O., S. 23
48 Singer, a.a.O., S. 34
49 Ott, Grundriß ..., S. 573, nach Bauer, a.a.O., S. 19
50 Neuner-Roos, a.a.O., Nr. 487
51 ebd.
52 nach Singer, a.a.O., S. 30
53 Bauer, a.a.O., S. 17
54 Aus einer Offenbarung des Cherubs der göttlichen Weisheit

55 Interessenten können detaillierte Angaben z.B. in der Schrift von Hermann Bauer „Wiedergeburt – Du warst schon öfter auf dieser Erde, Du wirst wiederkommen", Universelles Leben, Postfach 5643, D-8700 Würzburg, finden.

56 DS 403, nach Bauer, a.a.O., S. 89 und 90

57 DS 411, ebd. S. 90

58 Bauer, a.a.O., S. 92

59 Robinson, „Rückschau und Prophezeiung", Freiburg, 1978

60 Singer, a.a.O., S. 33

61 Passian, Abschied ..., a.a.O., S. 348

62 Moody, a.a.O., S. 10

63 Es soll nicht verschwiegen werden, daß es auch Theologen gab, die seiner Arbeit wohlwollend gegenüberstanden, die selber an ein Leben nach dem Tod glaubten und Moodys Erkenntnisse als Beweis ihrer Auffassung ansahen.

64 Moody, a.a.O., S. 98

65 Hampe, a.a.O., S. 128, 129 und 130

66 Currie, a.a.O., S. 212

67 Prof. Oberth, nach Passian, a.a.O., S. 393

68 Worte wie Spuren, S. 126

69 ebd., S. 76

70 Hemleben, a.a.O., S. 11

71 ebd., S. 176

72 ebd., S. 27

73 ebd., S. 44

74 ebd., S. 48

75 ebd., S. 64

76 Luther-Bibel, AT, S. 896

77 Bruns-Bibel, S. 67

78 ebd., S. 71

79 ebd., S. 48

80 Ford, „Bericht vom Leben nach dem Tode", München, 1980

81 Hemleben, a.a.O., S. 209

82 ebd., S. 100 und 101

83 ebd., S. 106

84 ebd., S. 113

85 zitiert nach H. R. Gabler, Verlag Almoslechner, „Wer, was, wie bin ich", Seite 78, in „Naturwissenschaftliche Erkenntnisse bestätigen die Existenz Gottes", Universelles Leben, Würzburg

86 Wernher von Braun: „Immortality", in This Week, 24.1.1967

87 Bruns-Bibel, S. 222

88 Silvia Wallimann, Schweiz, während der Sendung „Viele Male auf Erden?", am 9.1.1986 im Zweiten Deutschen Fernsehen.

89 Moody, a.a.O., S. 342 und 343

90 Kübler-Ross, a.a.O., S. 4

91 Ford, a.a.O., S. 14
92 Kübler-Ross, a.a.O., S. 55
93 ebd., S. 56 und 57
94 ebd., S. 60
95 Currie, a.a.O., S. 281 und 283
96 Ford, a.a.O., S. 48 und 49
97 Aus einer Christusoffenbarung
98 Aus einer Christusoffenbarung
99 Aus einer Christusoffenbarung
100 Worte wie Spuren, S. 118

101 ebd., S. 18 und 19
102 Currie, a.a.O., S. 164 und 165. Bei den beiden Büchern handelt es
    sich um „Deathbed Observations by Physicians and Nurses" (1961)
    (Beobachtungen von Ärzten und Krankenschwestern am Todesbett)
    und „At the Hour of Death" (1977) (In der Stunde des Todes).
103 Osis und Haraldsson, a.a.O., S. 240 und 241
104 Zugrundeliegende Schriften: „Wiedergeburt ...", „Die Strahlungsfel-
    der", „Der persönliche und der unpersönliche Gott", Universelles
    Leben, Würzburg
105 Aus einer Christusoffenbarung
106 „Erkenne und heile dich selbst durch die Kraft des Geistes", Univer-
    selles Leben, Würzburg, S. 3
107 Aus einer Christusoffenbarung
108 „Die Seele auf ...", S. 27
109 Currie, a.a.O., S. 94
110 ebd., S. 125
111 ebd., S. 194 und 195
112 ebd., S. 284
113 Aus einer Offenbarung des Cherubs der göttlichen Weisheit
114 Moody, a.a.O., S. 232
115 Hemleben, a.a.O., S. 146
116 Aus einer Offenbarung des Cherubs der göttlichen Weisheit
117 Aus einer Offenbarung des Cherubs der göttlichen Weisheit
118 „Vaterworte auch an Dich", S. 40
119 Currie, a.a.O., S. 201
120 ebd., S. 202
121 Kübler-Ross, a.a.O., S. 19
122 ebd., S. 77
123 Worte wie Spuren, S. 119 und 120
124 „Die Seele auf ...", S. 30
125 Ford, a.a.O., S. 64 und 65
126 Universelle Religion, Zürich, Mai 1982
127 Neuner-Ross, a.a.O., S. 530
128 Aus einer Offenbarung Gott-Vaters
129 Currie, a.a.O., S. 207

130 ebd., S. 208
131 Ford, a.a.O., S. 175
132 Kübler-Ross, a.a.O., S. 35
133 Passian, Abschied ..., a.a.O., S. 396
134 Aus einer Offenbarung des Cherubs der göttlichen Weisheit
135 dtv Wörterbuch der Kirchengeschichte, a.a.O., S. 275 und 276
136 Joy Snell, „The Ministry of Angels", zitiert nach Currie, a.a.O., S. 172
137 Currie, a.a.O., S. 156
138 Aus einer Offenbarung des Cherubs der göttlichen Weisheit
139 Osis und Haraldsson, „At the Hour of Death", nach Currie, a.a.O., S. 166
140 Das ist so eine Redensart! Es gibt keine Wunder. Das, was wir als Wunder ansehen, sind normale Abläufe innerhalb der göttlichen Gesetzmäßigkeit, die wir nur deshalb als Wunder betrachten, weil wir um die inneren Zusammenhänge nicht wissen. Gott braucht sich keiner Wunder zu bedienen – also Geschehnisse außerhalb Seiner vollkommenen Gesetze ablaufen zu lassen –, um dieses oder jenes zu vollbringen.
141 Currie, a.a.O., S. 194
142 Moody, a.a.O., S. 93
143 „Vaterworte auch an Dich", S. 34
144 Passian, Abschied ..., a.a.O., S. 341
145 ebd., S. 341
146 Aus einer Christusoffenbarung
147 vgl. Anm. 134
148 Passian, Abschied ..., a.a.O., S. 85 und 86
149 Currie, a.a.O., S. 90 und 91
150 Moody, a.a.O., S. 230
151 Kübler-Ross, a.a.O., S. 44 und 45
152 Currie, a.a.O., S. 195
153 Aus einer Offenbarung des Cherubs des göttlichen Willens
154 Hemleben, a.a.O., S. 100 und 101
155 Ford, a.a.O., S. 67
156 Kübler-Ross, a.a.O., S. 12
157 „Vaterworte auch an Dich", S. 38
158 dpa-Meldung in der Zeitung „Heilbronner Stimme" vom 22.3.1986
159 Passian, Abschied ..., a.a.O., S. 360
160 Moody, a.a.O., S. 242
161 ebd., S. 151
162 ebd., S. 104
163 Currie, a.a.O., S. 139
164 Aus einer Christusoffenbarung
165 Hemleben, a.a.O., S. 27
166 vgl. Anm. 97

167 Aus einer Christusoffenbarung
168 Aus einer Christusoffenbarung
169 Passian, Abschied ..., a.a.O., S. 299
170 Currie, a.a.O., S. 29
171 Aus Offenbarungen des Cherubs der göttlichen Weisheit
172 „Die Seele auf ...", S. 20
173 ebd., S. 20
174 Moody, a.a.O., S. 68 und 69
175 Kübler-Ross, a.a.O., S. 15 und 16
176 Moody, a.a.O., S. 74
177 „Die Seele auf ...", S. 33
178 „Das Heiligtum ...", S. 30
179 „Vaterworte auch an Dich", S. 68 und 69, 70 und 71
180 Lusseyran, a.a.O.
181 vgl. Anm. 117
182 Moody, a.a.O., S. 104
183 ebd., S. 234
184 Hemleben, a.a.O., S. 72
185 Kübler-Ross, a.a.O., S. 83

BÜCHER UND CASSETTEN IM
UNIVERSELLEN LEBEN

DER INNERE WEG

Der Innere Weg im Universellen Leben ist ein geistiger Schulungsweg, der über die Selbsterkenntnis zur Gotteserfahrung führt. Er wurde durch Christus und Seinen von Ihm beauftragten Diener, Bruder Emanuel, den Cherub der göttlichen Weisheit, in den vergangenen Jahren in allen Stufen und Details offenbart – erstmals in der Geschichte des Christentums, gemäß der Ankündigung Jesu „Noch vieles habe Ich euch zu sagen, aber ihr könnt es jetzt nicht tragen. Wenn aber jener kommt, der Geist der Wahrheit, wird Er euch in die ganze Wahrheit führen." (Joh 16, 12f)

Dieser Schulungsweg beginnt mit einem ersten, 6monatigen Meditationskurs zur Erweiterung und Stabilisierung des Bewußtseins. An den ersten Meditationskurs schließt der zweite, 9monatige Meditationskurs an – zur Aufbereitung der Seele für den Inneren Weg. Auf die beiden Meditationskurse aufbauend, folgt sodann der eigentliche Innere Weg, die Intensivschulung.

Der christlich-mystische Schulungsweg der Intensivschule beinhaltet vier Stufen (Ordnung, Wille, Weisheit und Ernst), in denen wir schrittweise mittels konkreter Aufgaben und praktischer Übungen das erkennen und mit der Kraft Christi überwinden, was uns noch von Gott und von den Menschen trennt. Nach Abschluß der Intensivschule beginnt die unmittelbare, innere Führung des Christusschülers über sein bis dahin erschlossenes geistiges Bewußtsein.

Dieser Schulungsweg des Inneren kann im persönlichen Kurs beschritten werden oder aber als Cassetten-Fernkurs. Er ist auch in vielen Fremdsprachen erhältlich. Bitte fordern Sie nähere Informationen an.

DER INNERE WEG
FÜR KINDER UND JUGENDLICHE

Durch die Prophetin Gottes in unserer Zeit, unsere Schwester Gabriele, offenbarte sich Liobani, ein reines Wesen der Himmel. Sie schenkt den Kindern dieser Welt den Inneren Weg, der ihnen ermöglicht, in ein wahres geistiges Leben inmitten dieser materiellen Welt hineinzuwachsen. Auch die Eltern und Lehrer sind angesprochen, im wahren Vorbild zu leben und den Kindern Freund, Berater und Helfer zu sein.

Liobani. Ich erzähle – hörst zu zu?
(1. Lebenstag – 6 Jahre)
104 S., 7 Farb-Ill., geb., DM/SFr 16,80, ÖS 131,-

Schon die Kleinsten erhalten, liebevoll angesprochen und eingebettet in wahre Erzählungen, fundamentale Belehrungen: Wer bin ich? Woher bin ich? Wohin gehe ich? Warum und wozu bin ich im Erdenkleid?

Liobani. Ich berate – nimmst Du an?
(6 – 12 Jahre)
312 S., geb., über 60 Farbillustrationen, davon 19 ganzseitig, DM/SFr 42,80, ÖS 334,-

Aufbauend auf dem 1. Band, führt Liobani die Kinder und Heranwachsenden von 6 bis 12 Jahren hinein in ein Leben nach den göttlichen Gesetzen. Durch die geistige Schulung füllt sich das Leben der Kinder mit den positiven Kräften aus dem ewigen Sein, der inneren Dynamik,

Freude, Freiheit und Selbständigkeit. Sie entfalten die in ihnen liegenden Fähigkeiten und Talente; sie fühlen sich verbunden mit den Naturreichen und allem, was lebt; sie entwickeln die Fähigkeit zum Leben in der Gemeinschaft, zum wahren, verantwortungsbewußten Miteinander und Füreinander.

Liobani. Ich erkläre – machst Du mit?
(12 – 18 Jahre)
208 S., geb., DM/SFr 28,50, ÖS 220,-

Mit diesem dritten Band des geistigen Lehrwerkes für Kinder und Jugendliche schließt sich der Kreis. Weitere geistige Belehrungen und Wegweisungen für Jugendliche von 12 bis 18 Jahren geben dem jungen Menschen Hilfe, klar zu erkennen, bewußt zu entscheiden sowie das tiefe Vertrauen, in jeder Lebenssituation vom Inneren Helfer und Ratgeber geführt zu sein.

BÜCHER

Das Werk der Erlösung

A und Ω

Christus, unser Erlöser, der Herrscher des Friedens
reiches, des Reiches Gottes auf Erden,
kommt uns Menschen immer näher
50 S., kart., DM/SFr 9,80, ÖS 77,-

Gabriele, die Lehrprophetin Gottes, vergleicht hier mit
klaren Worten die Entwicklung des Erlöserwerkes Christi auf Erden mit einem Baum, der innerhalb weniger
Jahre emporgewachsen ist:
Das Heimholungswerk Jesu Christi – das Lehr- und
Aufklärungswerk des Herrn mit der Lehre des Inneren
Weges und der Inneren Geist=Christus-Kirche mit dem
Prophetischen Wort Gottes – ist das kräftige Wurzelwerk
des Baumes „Universelles Leben".
Das Universelle Leben ist die inzwischen weltweite
urchristliche Bewegung der Christusfreunde, die
bestrebt sind, die göttlichen Gesetze zu erfüllen. Sie
bemühen sich, die Bergpredigt Jesu im täglichen Leben
umzusetzen: in Ehe und Partnerschaft, in der Familie, in
der Kindererziehung, in Christusbetrieben, im sozialen
Dienst am Nächsten und für das Heilwerden von Seele
und Leib – in allen Lebensbereichen.
Das Herz des Universellen Lebens ist die christliche
Urgemeinde Neues Jerusalem, deren Glieder den Bund
mit Gott-Vater für das Friedensreich Jesu Christi auf
Erden geschlossen haben. Die Bundgemeinde Neues
Jerusalem ist unmittelbar von Gott, dem Ewigen, und
Christus geführt durch das Prophetische Wort; sie ist
somit das zentrale Licht im entstehenden Friedensreich
Jesu Christi.

Das Friedensreich ist die wachsende Krone des Baumes „Universelles Leben", des Erlöserwerkes Christi auf Erden.

Das Buch schildert, wie sich unter der Führung Christi aus kleinsten Anfängen das weltumspannende Werk entfaltete; es zeigt auf, welche Bereiche dieses Werk inzwischen umfaßt; es gibt einen Einblick in das Wirken Gottes und in das Leben der Urchristen unserer Zeit.

Göttliche Offenbarungen

Das ist Mein Wort
A und Ω
Das Evangelium Jesu
Die Christusoffenbarung,
welche die Welt nicht kennt
Band 1, 362 S., geb., DM/SFr 23,80, ÖS 186,-
Band 2, 396 S. geb., DM/SFR 24,80, ÖS193.–; Band 3 ab
Januar 1991

Das ist Mein Wort ist ein Werk, das weit über den Inhalt der Bibel hinausgeht, denn es enthält authentisch das Leben, Denken und Wirken Jesu von Nazareth, den wir auch als den größten Propheten, Geistigen Lehrer und Weisen erfahren. Er selbst, der Christus Gottes, offenbarte uns in dieser mächtigen Zeitenwende – im Prophetischen Wort durch Seine Lehrprophetin, Gabriele von Würzburg – Einzelheiten Seiner mächtigen Gegenwart in Jesus von Nazareth. Er sprach dazu:

„Ich Bin der Christus Gottes, der Weg, die Wahrheit und das Leben.
Ich Bin die Wahrheit, und die Wahrheit, die Ich Bin, leuchtet in unzähligen Facetten in diese Welt. Das Buch 'Das Evangelium Jesu – Was war vor 2000 Jahren?' ist eine der vielen Facetten der Wahrheit. Nicht irgendein Mensch, sondern Ich, der Christus Gottes, nahm es, erklärte, berichtigte und vertiefte es und gab weiteres Licht, also weitere Facetten der Wahrheit, hinzu, auf daß die Menschen der gegenwärtigen Generation [1989] und der zukünftigen Generationen die ewige Wahrheit, Mich, den Christus Gottes, aus mehreren Facetten der Wahrheit leuchten sehen."

Ursache und Entstehung aller Krankheiten
Was der Mensch sät, wird er ernten
224 S., geb., 2. Aufl., DM/SFr 26,80, ÖS 209,-

Eine 200 Seiten umfassende Christusoffenbarung zum Thema „Erkenne dich in Krankheit und Gesundheit". Sie gibt uns noch nie dagewesene, tiefe Einblicke in die Abläufe im Innersten des Menschen, die uns wieder heil werden lassen.

Heilfasten und Heilschlaf
nach den Gesetzen Gottes
136 S., 2., erw. Aufl., kart.,
DM/SFr 18,50, ÖS 144,-

Heilfasten und Heilschlaf sind eine echte Revolution in der Medizin. Die Betonung liegt auf den Worten „nach den Gesetzen Gottes". Denn diese Art des Fastens soll nicht nur dem physischen Leib dienen, sondern im eigentlichen Sinne die Seele erleichtern.

Vaterworte auch an Dich
104 S., geb., DM/SFr 13,50, ÖS 105,-

Worte väterlicher Wegweisung für den Menschen auf dem Weg zu einem bewußten Leben in Gott.

Dein Kind und Du
96 S., kart., 2. Aufl., DM/SFr 12,50, ÖS 98,-

Die Seele und ihre Einverleibung – Wie begegnen die Eltern den Schwierigkeiten der Kinder? – Tagesablauf im Kindergarten des Universellen Lebens – Ernährung und Kleidung des Kindes – Das Kinderzimmer – Erziehung zum freien Menschen

**Erkenne und heile Dich selbst
durch die Kraft des Geistes**
214 S., kart., 7. Aufl., DM/SFr 15,50, ÖS 120,-

Eine Offenbarung des Cherubs der göttlichen Weisheit – u.a. über den Aufbau des geistigen Leibes im Menschen und dessen Verbindung mit dem materiellen Leib. Neben den geistigen Wegweisungen werden auch viele wertvolle Hinweise auf Naturheilmittel, Ernährung und verschiedene andere Methoden gegeben.

**Du bist nicht verlassen
Gott ist Dir nahe in Wort und Tat**
112 S., 21 Farbfotos, geb., DM/SFr 29,80, ÖS 232,-

11 Offenbarungen von Gott, unserem himmlischen Vater, und unserem Erlöser Christus, die allen Menschen helfen, auf dem Inneren Weg zu Gott zielbewußt voranzuschreiten. Diese göttlichen Offenbarungen wurden zunächst einer kleinen Gruppe von Christusfreunden in den Bergen der Schweiz gegeben. Sie sind nun allen Gott zustrebenden Menschen verfügbar.

**Die Strahlungsfelder
Die Entstehung der Fallwelten und die Zukunft
der Menschheit. Eine Offenbarung und eine
Prophetie, die die Welt nicht kennt**
120 S., kart., 2. Aufl., DM/SFr 9,80, ÖS 77,-

Die Details des Engelsturzes unter Satana – Die Metamorphose zum Menschen – Unruhen im Reiche Luzifers – Die Propheten im Alten Bund – Details der Erlösertat Jesu Christi – Die blindgehaltene Christenheit – Die Endzeit.

Bücher unserer Schwester Gabriele, geschöpft aus dem göttlichen Bewußtsein

Lebe den Augenblick -
und Du siehst und erkennst Dich
80 S., kart., DM/SFr 14,80, ÖS 115,-

Die Hinweise in dieser Broschüre zeigen dem Gott Zustrebenden, wie er seine Aufmerksamkeit schulen kann, um sich in den vielen Situationen, Empfindungen, Worten und Handlungen des Tages so zu erkennen, wie er wirklich ist. Dadurch wird der Leser in die Lage versetzt, die in den einzelnen Situationen zutage tretenden Verstöße gegen das göttliche Gestz zu erkennen, aufzuarbeiten und künftig zu unterlassen. Eine praktische Wegweisung für Menschen, die bemüht sind, sich Tag für Tag zu vervollkommnen.

Für Dich
zum Nachdenken
208 S., geb. Format 8,5 x 11,
DM/SFr 14,80, ÖS 115,-

150 Lebensweisheiten, die uns helfen, unser Leben mit Hilfe der geistigen Gesetze zu meistern und mehr und mehr in Kommunikation mit Gott, unserem ewigen Vater, zu treten.

Inneres Beten
Herzensgebet, Seelengebet, Äthergebet, Heilgebet
112 S., geb., 2., erw., Aufl., DM/SFr 14,80, ÖS 115,-

Sie lernen das tiefe Beten, das nicht aus den obersten Bewußtseinsschichten unseres Lebens kommt, sondern aus den Tiefen der Seele, in welchen die Sehnsucht nach höheren Formen des Lebens liegt.

Bücher von Christusfreunden

Der Bund mit Gott
für das Friedensreich Jesu Christi
Christus ruft alle geistigen Gruppen,
Konfessionen und Religionen
280 S. mit 16seitigem Bildanh., kart.,
2., erw. Aufl., DM/SFr 14,80, ÖS 115,-

Das Zentrale dieses Werkes sind die drei Offenbarungen Gott-Vaters in jüngster Zeit: Sein Bundesangebot an die Urgemeinde Neues Jerusalem mit der Mahnrede an Israel; Seine Offenbarung anläßlich des Bundesschlusses mit der Urgemeinde Neues Jerusalem; Seine mächtige Offenbarung, mit der Er Seine Söhne und Töchter aus dem Stamme David und anderen Geschlechtern ruft.

Das Leben und Denken
der großen Prophetin Gottes
in der mächtigen Zeitenwende
360 S., geb., 24 Farb-Abb.,
DM/SFr 29,80, ÖS 232,-

Dieses Werk schildert, vorwiegend mit den Worten unserer Schwester Gabriele, deren geistigen Werdegang; den Durchbruch des Inneren Wortes Gottes, ihre Schulung durch den Geist Gottes und ihre Berufung, als Prophetin in der Wendezeit von heute zu wirken. Das Werk erläutert auch die Vorgänge im Innersten des Menschen bei der Prophetischen Rede Gottes; es gibt Einblicke in die Bürde des Prophetenamtes und den Widerstand und die Prüfungen des Propheten.

Löse Die Fesseln Deines Schicksals
Leben ist mehr als Wiedergeburt und Tod
288 S., geb., DM/SFr 22,-, ÖS 172,-

Reinkarnation
Das Heraus- und Hineinschlüpfen in das Fleisch
64 S., kart., DM/SFr 9,80, ÖS 77,-

Leben und Tod – Tod und Leben
Wie viele Tode muß ich sterben, um zu leben?
80 S., kart., DM/SFr 13,80, ÖS 108,-

Ich kam – woher? Ich gehe – wohin?
72 S., kart., 3. Aufl., DM/SFr 12,80, ÖS 100,-

Der unpersönliche und der persönliche Gott
Wer oder was ist Gott?
192 S., kart., DM/SFr 15,80, ÖS 123,-

Komm mit ins Licht
Geistige Evolution in Ehe und Partnerschaft
104 S.,kart., DM/SFr 18,50, ÖS 144,-

Mein Kind – mein Spiegel
Die Revolution in der Erziehung
60 S., kart., DM/SFr 9,80, ÖS 77,-

**Harmonie ist Leben und
Gesundheit des Körpers**
204 S., kart., 3., erw. Aufl., DM/SFr 23,80, ÖS 186,-

**Die verfolgten Nachfolger Christi
Die mystisch-gnostischen Bewegungen in der
Christenheit vom 2. bis zum 20. Jahrhundert**
300 S., kart., TB, DM/SFr 18,80, ÖS 147,-

Meditationen
aus dem Geiste Gottes
- Cassetten -

Meditationen aus der Weisheit Gottes führen uns zum inneren Strom, zum Göttlichen in uns. Aus Ihm erschließen sich uns die Kräfte des Inneren, die sodann in der Seele und in unserem Leben wirksam werden.

Meditation der Stille
mit Musik zur Verinnerlichung
Best.-Nr. C 710, DM/SFr 12,80, ÖS 100,-

Frisch in den Tag.
Meditation der Entspannung
mit Musik zur Verinnerlichung
Best.-Nr. C 711, DM/SFr 12,80, ÖS 100,-

Heil durch Meditation
mit Musik zur Verinnerlichung
Best.-Nr. C 712, DM/SFr 12,80, ÖS 100,-

Es blüht
Unser wahres Sein
Best.- Nr. C 713, DM/SFR 12,80, ÖS 100.-

Bücher im Universellen Leben sind auch in vielen Sprachen erhältlich.* Weitere Informationen über unser Angebot an Büchern, Cassetten und Videos entnehmen Sie bitte unserem aktuellen Gesamtverzeichnis, das wir Ihnen gerne kostenlos zusenden.

Universelles Leben
Postfach 5643 · D-8700 Würzburg

* Es gelten die Preise der aktuellen Preisliste.